डॉ. नरेन्द्र दाभोलकर

सामाजिक कार्यकर्ता डॉ. नरेन्द्र दाभोलकर का जन्म 1 नवम्बर, 1945 को सतारा, महाराष्ट्र में हुआ। एम.बी.बी.एस. की पढ़ाई कर चुके डॉ. दाभोलकर ने 1982 में अंधविश्वास उन्मूलन कार्य प्रारंभ किया। 1989 में 'महाराष्ट्र अंधश्रद्धा निर्मूलन समिति' की स्थापना की। आजन्म समिति के कार्याध्यक्ष रहे। अंधविश्वास उन्मूलन विषय पर दर्जन-भर पुस्तकों का लेखन किया। पुस्तकों को अनेक पुरस्कार मिले। 20 अगस्त, 2013 को अज्ञात तत्त्वों द्वारा गोली मारकर उनकी हत्या कर दी गई। मरणोपरांत भारत सरकार द्वारा उन्हें 'पद्मश्री' से सम्मानित किया गया।

अंधविश्वास उन्मूलन

दूसरा भाग

आचार

डॉ. नरेंद्र दाभोलकर

संपादन
डॉ. सुनीलकुमार लवटे

अनुवाद
प्रा. प्रकाश कांबले

सार्थक
राजकमल प्रकाशन का उपक्रम

मूल मराठी ग्रंथ 'तिमिरातुनी तेजाकडे' का हिंदी अनुवाद

ISBN : 978-81-267-2793-3

मूल्य : ₹ 199

पहला संस्करण : 2015
पाँचवाँ संस्करण : 2025

सार्थक राजकमल प्रकाशन का उपक्रम

प्रकाशक
राजकमल प्रकाशन प्रा.लि.
1-बी, नेताजी सुभाष मार्ग, दरियागंज
नई दिल्ली-110 002
शाखाएँ : अशोक राजपथ, साइंस कॉलेज के सामने, पटना-800 006
पहली मंजिल, दरबारी बिल्डिंग, महात्मा गांधी मार्ग, प्रयागराज-211 001
1, अनमोल सोराबजी सन्तुक लेन, धोबी तलाव, मरीन लाइंस, मुम्बई-400 002
वेबसाइट : www.rajkamalprakashan.com
ई-मेल : info@rajkamalprakashan.com

मुद्रक
बी.के. ऑफसेट
नवीन शाहदरा, दिल्ली-110 032

ANDHAVISHWAS UNMOOLAN : AACHAR
by Narendra Dabholkar

महाराष्ट्र के समाजसुधारकों को—
इस राह का प्रकाश और पाथेय आपका ही!
उसे स्मरण कर कृतज्ञतापूर्वक समर्पित
और
'यह संकल्प मैं आजन्म निभाऊँगा'
—इस प्रतिज्ञा के साथ

मन्तव्य

अंधविश्वास उन्मूलन के विषय पर लिखी मेरी दर्जन-भर से अधिक पुस्तकें हैं। पाठकों द्वारा पसंद किए जाने और प्रोत्साहन मिलने की वजह से उनके संस्करण भी दर्जन-भर से अधिक हो चुके हैं। इस विषय पर मैं पत्र-पत्रिकाओं में निरंतर लिखता आ रहा हूँ। भाषणों की तादाद पूछेंगे, तो वे हजार से अधिक रहे होंगे। यह सब बताने,-समझाने का कारण यह स्पष्ट करना भर है कि मैं पिछले 25 वर्ष से अंधविश्वास उन्मूलन, वैज्ञानिक दृष्टिकोण, विवेकवाद जैसे विषयों पर कलम, कागज और कृति से कथनी और करनी का अद्वैत निभा रहा हूँ। इतना सब होने पर भी मुझे यह पुस्तक लिखने की आवश्यकता क्यों महसूस हुई, इसे मैं समझाना चाहता हूँ।

इस विषय संबंधी मेरा आकलन विचार-विमर्श, वाद-विवाद, चिंतन से विकसित हुआ है। मेरी विनम्र धारणा के अनुसार प्रस्तुत विषय पर लिखने का कारण, इस पर समग्र चिंतन करने की परंपरा का अभाव-सा नजर आता है। हाँ, प्रस्तुत विषय पर पूर्ववर्ती समाजचिंतक, सुधारकों ने छिटपुट जरूर लिखा है; परंतु वह प्रसंगवश किया गया लेखन है। मेरे पूर्व प्रकाशित दो-तीन मराठी पुस्तकों में उसका विवेचन है, पर स्थूल। आज जब मैं उन्हें पढ़ता हूँ, तो उनकी मर्यादाएँ मुझे अखरती हैं एवं बेचैन भी करती हैं। आज महाराष्ट्र में अंधविश्वास उन्मूलन का जो और जैसा आंदोलन सक्रिय है, उसके जैसा कोई आंदोलन मुझे भारतवर्ष में नजर नहीं आता। अंधविश्वास उन्मूलन आंदोलन बहुआयामी, प्रगतिशील प्रयास है। इस विषय के प्रति जिज्ञासा एवं आस्था रखनेवाले विशाल समुदाय के लिए इस पर विवेचनापूर्ण सामग्री न होने के कारण मैंने यह विस्तृत पुस्तक लिखने का संकल्प किया। इसमें मेरे पूर्व विवेचित अंश भी शामिल हैं, पर नए पाठकों के लिए वे पूर्णतः नए ही हैं। इस पुस्तक से पाठकों का प्रस्तुत विषय संबंधी आकलन सुस्पष्ट होगा, उसमें समग्रता एवं संपूर्णता आएगी, इसका मुझे पूरा विश्वास है।

इस पुस्तक के तीन भाग हैं। पहले भाग में अंधविश्वास उन्मूलन

से संबंधित बुनियादी बातों का जिक्र है। दूसरे भाग में महाराष्ट्र अंधश्रद्धा निर्मूलन समिति द्वारा किए गए कृतिशील संघर्ष का ब्योरा है। उसमें विभिन्न आंदोलनों, प्रबोधन कार्यक्रम तथा भंडाफोड़ जैसे प्रयासों का वर्णन है। इससे अंधविश्वास उन्मूलन विचार की बुनियाद स्वयं स्पष्ट होती है और चिंतन की पुख्ता जमीन उजागर होती है। वैसे देखा जाए तो इस आंदोलन का दायरा बड़ा व्यापक है। परंतु किसी पुस्तक की अपनी मर्यादा होती है। दूसरी बात यह है कि लेखक की हैसियत से इस लेखन को मेरे कार्य की परिधि में समेटा गया है। अंधविश्वास उन्मूलन के प्रयासों की सूची असल में लंबी है। परंतु पुस्तक की सीमा को देखते हुए इसमें एक-दो प्रातिनिधिक प्रसंगों, घटनाओं का ही जिक्र आया है। परंतु उन प्रसंगों से इस कार्य का एक समग्र चित्र जरूर उभर आता है। तीसरा भाग सैद्धांतिक है। अंधविश्वास उन्मूलन के सभी पहलुओं को उसमें लाया गया है।

इस दूसरे भाग में पाखंड-फंडी (बुवाबाजी) के पर्दाफाश के अंतर्गत समिति द्वारा किया भंडाफोड़ शब्दबद्ध किया है। इसमें 'साहबजादी का जारण-मारण' (करनी), 'कमअली दरवेश का चमत्कार', 'लंगर का चमत्कार', 'मीठाबाबा', 'कुशिरे के गुरव बंधु का नेत्र उपचार' जैसे प्रसंगों, प्रयासों का विवरण है। भूत से साक्षात्कार कराने की चुनौती का भी इसमें विवेचन है, जिसमें ओझा की आपको पोल खुलती नजर आएगी। इस सिलसिले की तीन घटनाओं के जिक्र से प्रस्तुत प्रसंग का पूरा चित्र पाठक देख पायेंगे। इसके अंतर्गत महाराष्ट्र के सिंधुदुर्ग जिले के एक मंदिर में जाग्रत् देवता के चमत्कार का पदार्फाश, नाणीज (जिला रत्नागिरि, महाराष्ट्र) के नरेंद्र महाराज के साथ वाद-विवाद और उनके पाखंड का भंडाफोड़, गणेश देवता द्वारा दूध पीने का चमत्कार, (21 सितंबर, 1995) के पर्दाफाश का विवरण पठनीय है। कुछ एक वर्ष पूर्व मेरे एक पुस्तक पर महाराष्ट्र सरकार ने पुरस्कार देने की घोषणा की थी। वह पुरस्कार मैंने महाराष्ट्र राज्य के तत्कालीन मुख्यमंत्री विलासराव देशमुख के हाथों से स्वीकृत करने से इनकार किया था। इस पुस्तक में समाविष्ट पत्र इस प्रसंग में मेरी भूमिका को स्पष्ट करता है। मनोविकार और मनोविकृति मेरे विचार में दो अलग-अलग बाते हैं। भानमती मनोविकृति की उपज है। पुस्तक में बच्चियों की बड़ी भानमती संबंधी रंजक एवं सत्यघटना संबंधी वर्णित हकीकत भी पठनीय है। अपने आपको झाँसी की रानी घोषित करनेवाली औरत की घटना पुनर्जन्म का दावा करती है। पर असल में वह मनोविकृति और मनोविकार के अंत:संबंधों को उजागर करती है।

फलित ज्योतिष की मक्कारी पर निशाना साधने के लिए अपनी कुंडलियों की होली हों या विश्वविद्यालयीन पाठ्यक्रमों में ज्योतिषशास्त्र को शामिल करने का विरोध, दोनों से हमारे आंदोलन को बल मिला है। आजकल भ्रामक वास्तुशास्त्र का बोलबाला है। उस ढकोसले पर समिति द्वारा किया गया चौ-तरफा हल्लाबोल पाठकों को एक नई दृष्टि प्रदान करेगा। अंधविश्वास उन्मूलन आंदोलन धर्मचिकित्सा की चर्चा में तक की कसौटी पर खरा उतरता है। यही दूध का और पानी का पानी होता है। महाराष्ट्र के सतारा जिले के शनि शिंगणापुर में भगवान शंकर का मंदिर है। मंदिर के चबूतरे पर महिलाओं का प्रवेश निषिद्ध है। उसके विरोध में किये गए आंदोलन से महाराष्ट्र में उन दिनों बड़ी खलबली मची थी। वह तहलका अंधविश्वास उन्मूलन कार्यक्रम की संवेदनशीलता का सबूत है।

ईश्वर के अस्तित्व का प्रश्न अंधविश्वास उन्मूलन आंदोलन का बहुचर्चित एवं केंद्रीय विषय रहा है। ईश्वर के अस्तित्व को खारिज किए बगैर अंधविश्वास का उन्मूलन असंभव होने की दलील कुछ विवेकवादी चिंतक देते नजर आते हैं। परंतु महाराष्ट्र अंधश्रद्धा निर्मूलन समिति की भूमिका इससे अलग है। 'विवेक जागृति के वाद-संवाद' जैसी ज्वलंत चर्चा या विमर्श समिति के कृति कार्यक्रम का अभिन्न अंग रहा है। इस कृतिशीलता से जुड़े और दो पहलू हैं। समिति के कार्य का विरोध करने का बीड़ा उठानेवाले कुछ संगठन हैं। उनमें से सनातन भारतीय संस्था ने मुझ पर 14 मुकदमे अदालत में दर्ज किए हैं। सामाजिक आंदोलन करते समय जो जोखिम उठानी पड़ती है और जो सहना पड़ता है, उसके संदर्भ में यह बात ध्यान देने की है। ठीक इसके विपरीत आंदोलन के वैचारिक मित्र रहे लोग, मित्र होकर भी आलोचना करते रहते हैं। उनका आक्षेप रहा है कि महाराष्ट्र अंधश्रद्धा निर्मूलन समिति ब्राह्मणी कर्मकांड, ब्राह्मण बाबाओं के बारे में मौन धारण करती है। अपनी दलील में वे समझाते हैं कि समिति का नेतृत्व करने वाले डॉ. नरेंद्र दाभोलकर ब्राह्मण हैं। उनके द्वारा कई बार यह आरोप भी लगाया गया है कि समिति का कार्य बहुजनों को गुमराह करने के षड्यंत्र का हिस्सा है। यह एक ब्राह्मणी पैतरा है। प्रस्तुत ग्रंथ में उपरोक्त आक्षेपों से जुड़े तथ्य उजागर किए गए हैं। इन सबसे वैचारिक विवेचना को एक बल प्राप्त होता है। उसका लाभ यह भी है कि जो सच्चाई है, वह लोगों के सामने खुलकर आती है। कृति का आधार होता है संगठन। संगठन के समग्र मूल्यांकन पर ही उसका विकास तय

होता है। महाराष्ट्र अंधश्रद्धा निर्मूलन समिति का कार्य अनेक कारणों से वैशिष्ट्यपूर्ण रहा है। उसे 'यह सब कहाँ से आता है?' शीर्षक लेख में शब्दबद्ध किया गया है।

प्रस्तुत पुस्तक लिखने में अनेक मराठी चिंतक, साहित्यकारों का पूर्व लेखन मेरे लिए कारगर सिद्ध हुआ। तर्कतीर्थ लक्ष्मणशास्त्री जोशी, गं.बा. सरदार, मे.पु. रेगे, दि.के. बेडेकर, डी.बी. बंदि, सुबोध जावड़ेकर, स.मा. गर्गे, आ.ह. सालुंखे, रावसाहेब कसबे, यशवंत सुमन, प्रभाकर संझगिरि जैसे लोगों के नाम इस संदर्भ में उल्लेखनीय हैं। और भी कई नाम हो सकते हैं। मेरे कार्य एवं विकास में इन सबका योगदान है जिसके लिए मैं इन सबका कृतज्ञ हूँ। इसके बावजूद ग्रंथ में जो खामियाँ हैं, वे सब मेरी हैं।

अंधविश्वास उन्मूलन संबंधी संक्षिप्त विचार व्यक्त कर इस भूमिका को मैं समेटना चाहूँगा। सन् 1980 के दशक में जब अंधश्रद्धा निर्मूलन समिति का कार्य शुरू हुआ, तब लोग इस कार्य को बाबावाद, भानमती, भूत-प्रेत, टोना-टोटका के विरोध में खड़ी प्रगतिशील मुहिम के रूप में देखते थे। उन दिनों यह आंदोलन दोयम दर्जे का माना जाता था। पिछले दो दशकों में यह आंदोलन एक-एक पड़ाव पार कर अब अंधविश्वास उन्मूलन का शास्त्रीय विचार, वैज्ञानिक दृष्टिकोण, धर्मनिरपेक्ष कृति, विवेकवादी विचारधारा बन गया है। विवेकवाद के जिस मुकाम पर हम पहुँचे हैं, वहाँ हम दो बातों का खयाल रखते आए हैं। एक यह कि ईश्वर और धर्म को लेकर जो लोग नैतिक आचरण करने के पक्षधर हैं, समिति उनका सम्मान करती है। परंतु समिति खुद सद्विवेक की नीति की पक्षधर है। दूसरी महत्त्वपूर्ण बात यह है कि विवेक शक्ति को संगठित कर समिति शांतिपूर्ण ढंग और रास्ते से सामाजिक जीवन में हस्तक्षेप की हिमायती है। समिति चाहती है कि आज का सामाजिक जीवन भविष्य में वर्तमान से बेहतर बने। यह लाजिमी है और अनिवार्य भी। दूसरे शब्दों में कहा जाए तो यही इस विवेकवादी आंदोलन का मकसद है।

व्यक्ति को विवेकशील बनाकर ही विवेकवादी समाज-निर्माण का लक्ष्य हासिल किया जा सकता है। इसमें दो राय हो ही नहीं सकती। समिति का वही उद्देश्य है और कार्य भी। अंधविश्वास उन्मूलन समिति की क्रमशः यही प्राथमिकताएँ हैं। समिति उसे विवेकवादी मूल्यपरिवर्तन के कृतिशील संवाद का प्रस्थान बिंदु मानती है। इस संदर्भ में एक और प्रश्न किया जाता है, उस पर विचार जरूरी है।

जानकारी तथा ज्ञान शास्त्रीय विचार प्रणाली की पहली कड़ी है। वर्तमान जटिल माहौल में आज अप्रत्याशित ज्ञानस्रोत एवं संदर्भ हमारे हाथ

आते हैं। व्यक्ति को इसका फैसला करना होता है कि उसमें से उचित क्या है और अनुचित क्या। जैसे कि स्वास्थ्य का विचार। बहुत सारी सामग्री से समुचित जानकारी का चयन हमारी समझदारी को सिद्ध करता है। आहार, स्वास्थ्य, व्यायाम संबंधी जानकारी में से उचित का ही हमें चयन करना होता है। उनके प्रयोग में वैज्ञानिक विचार करना ही पड़ता है। आहार, व्यायाम के पर्यायों में से इष्ट-अनिष्ट का विचार अनिवार्य होता है। यहाँ तक ठीक है। परंतु आगे जाकर सफलता के सोपान चढ़ते वक्त लोग पारंपरिक आधारों का ही बहुतायत में सहारा लेते नजर आते हैं। सफलता का विचार भी शास्त्रीय ढंग से ही होना चाहिए। परंतु उसके लिए जप, तप, यज्ञ-याग, होम-हवन, टोना-टोटका, पूजा-अर्चना, अनुष्ठान, ताईत, व्रत-वैकल्य, गंडा-दोरा जैसे उपाय लोग करते नजर आते हैं। यदि दो-टूक बात करनी हो तो यह बताना जरूरी है कि लोग व्यावहारिक लाभ के लिए वैज्ञानिक दृष्टिकोण को तिलांजलि देते हैं। शास्त्रीय विचार प्रणाली और वैज्ञानिक दृष्टिकोण में बुनियादी अंतर होने की बात को सरासर नजरअंदाज किया जाता है। शास्त्रीय विचार प्रणाली में निरीक्षण, तर्क, अनुमान, गणितीय प्रमाण, प्रयोगादि शामिल होते हैं। 'अन्वेषणशीलता' जैसा मूल्य इस संदर्भ में ध्यातव्य है। 'वैज्ञानिक दृष्टिकोण' से निर्मित जीवन-दृष्टि शास्त्रीय विचार प्रणाली में अपेक्षित नहीं होती। यही कारण है कि शास्त्रीय विचार प्रणाली का अनुसरण करनेवाले लोग आमतौर पर खुलेआम अंधश्रद्धा का ही आचरण करते देखे जाते हैं। ऐसा करते समय उन्हें यह महसूस नहीं होता कि वे कुछ गलत कर रहे हैं। शास्त्रीय विचार प्रणाली 'गणितीय' तरीके से विचार करती है। दूसरे शब्दों में इसे व्यावहारिकता भी कहा जा सकता है। वैज्ञानिक दृष्टिकोण का संबंध मूल्यनिष्ठा या मूल्यविचार से है। वह एक तरह की प्रतिबद्धता है। यह एक तरह से दूर की कौड़ी हासिल करना है। वैज्ञानिक दृष्टिकोण में अन्वेषणशीलता अनिवार्य होती है। परंतु उसके साथ सम्यकता, निर्भयता, कृतिशीलता, नैतिकता का होना भी जरूरी है। वैज्ञानिक दृष्टिधारक मनुष्य एक विशिष्ट जीवन दृष्टि को आत्मसात् करता रहता है। यही कारण है कि वह अन्वेषणशीलता का प्रयोग सम्यकता से करता है। वह इस बात से भली-भाँति वाकिफ होता है कि उसके कार्य की सफलता या असफलता किसी बाह्य सुष्ट या दुष्ट शक्ति पर निर्भर नहीं होती। वह इस बात से पूरी तरह से आश्वस्त होता है कि विश्व स्वायत्त रूप से अस्तित्व में है। वह स्वयंभू है। यह सम्यक् दृष्टि ही उसे निर्भय बनाती है। दैववाद और अगतिकता से वह कोसों दूर होता है। यह निर्भयता उसे कृतिशील बनाती रहती है। वैज्ञानिक दृष्टिकोण तारतम्य का दूसरा रूप है।

वैज्ञानिक दृष्टिकोण धारण करनेवाले व्यक्ति के नैतिक होने की संभावना अधिक होती है। इसका सीधा-सामान्य कारण यह होता है कि वह व्यक्ति अक्सर यही सोचता, व्यवहार करता देखा जाता है कि वह दूसरों के साथ वही व्यवहार करता रहे जिसकी उसे दूसरों से अपेक्षा रहती है। इस व्यवहार में निहित कार्य-कारण भाव से वह पूरी तरह से वाकिफ होता है और आश्वस्त भी। वही उसकी नैतिकता की नींव होती है। विवेकवादी व्यक्ति नीतिमान समाज निर्माण को तरजीह देता रहता है। यही कारण है कि वह ईश्वर और धर्म की संकल्पना का प्रयोग नीतिपूर्वक करनेवाले लोगों का सम्मान करता है।

पुस्तक में इसकी विवेचना इसलिए अनिवार्य थी कि बार-बार यह सवाल किया जाता रहा है कि शिक्षित व्यक्ति और विज्ञान के अध्येता अंधविश्वास के शिकार कैसे बन जाते हैं? इसका सीधा जवाब है कि वे लोग शास्त्रीय विचार प्रणाली का प्रयोग भौतिक लाभ के लिए करते हैं। तभी वे परंपरा के शिकार होते हैं। यह स्वाभाविक इसलिए है कि हजारों वर्षों की परंपरा का उन पर प्रभाव होता है। उनके विचार में वह धर्म का अनुष्ठान है। वे अपने इर्द-गिर्द के लोगों जैसा व्यवहार करते देखे जाते हैं। इनसे एक तरह की गुलामी का अनुसरण ही होता रहता है। गुलामी सबसे घातक होती है। राजकीय या आर्थिक गुलामी में शोषण निहित होता है। उसके खिलाफ संघर्ष, प्रबोधन संभव है। इसके विपरीत गुलामी में विरोध, संघर्ष, निषेध की गुंजाइश ही नहीं होती। परंतु यथास्थिति में रहनेवालों को गुलामी सुखकर महसूस होती है और वे आँखें मूँदकर गुलामी को सिर-आँखों पर उठाते रहते हैं। वे किसी तरह की अस्थिरता, बदलाव या बेचैनी मोल लेने के पक्ष में न होने के कारण धारा के साथ बहना पसंद करते हैं। तभी तो वे गुलामी का समर्थन, संरक्षण, संगठन और और संवर्धन करते देखे जाते हैं। गुलामी के उदात्तीकरण से भी वे बाज नहीं आते। इसी वजह से संघर्ष करना कठिन हो जाता है। मात्र प्रबोधन से यह लड़ाई संभव नहीं। कृतिशीलता इसकी अनिवार्य शर्त है। इसके लिए स्वतंत्र विचार, निर्भय मन और ठोस कृति की आवश्यकता होती है। इनके साथ नैतिकता की सतर्कता भी अनिवार्य होती है।

प्रस्तुत पुस्तक के पठन-पाठन से यदि समाज एक कदम भी आगे बढ़ेगा, तो मुझे खुशी होगी। वही मेरे लेखन की सार्थकता, कृतार्थता होगी।

—डॉ. नरेंद्र दाभोलकर

सम्पादकीय

डॉ. नरेंद्र दाभोलकर अपने 'महाराष्ट्र अंधश्रद्धा निर्मूलन समिति' के कार्य के जरिए न सिर्फ महाराष्ट्र में अपितु समूचे भारतवर्ष में प्रगतिमूलक आचार, विचार और सिद्धांत के जरिए चिंतक और कृतिशील सामाजिक कार्यकर्ता के रूप में परिचित हैं। सन् 1989 में आपने उपरोक्त समिति की स्थापना की और उसके जरिए महाराष्ट्र के कोने-कोने में अंधविश्वास के खिलाफ अलख जगाया। वैसे महाराष्ट्र में समाजसुधारकों की और सुधारवादी विचार, उपक्रम और गतिविधियों की लंबी परंपरा रही है। उसके चलते महाराष्ट्र के सभी क्षेत्रों में एक तरह का प्रगतिशील माहौल रहा है। महात्मा फुले, 'सुधारककार गोपाल गणेश आगरकर, लोकहितवादी गोपाल हरि देशमुख, महर्षि विल रामजी शिंदे, महर्षि धोंडो केशव कर्वे, राजर्षि शाहू नरेश, डॉ. बाबासाहब आंबेडकर, संत गाडगेबाबा, स्वातंत्र्यवीर सावरकर, प्रबोधनकार ठाकरे आदि ने अंधविश्वास उन्मूलन में बड़ा योगदान दिया है। धर्म, ईश्वर, जातिभेद, स्त्री-पुरुष समानता, स्त्री शिक्षा, विषमता, शोषण, रूढ़ि-परंपरा आदि के संदर्भ में इन सुधारकों ने बड़ी भूमिका निभाई है। इसके चलते जाति-धर्मनिरपेक्षता, स्वातंत्र्य, समता, बंधुता, लोकतंत्र, विज्ञाननिष्ठा, विवेकवाद जैसे जीवनमूल्य यहाँ अपनी जड़ें जमा पाए। यही कारण है कि भारतवर्ष में महाराष्ट्र की पहचान अग्रणी, कृतिशील राज्य के रूप में है।

स्वातंत्र्योत्तर काल में इस परंपरा का निर्वाह करते हुए डॉ. नरेंद्र दाभोलकर की दूरदृष्टि, संगठन कौशल, कार्य की निरंतरता, उपक्रमशीलता, संयोजन कुशलता के कारण महाराष्ट्र अंधश्रद्धा निर्मूलन समिति ने विवेकवादी विज्ञाननिष्ठ समाज रचना का सपना देखा। सभी जाति, धर्म, तबके के कार्यकर्ताओं का निर्माण, वैचारिक रूप से समान संगठनों की एकता, पत्रकारिता, प्रकाशन, माध्यम, प्रबोधन, लोकजागरण—क्या नहीं किया डॉ. नरेंद्र दाभोलकर ने ? यही कारण है कि वे धर्मांध, जातिवादी, पाखंडी

तत्त्वों के लक्ष्य बने रहे और अज्ञात बंधूकधारियों ने उनकी 20 अगस्त, 2013 को निर्मम हत्या कर दी। हत्यारों का लक्ष्य डॉ. दाभोलकर के संगठन और विचार को कुचलना था। हुआ उलटा। उनकी हत्या की प्रतिक्रिया समूचे भारत में हुई। राज्यसभा तक ने हत्या की निंदा की। महाराष्ट्र सरकार सक्रिय हो उठी। दाभोलकर की मृत्यु के कुछ ही दिनों पूर्व महाराष्ट्र अंधश्रद्धा निर्मूलन समिति ने सन् 1995 से की जा रही जादू-टोना प्रतिबंध अधिनियम पारित करने की माँग के प्रति महाराष्ट्र सरकार की निष्क्रियता, उपेक्षा और उदासीनता को उजागर करते हुए 'कृष्णपत्रिका' का प्रकाशन किया था। हत्या से उभरे लोकक्षोभ के आगे घुटने टेककर महाराष्ट्र सरकार अंततः 'महाराष्ट्र नरबलि और अन्य अमानुष, अनिष्ट एवं अघोरी प्रथा तथा जादू-टोना प्रतिबंधक एवं उन्मूलन अधिनियम- 2013' अध्यादेश के जरिए अमल में ले आई। पर उसके लिए डॉ. नरेंद्र दाभोलकर को शहीद होना पड़ा।

महाराष्ट्र अंधश्रद्धा निर्मूलन समिति की करीबन 200 शाखाएँ राज्यभर में कार्यरत हैं। उसके जरिए राज्य में हजारों कार्यकर्ता सक्रिय हैं। उनमें छात्र, युवक, अध्यापकों की बड़ी तादाद है। समिति अंधविश्वास उन्मूलन, बुवाबाजी का पर्दाफाश, वैज्ञानिक जागरण, विवेकवादी जीवनदृष्टि का प्रचार, प्रसार, विवेकवाहिनी, व्यसन विरोध, अंतर्जातीय तथा धर्मीय विवाह समर्थन, ज्योतिष, भानमती, डाकिन, जादू-टोना का विरोध, धर्म चिकित्सा, पर्यावरण जागृति, यज्ञ संस्कृति, पुरोहितशाही, कर्मकांड का विरोध, प्रदूषण मुक्त त्योहार (दीवाली, होली) आदि उपक्रम कर सभी जाति, धर्म निहित शोषण एवं भेदमूलक व्यवहार, परंपरा का विरोध कर उसकी जगह रचनात्मक गतिविधियाँ चलाती है और उनका समर्थन करती है। समाज का बड़ा तबका अपने सक्रिय सहयोग से इन गतिविधियों की मदद करता है।

डॉ. नरेंद्र दाभोलकर ने अपने जीवनकाल में अंधविश्वास उन्मूलन संबंधी एक दर्जन से अधिक पुस्तकें लिखीं। उनके दर्जन से अधिक नए एवं संशोधित संस्करण प्रकाशित हुए। उनमें से 'तिमिरातुनी तेजाकड़े' (तमसो मा ज्योतिर्गमय अर्थात् अँधेरे से प्रकाश की ओर) पुस्तक महाराष्ट्र अंधश्रद्धा निर्मूलन समिति के विचार, आचार, और सिद्धांत को समग्रतः प्रतिबिंबित करती है। अतः उनके प्रथम स्मृतिदिन के उपलक्ष्य में यह सार संग्रह प्रकाशित करने का संकल्प उनकी हत्या के तुरंत बाद मैंने और मेरे तीन छात्रों ने मिलकर किया। प्रस्तुत पुस्तक की उत्तराधिकारी डॉ. नरेंद्र दाभोलकर की पत्नी तथा सामाजिक कार्यकर्त्री

श्रीमती डॉ. शैला दाभोलकर ने इसकी तुरंत अनुमति दी। उनके बेटे-बेटी डॉ. हमीद दाभोलकर, मुक्ता दाभोलकर तथा अंनिस के कार्याध्यक्ष अविनाश पाटील ने इसको बढ़ावा दिया। उन सबको हार्दिक धन्यवाद!

संपादक के रूप में मैं आरंभ में ही इस बात को स्पष्ट करना चाहूँगा कि 'अंधविश्वास उन्मूलन : आचार' दूसरा भाग, अनुवादक प्रा. प्रकाश कांबले की असाधारण मेहनत का फल है। इस कार्य के प्रति उनकी निष्ठा और समर्पण का मैं गवाह हूँ। मैं एक ही उदाहरण से इन महानुभाव की भलमनसाहत को उजागर करना चाहूँगा। जब समिति की ओर से उन्हें अनुवाद के लिए मानदेय राशि की पेशकश की गई तो उन्होंने विनम्रता से उसे लेने से इनकार कर कहा, 'इस महत्त्वपूर्ण सामाजिक कार्य में यह हमारा छोटा-सा योगदान समझिएगा।' इस संवेदनशीलता और सामाजिक कृतज्ञता भाव से हम सब अभिभूत हैं और उनके ऋणी भी!

संपादन करते समय मैंने अनुभव किया कि पुस्तक में कहीं-कहीं दोहराव है। उसे निकाला जा सकता था। पर ऐसा करने से उस जगह उस बात की विवेचना में अधूरापन आता। अत: मूल पुस्तक को प्रमाण मानकर अनुवादित पुस्तक का संपादन किया गया है। प्रस्तुत पुस्तक के प्रकाशन की जिम्मेदारी राजकमल प्रकाशन समूह, नई दिल्ली ने सहर्ष स्वीकारी। प्रकाशन समूह के प्रबंध निदेशक एवं हमारे सहृदय श्री अशोक महेश्वरी जी के हम हमेशा ऋणी रहेंगे। हम उनके प्रति हृदय से कृतज्ञता प्रकट करते हैं।

—डॉ. सुनीलकुमार लवटे

अनुक्रम

साहबजादी की करनी

सतारा में मेरे घर के सामनेवाली गली में साहबजादी नामक एक अशिक्षित और गूँगी मुस्लिम महिला रहती थी। जब हम उसके चमत्कार की खोज में लगे थे तब उसने हमारी सतर्कता का मानो घमंड ही चकनाचूर कर दिया था। मुस्लिम समाज के नायब तहसीलदार के घर में न जाने वह कहाँ से प्रकट हुई और सात दिनों में वह गूढ़ चमत्कार के आकर्षण का केंद्र बन गई। उसके पास जानेवालों को वह अपने घर की मिट्टी, बर्तन, पानी और इन चीजों के साथ नींबू भी लाने को कहती थी। बाद में उस व्यक्ति या उसके घर पर करनी हुई है या नहीं, इसका पता लगाने के हेतु जमा नींबू में से दो-तीन काटकर बर्तन के पानी में डालती। उस व्यक्ति द्वारा लाई गई अपने घर की मिट्टी उस पानी में मिलाती। गूँगी होने के कारण उसका भुनभुनाना बंद रहता। कुछ चेष्टाएँ करती और दूबारा नींबू काटकर उस पानी के बर्तन में डालती। फिर संबंधित व्यक्ति को पानी में हाथ डालकर नींबू निचोड़ने को कहती। आश्चर्य यह होता कि तब नींबू निचोड़नेवाले व्यक्ति के हाथ में कील और पिन के साथ तावीज आ जाते। इसका मतलब यह माना जाता कि घर की करनी दूर हो चुकी है और फिर उस औरत को बिना माँगे भारी मात्रा में पैसों की प्राप्ति होती।

स्थानीय केबल द्वारा इस चमत्कार का प्रसारण किया गया। फिर तो इसे दैवी चमत्कार मान लेने का पक्का वातावरण तैयार हो गया।

चुनौती का मसौदा निश्चित हुआ। दोनों ओर से हस्ताक्षर हुए। सुबह दस बजे का समय तय हुआ था, लेकिन संबंधित नायब तहसीलदार को इतना भरोसा था कि सुबह साढ़े नौ बजे से ही फोन कर वे मुझे जल्दी आने का आग्रह कर रहे थे। मैं अपने साथियों के साथ पहुँच गया। पुलिस भी आई थी। चुनौती की प्रक्रिया में पहले ही कह दिया गया था कि यह चमत्कार यदि फरेब सिद्ध हुआ तो जिस नायब तहसीलदार के घर में यह कार्यक्रम हुआ, उसे भी इस फरेब की साजिश में (सहयोगी) शामिल माना जाएगा। लेकिन संबंधित तहसीलदार का साहबजादी पर इतना अटूट विश्वास था कि उन्होंने इसे बिलकुल नजरअंदाज कर दिया।

सबसे पहले एक औरत सामने बैठी और अपने घर से लाए नींबू, मिट्टी आदि चीजें साहबजादी के सामने रख दीं। फिर एक बर्तन में पानी मँगाया गया। पहले

बर्तन में दो नींबू काटकर डाले गए। उसमें थोड़ी मिट्टी भी डाली गई। बाद में कुछ और नींबू काटकर डाले गए और वहाँ आई औरत को बर्तन के पानी में हाथ डालकर नींबू निचोड़ने को कहा गया। औरत के हाथ में कील, तावीज तथा पीन आ गए जो उसने बाहर निकाले। कमरे में सिर्फ साहबजादी और उस पर नजर रख रहे 'अंनिस' के कार्यकर्ता और पुलिस थी। सूक्ष्म निरीक्षण के बावजूद यह सब आया कहाँ से, इसका पता किसी को भी न लगा। इसके बाद चुनौती प्रक्रिया शुरू हुई।

पूना से 23 वर्ष की एक लड़की आई थी। उसे लग रहा था कि पिछले चार-पाँच वर्षों से उसके सिर में पीन चुभोए जा रहे हैं। उसे सामने बिठाया गया। फिर एक बार वही सिलसिला आरम्भ हुआ—नींबू, पानी, मिट्टी तथा बर्तन।

प्रक्रिया शुरू होने ही वाली थी कि मैंने कहा, 'साहबजादी की तलाशी लेनी चाहिए।' दो महिला कार्यकर्ताओं ने अंदर जाकर उसकी तलाशी ली। बाहर आकर सिर पर लगी करनी निकालने की शुरुआत होनेवाली थी कि मैंने उसके सामने रखे सारे नींबू बदलकर हमारी ओर से लाए गए बारह नींबू वहाँ रखे। कार्यक्रम शुरू हुआ। साहबजादी नींबू काटकर लड़की के सिर पर जोर-जोर से रगड़ने लगी। 12 नींबू खत्म हुए। साहबजादी ने और माँग की। उसका अंदाजा गलत हुआ। उसे लगा था कि अब उसे उसके सामने से उठाए गए नींबू मिलेंगे, लेकिन हमारे पास अभी भी एक दर्जन नींबू थे, जो हमने उसे दिए। लड़की के सिर पर उन्हें भी काटकर रगड़ दिए गए। एक बार फिर नींबू की माँग हुई। हम दौड़-धूप कर बाजार से और एक दर्जन नींबू लेकर आए। फिर एक बार वही सिलसिला शुरू हुआ। कुल 38 नींबू काटकर लड़की के सिर पर रगड़ दिए गए। उसके बाल नींबू के रस से लथपथ हो गए। चेहरे पर भी रस ढलक आया था। आँखों में नींबू का रस जाने से लड़की चिल्लाने लगी।

साहबजादी ने कुरान की माँग की। कुछ पढ़ने का नाटक कर कार्यक्रम अगले दिन करने का फैसला सुनाया। उस समय मैंने यह माँग की कि सिर में अक्सर पीन चुभने का अहसास होना एक मानसिक बीमारी है। साहबजादी इस बीमारी का दैवी इलाज कर रही है, जो कानूनन अपराध है। इस कारण इसे गिरफ्तार कर उसका सामान भी जब्त कराया जाए।

मेरे यह कहने पर घर से उसकी थैली मँगाई गई जिसमें नींबू निकले। इसके अलावा कार्यक्रम की शुरुआत में जब्त किए नींबू भी थे जिन्हें पत्रकारों और पुलिस के सामने काटा गया। उसमें से चार नींबुओं में अच्छी तरह से अंदर चुभोकर रखी गई पीन, कील, तावीज आदि के साथ पुड़िया मिल गई। साहबजादी कार्यक्रम के लिए बैठते समय अपनी साड़ी में, कमर के पास ये नींबू छुपाकर रखती थी और सामनेवाले व्यक्ति द्वारा लाए गए 15-20 नींबू में उन्हें मौका निकालकर मिला देती थी। पहले मामले में उसने इतनी सफाई से यह काम किया था कि उससे बिलकुल चिपककर

बैठी महिला कार्यकर्ताओं, सूक्ष्म निरीक्षण करनेवाले पुरुष कार्यकर्ताओं और पुलिस को भी उसकी चालाकी का पता नहीं चला था।

गिरफ्तारी के बाद जुर्म कुबूल करते समय उसने बताया कि वह साड़ी में नींबू कैसे छुपाती थी और हाथ की सफाई से कैसे उन्हें निकालती थी। उसने अपने हाथ की सफाई करके दिखाई, जिसे देख हम सभी हक्का-बक्का रह गए। पल्लू के पीछे हाथ ले जाकर साड़ी में छुपाई जगह से नींबू निकालना, मुट्ठी में लेना और सामनेवाले नींबू के ढेर में मिलाने जैसी बातें तो वीडियो कैमरे में आने का प्रश्न ही नहीं उठता था, क्योंकि वह कपड़ा और बंद मुट्ठी के पीछे की सृष्टि थी।

दूसरी बार जाँच करने के लिए अंदर ले जाते समय उसे मजबूरन छिपाए हुए नींबू फेंकने पड़े। सामनेवाले नींबू के ढेर में उसने पहले से ही करनी किए हुए दो नींबू हू-ब-हू मिलाकर रखे थे। ऐन मोके पर हमने उसके सामने के सारे नींबू अपने कब्जे में ले लिए जिससे उसकी पोल खुल गई। फिर भी उसे आशा थी कि हमारे द्वारा बदलकर दिए गए दर्जनभर नींबू खत्म होने पर हम उसे पहले वाले नींबू देंगे और वह बड़ी सफाई से सिर की करनी बाहर निकालेगी। हम ऐन वक्त पर 38 नींबू बाहर से ले आएँगे, इसकी कल्पना भी उसने नहीं की थी। जिस समय उसे इस बात का अहसास हुआ कि उसके अपने नींबू नहीं मिलेंगे, तब मजबूरन उसे करनी निकालने का कार्यक्रम दूसरे दिन करने के लिए विवश होना पड़ा। सारी महिला कार्यकर्ताएँ उसके इतनी करीब बैठी थीं कि ऐसी अवस्था में वह कमर के पास छुपाए नींबू इन सभी से नजर बचाकर चालाकी से हाथ में लेगी, इसकी कल्पना तक हमने नहीं की थी। इसी कारण महिला कार्यकर्ताओं द्वारा जाँच-पड़ताल करने की आवश्यकता हम में से किसी को भी महसूस नहीं हुई थी। फिर भी 'चमत्कार करनेवाले बदमाश होते हैं', इस धारणा को मानकर हमने उसकी जाँच की। नहीं तो कार्यकर्ता, पुलिस, पत्रकार तथा वीडियो कैमरे के सामने वह अपना चमत्कार साबित कर देती।

साहबजादी पर मुकदमा दर्ज हुआ, साथ ही अपराध करने के लिए जगह देनेवाले नायब तहसीलदार के परिवारवालों पर भी मुकदमा दर्ज हुआ। साहबजादी की करनी का उसे भारी नुकसान उठाना पड़ा।

कमरअली दरवेश की पुकार !

महाराष्ट्र के पूना से तीस किलोमीटर दूर पूना-सतारा रोड पर खेड शिवापुर नाम का एक गाँव है। उसके नजदीक ही मुड़कर अंदर आने पर 'कमरअली बाबा' का दरगाह नजर आता है। यह सभी धर्म के लोगों के मेल-मिलाप का स्थल है। नाम है—'कमरअली दरवेश का दरगाह'। कभी समाचार-पत्रों में, कभी फिल्म डिवीजन के 'वृत्तचित्रों' से तो कभी दूरदर्शन की जगमगाहट से वह हमेशा सुर्खियों में रहता है।

दरगाह के सामने दो बड़े पत्थर हैं। बताया जाता है कि उसमें से एक नब्बे किलोग्राम का है, तो दूसरा साठ किलोग्राम का। पहले पत्थर को ग्यारह और दूसरे पत्थर को नौ लोग सिर्फ उँगली की मात्र नोंक लगाएँ और 'कमरअली दरवेश की जय' का नारा लगाए तो, ये पत्थर पंख जितने हल्के बन जाते हैं और उँगली लगानेवालों के सिर तक इन्हें आसानी से उठाया जाता है, और वह भी केवल हर एक की एक-एक उँगली के सहारे। पहले पत्थर के लिए ग्यारह और दूसरे पत्थर के लिए नौ ही लोग होने चाहिए। इसमें कोई कमीबेशी मान्य नहीं है। पत्थर उठाते समय कमरअली दरवेश का ही जयघोष होना चाहिए, यह भी जरूरी शर्त है। महिला द्वारा उँगली लगाना मना है। अनजाने में भी कोई महिला उँगली लगा दे तो बात बिगड़ जाती है।

'कमरअली दरवेश' एक साक्षात्कारी फकीर थे। वे इस जगह पर कब और कैसे आए, इसका किसी को पता नहीं है। लेकिन उन्होंने किसी समय इस जगह के सारे भूत-प्रेत और पिशाच भगा दिए थे। सत्तर वर्ष की उम्र में उन्होंने समाधि ली। इस जगह पर दो राक्षस थे। फकीर ने उन्हें शाप दिया कि 'तुम पत्थर बनकर गिरोगे और लोग तुम्हें उठाकर पटक देंगे।'

फकीर के श्राप से राक्षस से पत्थर बनने की कहानी सुनकर भी कौतूहल न होता तो आश्चर्य होता। मुम्बई दूरदर्शन ने जून, 1987 में यह चमत्कार बिना किसी स्पष्टीकरण के दिखाया था। इसके बाद पत्थरों को शाप-मुक्त करने की जिम्मेदारी हमारे ऊपर आ गई। दरअसल इस संबंध में कई पत्रों में प्रकाशन और प्रतिक्रियाएँ शुरू हो चुकी थीं। चमत्कार न होने की बात हम करते आये थे, इसलिए हमारे लिए

इस मसले का भंडाफोड़ करने की चुनौती थी।

मैं, प्रा. आर्डे, श्री मंडपे, शिंदे, पांगे, दयाल, बाबर—कुल सात कार्यकर्ताओं ने यह चुनौती कबूल की। भिखारी, फूल-माला बेचनेवाले तथा भक्तगणों के बीच से रास्ता निकालते हुए दस-बारह पत्थरों की सीढ़ियाँ चढ़कर दरगाह के फाटक से दरगाह के सामने आए। प्रवेशद्वार के दोनों ओर दो पत्थर थे। एक पत्थर कुरंड का (बालुकाश्म) और दूसरा काला (कणाश्म) का था। दोनों पत्थर गढ़ाए गए थे जिनका आकार बड़े प्रेशर कुकर जितना था। पत्थर का व्यास लगभग एक फुट, लम्बाई भी एक फुट थी। पत्थर मुख्य दरगाह के बाहर था। प्रवेशद्वार पर बोर्ड लगा था : 'स्त्रियों को अंदर आना मना है'।

पत्थर के पास एक बौना युवक सिर पर लाल रुमाल बाँधकर खड़ा था। मैंने उससे पूछा, "इस पत्थर को कैसे उठाते हैं?"

"ग्यारह लोग पत्थर के नीचे तर्जनी लगाएँगे। एक सुर में जोर से जयघोष करेंगे— 'कमरअली दरवेश की जय'! पत्थर कागद जैसा हल्का बनता है और उठाया जाता है।"

सामनेवाले चबूतरे पर सिर पर लाल रुमाल बाँधे कुछ सामान्य लोग तथा मुल्ला-मौलवी थे। उनमें से तीन-चार लोग आगे आए। पूछने लगे कि 'देखना है?' हमारे द्वारा सिर हिलाते ही बोले, 'आओ भाई।' हम सात लोग थे और वे चार। उनके कहने के अनुसार दाएँ हाथ की तर्जनी पत्थर को लगाई। भरोसा करने के हेतु उन्होंने फिर एक बार उँगलियाँ गिनाईं। ग्यारह ही थीं। फिर एक ही दम में आवाज दी— 'कमरअली दरवेऽऽश की जय'! पत्थर जैसे-तैसे आधा फुट ऊपर गया और एक ओर लुढ़क गया। फिर एक बार जोर से इन्हीं लोगों ने यही प्रयोग किया, लेकिन पत्थर आधे फुट से ऊपर नहीं जा सका। मँजे हुए भक्तगण सकते में आ गए और अचानक उन्हें एक तरकीब सुझी। 'अरे बाप रे! ये सारे अतिथि तो पैरों में चप्पल पहने हुए ही पत्थर को छू रहे हैं!' फिर हमें 'जूते-चप्पल निकालने' का हुक्म दिया गया। हमने चप्पल-बूट निकाले। फिर एक बार सभी ने तर्जनी लगाकर कमरअली का जयघोष किया, लेकिन परिणाम पहले जैसा ही निकला। थोड़े मायूस होकर सिर पर रुमाल बाँधे लोग दूसरी तरफ चले गए। अपने औलिया फकीर की ताकत आज काम क्यों नहीं कर रही है, इस बात की पहेली में वे उलझे रहे।

असल में इसमें पहेली जैसा कुछ था ही नहीं, क्योंकि केवल उँगली लगानी है, ताकत नहीं, ऐसा निर्णय करने के कारण बेचारा कमरअली क्या करता?

हम आगे बढ़े। दरगाह पर आए। हम जैसे चार मेहमानों को बुलाकर उँगली लगाने को कहा गया। जयघोष किया गया। देखते-देखते पत्थर कंधे जितना ऊपर उठ गया। उसे नीचे रेती में फेंक दिया गया। रुमालवाले लोगों के चेहरे पर खुशी छा गई। अब धीरे-धीरे भीड़ हमारे आस-पास इकट्ठी हो रही थी। कमरअली दरवेश का नाम न

लेकर पत्थर उठाने की बात हमने जाहिर की।

हमारी बात सुनकर एक ने हमें फटकारा, "परसों कोल्हापुर के पहलवान लोग आए थे। उन्होंने भी इसी प्रकार का प्रयास किया मगर सफल नहीं हुए। आसान काम नहीं है यह।"

"देखेंगे, प्रयास करने में क्या हर्ज है?" हमारे कार्यकर्ता मंडपे जी ने कहा।

फिर एक बार हम सभी ने पत्थर के नीचे उँगलियाँ डालकर 'महात्मा फुले ऽ की जय' का घोष किया और पत्थर को कंधे तक उठाकर धम से नीचे फेंक दिया।

भीड़ में कुलबुलाहट शुरू हुई। हमने फिर एक नई तरकीब निकाली। ग्यारह लोग ही क्यों? एक बार दस और एक बार बारह लोगों को उँगलियाँ लगाने को कहा गया और पत्थर करीबन सिर तक ऊपर उठ गया। नजदीकवाले पत्थर पर भी नौ के बदले आठ और दस लोगों को बुलाकर इसी प्रकार के प्रयोग किए गए।

अब तक माहौल काफी गरम हो चुका था। दरगाह पर आई दो महिलाएँ बड़ी जिज्ञासा से बहुत समय से यह सब देख रही थीं। उन्होंने जिज्ञासावश हमसे पूछा, "क्या हम उँगली लगा सकती हैं?"

सच तो यह है कि महिलाएँ उस पत्थर को स्पर्श न करें, यह उस स्थान का पवित्र संकेत था। धार्मिक स्थलों पर ऐसे नियमों का पालन भक्त आँख मूँद कर करते हैं और उनका आग्रह भी रहता है कि दूसरे भी ऐसा ही करें। इन नियमों का जाहिर उल्लंघन करना खतरे से खाली नहीं रहता। इसके गंभीर परिणामों की भी संभावना रहती है। लेकिन अब ऐसा समय आ चुका था कि हम पीछे हटनेवाले नहीं थे। परिस्थिति और अपने आत्मविश्वास के बल पर हमने उनसे कहा, "क्यों नहीं! बेशक।"

दो महिलाएँ, अन्य चार लोग और हमारे चार कार्यकर्ताओं ने पत्थर के नीचे तर्जनियाँ लगाकर सीधे 'बोलो—एक, दो, तीन' की आवाज लगाई। देखते-देखते पत्थर ऊपर उठ गया। उन दोनों का इतराया हुआ चेहरा देखने लायक था। अब ध्यान में आया कि पत्थर उठाने के पीछे के कार्य-कारण भाव समझने पर चमत्कार लुप्त हो जाता है। वहाँ से बाहर निकलने के हेतु हमने पैरों में चप्पल और बूट डाले और हमारे ध्यान में आया कि एक बात तो रह ही गई है। फिर हमने चप्पल पैर में डालकर ही दोनों पत्थरों से उँगलियाँ लगाईं, उन्हें ऊपर उठाया और धप् से नीचे छोड़ दिया।

पत्थर के नीचे उँगली लगाकर बल लगाया जाता है। सभी दिशाओं से बल लगने के कारण पत्थर हिलता नहीं और उस पर मजबूत पकड़ बैठती रहती है। एक ही सुर में चिल्लाने से एक ही समय बल लगाने की सूचना सभी को मिलती है। बड़ी-बड़ी वस्तुएँ, पेड़ के तने जगह से हिलाते समय और इमारतों पर टंकियाँ चढ़ाते हुए मजदूर लोग 'जोर लगाके हैया' कहते हुए हम देखते ही हैं। सभी ओर से लगाए बल के परिणामस्वरूप पत्थर उठाया जाता है। जमीन से उठाते समय उँगली को

ज्यादा बल लगाना पड़ता है। एक बार पत्थर ऊपर उठाने पर सारा बल कलाई और उसके पीछे की कोहनी के स्नायु पर आता है, जिससे पत्थर को ऊपर उठाने में आसानी हो जाती है।

फकीर द्वारा पत्थर बनाए गए राक्षसों का क्या हुआ, पता नहीं, लेकिन अंधविश्वास की लाट बने उन पत्थरों को फेंकते समय लग रहा था कि बहुसंख्यकों के सिर पर बैठे अंधविश्वास के राक्षस को हम ऐसे कब फेंक सकेंगे?

लंगर का चमत्कार

गाँव के उस पार अहाते में ही, आधे मील की दूरी पर एक पीर का छोटा स्थान अपनी जड़ें जमा रहा था—गैबीबाबा का पीर। पीर के आगे चक्की के आकार का बीच में सूराख किया हुआ एक पत्थर रखा था जिसे 'लंगर' कहा जाता था। उसे हरा रंग दिया गया था। उसे महाराष्ट्र के सतारा जिले के पाटण तहसील से लाया गया था।

यह लंगर मानो मूर्तिमान चमत्कार ही था। लंगर को हाथ लगाकर भक्त को प्रश्न पूछना होता था। यदि प्रश्न का उत्तर सकारात्मक होता है, तब तो पत्थर भारी बन जाता। तब उसे उठाना कठिन हो जाता। लेकिन उत्तर नकारात्मक होने पर लंगर फूल के समान हल्का बनकर ऊपर उठ जाता। प्रश्न कोई भी हो, कठिनाई किसी भी प्रकार की रहे—भला आदमी लापता हुआ हो या भैंस, खरीदी-बिक्री संबंधी सलाह लेनी हो या किसी द्वारा की गई जादूगरी या करनी की बात हो। पहले प्रश्न 'जादूगरी की गई है या नहीं?' पर लंगर भारी हुआ तो आगे का प्रश्न कि 'यदि 'अ' ने की है तो लंगर भारी बन जाओ, नहीं तो हल्का बन जाओ।' लंगर हल्का बनने पर 'ब' के नाम से फिर वही प्रश्न। स्वाभाविक रूप से जितने प्रश्न अधिक पैसे भी उतने ही अधिक। पाँच पैसों से लेकर पाँच सौ रुपए रखने तक की बोली लगती थी। जिनके नाम सामने आते (करनी करनेवाले), उनसे बाद में झगड़ा-झंझट होने की बात तय रहती थी।

आस-पास के इलाके में इसका प्रभाव बढ़ रहा था। बृहस्पतिवार, अमावस और पूर्णिमा के दिन सगुन (देवता की मूर्ति पर फूल आदि लगाकर शकून पूछना/ईश्वरीय आज्ञा प्राप्त करना) लगाए जाते। इन दिनों भीड़ बढ़ी रहती थी।

दो तारीख की सुबह मैं, प्रा.आर्डे (मूलतः नागराले गाँव के लेकिन सतारा में अध्यापक रहे), ओ.बी.सी. संगठन के नेता नेताजी गुरव, कराड के पत्रकार प्रवीण लांजेकर नागराला गाँव (महाराष्ट्र) में पहुँचे। कराड के छात्रभारती के आठ-दस छात्र भी बड़े उत्साह से आए थे। हमारे किर्लोस्कर बाड़ी पहुँचने से पहले ही नागराला की बस चली गई थी। बाबूराव जाधव पुलिस को लाने कुंडल गए थे। पुलिस थाने के भाऊसाहब बाहर गए थे। दो दिन पहले दी गई अर्जी अब तक हवलदारों ने उन तक नहीं पहुँचाई थी। बारह बजे पी.एस.आई. आए, उनको समझाने पर दो हवलदारों

की हमारे लिए नियुक्ति की गई। हम सभी किराए की साइकिलें गाँव में रखकर गन्ने के खेतों से होते हुए पीर के स्थल तक पहुँचे। सुबह आठ और दस बजे की बस से आनेवाले भक्तों की भीड़ कम थी, फिर भी वहाँ बीस–पच्चीस लोग थे। जिज्ञासा से गाँव से आए कुछ और भी लोग थे।

खेत में चारों दिशाओं से ईंट से बना यह स्थान था। ईंटों पर सफेदी की गई थी। दीवार पर दो–तीन हरे निशान गाड़े हुए थे। अंदर दो कब्रें थीं एक छोटी और दूसरी बड़ी। उन पर मखमली हरी चादर चढ़ाई गई थी। कब्र के चबूतरे पर दस फीट की खुली जगह थी। उसके सामने हरे रंग का, फुट–डेढ़ फुट व्यास का, छह इंच मोटा, बीच में सूराख युक्त तराशा हुआ लंगर पड़ा था। जैसे ही हम अंदर जाकर लंगर के पास इकट्ठे हुए, वैसे ही ग्रामीणों तथा भक्तों का जमावड़ा भी अंदर आ गया। बाजू के कमरे से जैतुनबी मुल्ला भी आई। सफेद कपड़े पहनी हुई वह चबूतरे से सटकर बैठ गई। मैंने अपनी टेप शुरू की और कहा, ''बहन जी, हम लंगर की कीर्ति सुनकर आए हैं। क्या यह सच है कि प्रश्न पूछने पर यदि उत्तर सकारात्मक हो तो लंगर भारी हो जाता है, नहीं तो फूल जैसा हल्का हो जाता है?''

औरत बोली, ''बिलकुल सच।''

''मुझे यह नहीं जँचता। पत्थर का वजन ऐसे कभी कम नहीं होता और न ही बढ़ता है, यह धोखा है,'' मैंने कहा।

''आप किसी भी लंगर पर बैठकर खुद इसकी परीक्षा ले सकते हों,'' औरत ने कहा।

हमने थैली से वजन का काँटा निकाला। सभी के सामने लंगर का वजन किया जो पंद्रह किलो था। मैंने कहा, ''बहन जी, हममें से कोई भी इस पर बैठेगा। मेरे प्रश्न ये हैं—अभी वसंतदादा पाटील राजस्थान के राज्यपाल हैं या नहीं? मेरी जेब में दस का नोट है या नहीं? दोनों प्रश्नों के उत्तर सकारात्मक हैं। पत्थर भारी होना चाहिए, लेकिन मैं अभी बता दूँ कि लंगर बिलकुल सहज ऊपर उठ जाएगा।''

''तो आप ऐसा करें कि अपना ही आदमी बिठा दीजिए। शायद उसे यह बात जँच गई होगी।''

उसने एक को आवाज लगाई। पाटील नाम का वह आदमी लंगर पर पालथी मारकर बैठ गया। झुककर लंगर को प्रणाम किया। दो मिनट का ध्यान कर औरत बोली, ''गैबी बाबा, तुम्हारे चमत्कार को चुनौती देने के लिए ये लोग आए हैं। यदि सच है तो लंगर को भारी बनाओ, नहीं तो फूल के समान हल्का बनाओ।''

असल में पाटील उस औरत का आदमी था। उसका लंगर के चमत्कार पर विश्वास था। लेकिन वातावरण के तनाव का प्रभाव और उसकी सच्चाई के परिणामस्वरूप उसने लंगर को बड़ी सहजता से ऊपर उठाया। हमारे कार्यकर्ता जाधव तौलने का काँटा लेकर तैयार ही थे। उठाए गए फूल जैसे हल्के लंगर को काँटा लगाकर वजन किया गया। बिलकुल पंद्रह किलो। हमने जैतुनबी को फटकारा। यह फरेब नहीं तो और क्या

है? वह कुछ नहीं बोली। पाँच मिनट ऐसे ही बीत गए। वातावरण में शांति के साथ तनाव भी था। गर्दन नीचे कर बैठी औरत ने गर्दन उठाकर लंगर को घुमाया! बड़ी उम्मीद से लंगर की ओर देखा और भूत सवार होने जैसी चिल्लाई, ''गैबी बाबा, तुम्हें झूठा ठहराने के लिए ये सतारा से आए हैं। यदि तुम सच हो तो भारी बन जाओ, झूठ हो तो हल्के बनो।''

फिर एक बार पाटील ने लंगर को बड़ी सहजता से ऊपर उठाया।

लंगर यदि दोनों बार ऊपर न भी उठता, तो भी हमारा नुकसान नहीं होने वाला था। लेकिन अब काम और भी आसान बना था। मैंने कहा, ''बहन जी, स्वयं तुम्हारा गैबी बाबा झूठ होने की बात कर रहा है और यदि नहीं बताता तो भी यह झूठ ही था, क्योंकि तुमने यह देखा है कि फूलों के समान हल्का लगनेवाले लंगर का वजन 15 किलो ही रहा है। तुम्हारा पीर और लोगों की भक्ति से हमारा झगड़ा नहीं है। लेकिन तुम्हारे इस पाखंड से जरूर है। आज से तुम्हें इस प्रकार के पाखंड को बंद करना होगा, नहीं तो हम बात को आगे तक ले जाएँगे।''

औरत ने गर्दन हिलाकर हामी भरी।

हमने कागज पर उसका इकरारे जुर्म लिखकर दर्ज किया। इस अंधेरगर्दी को रोकने का उससे लिखित आश्वासन लिया।

लिखते समय औरत ने परेशान होकर लंगर को दूसरी ओर धकेल दिया, ''इसे भी ले जाइए, नहीं चाहिए ये यहाँ।'' परेशान होकर उसने कहा।

जायदाद हस्तांतरण का प्रश्न आने पर अब तक शांत रहे हवलदार आगे आए। लेकिन लंगर को जबर्दस्ती उठाने में श्रद्धा की बात आड़े आने की संभावना थी। पुलिस ने पूछा, ''बहन जी, आप अपनी मर्जी से लंगर दे रही हो? आपकी कोई शिकायत नहीं है?'' उसने हाँ में गर्दन हिलाई।

पुलिस पंचनामे पर औरत की सम्मति के प्रमाणस्वरूप उसके अँगूठे का निशान लिया गया। उपस्थित गाँववालों के साथ पुलिस के भी हस्ताक्षर लिए गए।

अपने साथ लंगर लेकर हम वहाँ से निकले। कुछ लोगों के मन में विचार आया कि वापसी के रास्ते पर एक कुआँ है। साइकिल से इस बोझ को ढोने से अच्छा है कि इसे कुएँ में फेंक दें। लेकिन आर्डे सर ने ऐसा करने से मना कर दिया। उन्होंने कहा, ''कल विपरीत अफवाएँ फैलाई जाएँगी कि लंगर इतना भारी होता गया कि इन लोगों को उसे साथ ले जाना असंभव हो गया। इसलिए इन्हें मजबूरन कुएँ में फेंकना पड़ा।''

हम नागराले में वापस आए। गाँववाले बड़े प्रभावित नजर आए। पाठशाला में सभा हुई। कक्षा 8वीं, 9वीं तथा 10वीं के छात्र-छात्राओं के साथ गाँववाले भारी संख्या में पाठशाला के आँगन में इकट्ठे हुए। टेबल पर लंगर रखा गया। प्रा. आर्डे के साथ मेरा भी भाषण हुआ। छात्रों का उत्साह देखने लायक था। लंगर से शुरू हुई

भाषण की गाड़ी भूत-सवार होने की खरी-खोटी बातों की चर्चा को चक्कर लगाकर समाप्त हुई। रामानंद नगर के नजदीक के गाँव से आए कुछ छात्र कहने लगे, ''आप से हमें बहुत कुछ सुनना है, सीखना है। आप एक दिन गाँव में ठहरने के लिए आ जाइए—हम अंधविश्वास निर्मूलन के लिए उत्सुक हैं।''

मीठे बाबा

अंधश्रद्धा निर्मूलन समिति का जब परोक्ष रूप से भी अस्तित्व नहीं था, तभी भानुदास गायकवाड मीठे बाबा बन गया था। यह वर्ष 1982 की बात है। बताया जाता है कि महाराष्ट्र के बारामती गाँव का 25-26 साल का यह युवक अपने खेत में गुलर के पेड़ के नीचे सोया था। अचानक उसके शरीर में कुछ संचार होने के कारण वह जाग गया। और आश्चर्य! उसके स्पर्श में अचानक एक मीठापन आ गया। पहले तो किसी ने भरोसा नहीं किया। फिर चाय बनाने के लिए पानी लाया गया। उसमें शक्कर न डालकर भानुदास ने अपनी उँगली डाली, चाय तैयार हुई, जो बिलकुल मीठी थी। भानुदास की ख्याति दूर-दूर तक फैल गई। इसमें बदमाशी की आशंका के चलते पुलिस ने उसे तलब किया। पुलिस अधिकारी के सामने बैठते समय उसने उससे हाथ मिलाया और बड़े आश्चर्यजनक ढंग से पुलिस अधिकारी के हाथों की उँगलियाँ मीठी बन गईं। इसी प्रकार से आकाशवाणी की एक वृत्तनिवेदिका की चुड़ियों को उसने स्पर्श किया। चुड़ियाँ मीठी बनीं और समाचार आकाशवाणी पर गूँजता रहा। इसके उपरांत उस समय खूब चलनेवाले साप्ताहिक ने भानुदास पर आवरण कथा बनाई। उसका शीर्षक था—'भगवान दत्त की कृपा हुई, शरीर में मिठास आई।' इसके चलते भगवान दत्त के मंदिर के निर्माण कार्य के लिए पैसे भी इकट्ठे होने लगे।

इसी बीच और एक घटना घटी। महाराष्ट्र में उस समय परामानसशास्त्र संस्था कार्यरत थी। उसने भानुदास गायकवाड के मीठेपन पर अनुसंधान किया। उनके लिए विज्ञान के ज्ञात नियमों के बाहर की यह घटना लगी। उन्होंने विश्वस्तर की परामानसशास्त्र संस्था से संपर्क किया। उनमें भी भानुदास के प्रति जिज्ञासा जाग्रत् हुई। भानुदास गायकवाड देखते ही देखते 'मीठेबाबा' बन गया। असल में इनमें से एक ने भी भानुदास के कथित दैवी चमत्कार की वास्तविकता को खोजने का वैज्ञानिक प्रयास नहीं किया। इसके लिए मैं बारामती गया। वहाँ ॲड. विजय मोरे जी के घर पर भानुदास को बुलाया गया। उसके द्वारा मीठा बनाया गया पानी सील किया गया। पानी के ये सारे सीलबंद नमूने दिल्ली की श्रीराम रिसर्च इंस्टिट्यूट नामक मशहूर संस्था को भेज दिए गए।

असल कठिनाई यह थी कि मीठे पानी में कृत्रिम द्रव मिलाने से पानी मीठा हुआ है, यह समझना बड़ा आसान था लेकिन पानी में निश्चित रूप से कौन सा द्रव मिलाया गया है इसका पता लगाने के लिए सैकड़ों परीक्षण करने की आवश्यकता थी। इस संबंध में कुछ जोखिम उठाकर मैंने 'सकरीन' का परीक्षण करने की बात कही।

शक्कर से 500 गुना मीठा रहनेवाला 'सकरीन' एक कृत्रिम रासायनिक द्रव्य है। उसकी गोलियाँ मेडिकल शॉपिज में मिलती हैं। वे सस्ती होती हैं और दो उँगलियों से उसका पाउडर बनाकर उसे उँगलियों से लगाना बड़ा आसान रहता है। उसकी कम मात्रा भी पर्याप्त रहती है। इन सभी को ध्यान में रखकर मीठेबाबा भी इसी का प्रयोग करते होंगे, ऐसा अनुमान लगाकर उसके द्वारा मीठे बनाए पानी में 'सकरीन' की मात्रा की जाँच करने को कहा। मेरा अनुमान बिलकुल सही निकला। पानी के नमूने में सकरीन मिला था और हाथ धोकर बाद में लिए गए हर नमूने में सकरीन की मात्रा क्रमशः कम होती पाई गई। सकरीन पूर्णतः कृत्रिम पदार्थ है। इसके चलते इस घटना का परामानसशास्त्र तथा शरीर में निर्माण होनेवाले अद्‌भुत स्त्रोतों से कुछ भी संबंध न होने की पुष्टि मिली।

असल में इस घटना को अंतर्राष्ट्रीय स्तर तक ले जाने से पहले संबंधित व्यक्ति या संस्था द्वारा यह परीक्षण करना चाहिए था। लेकिन इस घटना को चमत्कार मानकर इसके सबूत इकट्‌ठे करने में रुचि रखनेवाले इसे क्यों करेंगे।

हाथ लगानेवाली हर वस्तु को मीठी बनाने का यह चमत्कार आगे जाकर हमारे अंनिस के चमत्कार प्रस्तुतीकरण में मनोरंजन और आकर्षण का एक हिस्सा बन गया। दर्शकों में से असंख्य लोगों को इस मिठास की अनुभूति हमारे कार्यकर्ता कराते हैं। उसके हाथ के सामने जो-जो तीखी वस्तुएँ लाई जाती हैं, उसे वे मीठी बना देते हैं। कोई चालाक श्रोता हाथ धोकर, पोंछकर दुबारा चमत्कार करने की माँग करता है। हमारे कार्यकर्ता अच्छे ढंग से हाथ पर बहुत सारा पानी लेकर, साबुन लगाकर, तौलिये से हाथ पोंछ लेते हैं फिर भी अपनी उँगलियों की मिठास कायम रहने के चमत्कार को दिखाते हैं। इस प्रकार की चुनौतियों की संभावनाओं को ध्यान में रखकर ही हमारे कार्यकर्ता पहले से तैयार रहते हैं।

कई स्कूलों में किसी न किसी रूप में यह चमत्कार कई बार दिखाया गया है। इसके चलते अब कुछ जगहों पर मीठे बाबा का चमत्कार शुरू करते ही बच्चे 'सकरीन, सकरीन' कहकर चिल्लाते हैं। यह है अंधश्रद्धा निर्मूलन कार्य का वास्तविक असर।

असल में मीठेबाबा का भंडाफोड़ करने हेतु इतना काफी था, लेकिन मीठेबाबा इतने में चुप बैठनेवाला नहीं था। महाराष्ट्र विशाल है। यहाँ लोग चमत्कार देखने और फँसने के लिए उत्सुक रहते हैं। इस संबंध में कोई कानून न होने के कारण मीठेबाबा का महाराष्ट्र-भ्रमण लगातार चलता रहा।

एक बार मुम्बई के मुख्य डाकघर में जाकर उसने चमत्कार के प्रस्तुतीकरण की शुरुआत की। लोगों की भीड़ जमा हुई। पोस्ट ऑफिस में काम करनेवाली समिति की एक कार्यकर्ता ने इसे देखा। उसने बाहर जाकर झट से सकरीन की गोलियाँ प्राप्त कीं, उसका चूर्ण बनाकर उँगलियों पर पोतकर मीठे बाबा का चमत्कार स्वयं ही बड़े जोर-शोर से दिखाना शुरू किया।

मीठेबाबा ने बोरिया-बिस्तर समेटा लेकिन वह इतनी आसानी से हार माननेवाला नहीं था। उसने कुछ समय बाद मुम्बई में 'मातोश्री' बँगले पर बालासाहब ठाकरे से भेंट की। बालासाहब को भानुदास ने हस्तस्पर्श से मिठास दे दी। 'दैनिक सामना' ने पूरे एक पन्ने पर इस खबर को जगह दी। उसमें इस बात का उल्लेख किया कि बालासाहब ने अपने स्टाइल में कहा कि 'अच्छा हुआ, अब तक हमें बारामती के एक ही बाबा का पता था (शरद पवार) जो कड़ूबाबा था, आप मीठेबाबा मिल गए।'

इसके कुछ दिन बाद 'दैनिक सकाल' अखबार के पहले पन्ने पर मीठे बाबा की चार कॉलम की खबर ने सभी को आकर्षित किया। उसमें मेरे प्रति गुस्से के साथ चुनौती भी थी। असल में इस प्रकार की खबरें छापना 'दैनिक सकाल' अखबार की परम्परा के विपरीत था, फिर भी खबर पहले पन्ने पर आई थी इसलिए उसका खंडन करना आवश्यक था, जो मैंने किया। 'सकाल' ने उसे प्रसिद्ध भी किया। इस मामले से विस्मृति में गए मीठे बाबा को अनायास और बड़ी प्रसिद्धि मिली। इसके चलते चुनौती-प्रक्रिया को पूरा करने हेतु मैंने मीठे बाबा से बातचीत करना चाहा। मीठे बाबा को इसमें जरा भी दिलचस्पी नहीं थी। अलग-अलग तरह के विवादास्पद बयान देकर अपने-आपको सुर्खियों में रखने की उसकी मंशा थी। इसी वजह से चमत्कार को साबित करने की चुनौती केवल रोचक समाचार का ही विषय बनकर रह गया। इससे किसी उपलब्धि की अपेक्षा बहुत कम थी।

इस दौरान मीठे बाबा और पूना के रोटरी क्लब द्वारा एक अलग ही दाँवपेच रचाया गया। रोटरी क्लब ने मीठे बाबा के चमत्कारों का कथित वैज्ञानिक परीक्षण करने की घोषणा की। इसका निमंत्रण मुझे नहीं मिला था। साथ ही यह परीक्षण कैसे होगा, इसके बारे में भी कोई विचार-मंथन नहीं हुआ था। कोई एक जादूगर, भौतिक वैज्ञानी, आहार विशेषज्ञ को बुलाकर रोटरी क्लब ने यह परीक्षण करवाया। मीठे बाबा द्वारा मीठा बनाया गया पानी लोगों को दिया गया लेकिन किसी प्रयोगशाला में उसे नहीं भेजा। यह एक सोची-समझी साजिश थी। यह एक पूर्वनियोजित षड्यंत्र था। इसके चलते भानुदास गायकवाड के दैवी चमत्कार के सच होने को बल मिला। समाचार-पत्रों के लिए खबरें पहुँचाई गईं लेकिन पूना के किसी भी अखबार में इसे जगह नहीं मिली।

औरंगाबाद के 'दैनिक लोकमत' के पहले पन्ने पर यह खबर जरूर प्रकाशित हुई। (उस समय लोकमत पूना से प्रकाशित नहीं होता था।) लोकमत के अन्य

संस्करणों में भी यह सनसनीखेज खबर सुर्खियाँ बनकर प्रसिद्ध हुई। उसमें लिखा था कि ''मीठे बाबा ने चुनौती-प्रक्रिया बड़ी सफलता से पूरी की, लेकिन खबर मिलकर भी दाभोलकर नहीं आए।' इस परीक्षण में मीठे बाबा की दैवी शक्ति प्रमाणित हुई है। उसने अब माँग की है कि 'दाभोलकर अब पैदल चलकर प्रायश्चित्त के रूप में पंढरपुर-आलंदी की तीर्थयात्रा करें।'

मराठवाड़ा में दैनिक लोकमत दूर-दूर तक पहुँचता है। इस कारण यह खबर पढ़कर हमारे कार्यकर्ता थोड़े सिटपिटाए। इस झूठी खबर का खंडन मैंने तुरंत किया लेकिन दैनिक लोकमत ने इसे तीसरे दिन और अंदर के पन्ने पर प्रकाशित किया। कहर तो तब हुआ जब रोटरी क्लब की सदस्या रही एक वकील महिला ने मेरे ऊपर मानहानि की एक लाख की नोटिस भेज दी। मैंने इसके उत्तर में लिखा कि 'मीठे बाबा सकरीन का आधार लेकर यह चमत्कार करता है, इस बात पर मैं कायम हूँ, इसलिए यह मुकदमा चलना चाहिए। इसके माध्यम से न्यायाधीश के सामने इसे सिद्ध करने का मुझे मौका मिलेगा।' इसके बाद मुकदमे का ज्वार शांत हुआ। मीठा बाबा अपने कथित चमत्कार करता रहा। उसने इस बात को अच्छी तरह से समझ लिया था कि 'यदि मुझे सुर्खियों में रहना है तो अंधश्रद्धा निर्मूलन समिति को मेरे चमत्कारों पर गौर करना होगा तथा उनका ध्यान आकर्षित करने के लिए मुझे उन्हें उकसाना होगा।' उसकी इस चाल को समझकर हमने भी जान-बूझकर उसे नजरअंदाज किया।

एक बार पूना में महात्मा फुले सभागार में मैं और डॉ. श्रीराम लागू जी का 'विवेक जागरण: वाद-संवाद' का कार्यक्रम चल रहा था। सभागार में भारी भीड़ थी। कार्यक्रम अपनी चरम सीमा पर था कि दरवाजे पर खड़े कार्यकर्ताओं से झगड़ा करते हुए मीठे बाबा अंदर घुस गया। उसके साथ कैमरा लेकर स्थानीय केबल का आदमी और वकील भी था। 'दाभोलकर मुझे बदनाम करते हैं इसलिए उन्हें सीधे चुनौती देने के लिए मैं आया हूँ,' ऐसा दावा करते हुए भीड़ में शोर मचाते हुए वह आगे बढ़ने लगा।

उसे कैसा रोका जाए, इस प्रश्न से कार्यकर्ता परेशान हो गए। क्योंकि उसका इरादा ही धाँधली मचाना था। संयोग से इस कार्यक्रम के लिए उस इलाके के पुलिस थाने के पुलिस अधीक्षक आए हुए थे। वे सिविल ड्रेस में थे। उन्होंने परिस्थिति को भाँप कर मीठे बाबा को तुरंत बाहर निकाला।

तहकीकात के बाद यह भी पता चला कि चुनौती देने हेतु मीठे बाबा जिस वकील को लेकर आया था, वह भी फरेबी निकला।

इसके बाद दो बार मैं भाषण देने के हेतु बारामती गया। किसी के न बुलाने पर भी मीठे बाबा मेरे सामने पहली पंक्ति में बैठ गया। वह इसके पूर्व 'सकाल' और 'लोकमत' में छपी खबरों के कटिंग लेकर आया था और उनके जेरॉक्स उपस्थित प्रमुख अतिथियों को बाँट रहा था। लेकिन सभी ने उसे नजरअंदाज किया। उसने

समय–असमय मुझे फोन करके, फोन कर अनाप–शनाप बोलकर, धमकी देकर आदि कई तरीकों से मुझे उकसाने की कोशिश की। ये सारे प्रकरण अपने आप तभी बंद हुए जब उसे पता चला कि मेरा मानसिक स्वास्थ्य बिगाड़ने में इन बातों का कोई असर नहीं हो रहा है। मैं और हमारी अंधश्रद्धा निर्मूलन समिति अपने विवेकवादी और विज्ञाननिष्ठ विचारों–आचारों पर प्रतिबद्ध हो अविचल कार्य करती रही। उसका यह नतीजा निकला कि मीठे बाबा का जादू कालौघ में खत्म हुआ।

गुरव बंधु का नेत्रोपचार

यहाँ वर्णित मामला कुशिरे, तहसील पन्हाळा, जिला कोल्हापुर का है। वैसे तो कुशिरे महाराष्ट्र के किसी भी तहसील के छोटे से गाँव जैसा ही एक गाँव है, लेकिन इस गाँव के गुरव बंधुओं ने एक दिन सपने में यहाँ के एक स्थानीय तीर्थस्थल के जोतिबा नामक ईश्वर का मानवीय रूप देखा। यों कहें कि उन्हें ईश्वर का साक्षात्कार हुआ। यह चमत्कार देखते-ही-देखते सुर्खियों में छा गया। उन गुरव बंधुओं के बैल की आँखें चली गई थीं। सपने में उन्हें एक पेड़ की पत्तियों का रस बैल की आँख में डालने का आदेश मिला। यह भी बताया जाता है कि जंगल में किसी एक व्यक्ति ने उन्हें इस औषधि के बारे में बताया। उन्होंने औषधि का प्रयोग किया, और आश्चर्य! अंधे बैल को दृष्टि मिल गई! बैल और मनुष्य की आँखें एक जैसी होने का गुरव बंधुओं ने तर्क किया होगा। (कुशिरे गाँव की भारी भीड़ ने आगे इसे सार्थक ठहराया।) इसी कारण बैल की आँख पर काम आई औषधि का प्रयोग मनुष्य की आँख की बीमारी पर करके देखने का विचार उन भाइयों के मन में आया। उपचार शिविर की शुरुआत हुई। आँख की संक्रामक बीमारी जिस गति से नहीं फैलती उतनी गति से उपचार की खबर सभी ओर पहुँच गई। हर दिन चार-पाँच हजार लोग कुशिरे में आने लगे। आगे जाकर सप्ताह में केवल दो दिन ही यह उपचार चलने लगा। आस-पास के ही नहीं, बल्कि दूर दराज के जिलों तथा पड़ोसी कर्नाटक राज्य से भी लोगों की भीड़ उमड़ने लगी। केवल तीन महीनों में ही उपचार लेनेवालों की तादाद तीन लाख तक जा पहुँची। उपचार के लिए पैसों के बदले हर एक से केवल एक नारियल लेने के कारण इस शिविर को सेवा-धर्म का रूप मिला। (तीन लाख नारियल की प्रति नारियल छह रुपये के हिसाब से कीमत अठारह लाख रुपए हो गई। यह आँकड़ा भी अंधविश्वास से बंद हुई आँखें झट से खोलने के लिए काफी था।) कोल्हापुर महानगर निगम ने अपने यातायात विभाग की ओर से उपचार के बुधवार और इतवार के दिन विशेष बसों की सुविधा मुहैया करवाई। उन पर बोर्ड लगे थे, 'चलो, चलो कुशिरे, नेत्रोपचार के लिए'। स्थानीय समाचार-पत्र, कुछ पत्रिकाएँ, स्थानीय केबल टी.वी. ने इसे बढ़ा-चढ़ाकर प्रसिद्धि दिलाई। इसके साथ स्वाभाविक रूप से 'सच्चे दावे' के नाम पर अफवाहें फैलाई गई। देखने की शक्ति में सुधार आया, चश्मा नहीं रहा, बिना चश्मे के

स्पष्ट और साफ-सुथरा दिखाई देने लगा। इस प्रकार के वर्णन आगे इस हद तक चले गए कि उपचार के लिए कतार में खड़े लोगों के चश्मे ही फेंक दिए जाने लगे, क्योंकि आँख में औषधि की बूँदें डालने पर इसकी आवश्यकता नहीं रहने का प्रचार किया जा चुका था। इस औषधि के प्रयोग से मोतियाबिंद के ऑपरेशन तक को अनावश्यक माना जाने लगा। अंधों को भी दृष्टि आने तक की बात का प्रचार-प्रसार हुआ। यह भी प्रचारित किया गया कि यदि इस उपचार से तनिक भी धन का लोभ किया गया तो इस विद्या से हाथ धोना पड़ेगा, ऐसा निर्देश गुरव बंधुओं को सपने में ही मिल चुका था। यही कारण था कि वे मुफ्त में आँखों में दवा डालते थे।

मैंने ऐसे ही एक नेत्रोपचार शिविर में गया। महाराष्ट्र के विभिन्न देहातों से आठ-दस हजार लोग उस दिन आए थे। अवैध कार्यों पर रोक लगानेवाली पुलिस भीड़ पर काबू रखने हेतु कतारें लगाने में व्यस्त थी। भीड़ की औसतन आयु चालीस से पचास के आसपास रही होगी। अधिकतर लोग अशिक्षित तथा बूढ़े थे। महिलाएँ भी भारी संख्या में उपस्थित थीं। उपस्थितों के पहनावे से साफ था कि उनके अत्यंत गरीब होने का पता चल रहा था। अधिकतर महिलाएँ ॲनिमिक (शरीर में खून की कमी से त्रस्त) थीं। उन्हें देखकर इस बात का सहज पता चलता था कि उनके खान-पान में विटामिनों और उसमें भी विशेष कर आँखों के लिए उपयोगी 'ए' विटामिन की कमी थी। उपचार की पद्धति तो विचित्र और शरीर पर रोंगटें खड़ी करनेवाली थी। किसी भी परीक्षण के बिना कमरे में तथा बरामदे में एक ही समय पर दस से पंद्रह लोगों को एक कतार में सुलाया जाता था। सभी के सिर एक दिशा में ही रहते। एक मैले बर्तन में औषधि रहती। उसमें मैला अँगोछा डुबोया जाता था। धुले कपड़े से पानी बाहर निकालने के लिए कपड़े को जैसे निचोड़ा जाता है उसी प्रकार से वह गंदा अँगोछा निचोड़कर, सोए हुए हर एक व्यक्ति की दोनों आँखों में दो-दो बूँद औषधि डाल दी जाती। उपचार की सहजता, उपचार की मुफ्तता और इसे प्राप्त हुआ दैवी सामर्थ्य के चलते किसी को कोई शिकायत नहीं रहती थी।

आँखों के इलाज के शिविर को मिला यह समर्थन हमारे समाज की आँखों की बीमारी तथा उपचार की कमी को दिखा रहा था। साथ ही संख्या भी अचरज करने जैसी थी। इसी कारण देखते ही देखते उपचार की यह पद्धति कोल्हापुर जिले में पाँच-छः जगहों पर शुरू हुई। हर कोई अपने आपको गुरव बंधुओं के उपचार के सीधे उत्तराधिकारी होने की बात करने लगा। इसी कारण गुरव बंधुओं ने घोषण की कि उनकी शाखा कहीं भी नहीं है। इससे हंगामा खड़ा हुआ। आस-पास के रत्नागिरि, सिंधुदुर्ग तथा सतारा जिलों में भी इस पद्धति का अनुकरण शुरू हो चुका था। स्थानीय समाचार-पत्रों ने इसे सुर्खियों में प्रकाशित किया। अलोरे (जिला रत्नागिरि) के उपचार शिविर की समाचार-पत्र रत्नागिरि टाइम्स में यह खबर छपी—(दि. 16 सितम्बर, 1997)—अलोरे जिले के कोने-कोने से हर तबके के

पुरुष, महिलाएँ तथा बूढ़ों की भीड़ जुटी। नेत्र-चिकित्सक संगठन, कोल्हापुर तथा पूना का विरोध हुआ। 'आप इन सभी को एक ही औषधि क्यों दे रहे हो?' इस प्रश्न के उत्तर में संचालक अशोक भाई ने इतना ही कहा कि 'वह आप इस भीड़ से ही पूछिए।' आगे उन्होंने बताया कि डॉक्टरों ने कई बार इन लोगों के पैसे लूटे हैं। यहाँ तो मुफ्त में उपचार मिलता है। डॉक्टरों की शिकायत अपने व्यवसाय बंद होने की संभावना के डर से है। यह अवसरवादी प्रवृत्ति है। यहाँ आनेवाला हर मरीज अपनी जिम्मेदारी से उपचार लेता है। औषधि में दोष या कमी रहने पर सेवक वर्ग को दोषी करार न करने के प्रतिज्ञा-सम्मति-पत्र पर मरीज तथा उनके अभिभावकों के हस्ताक्षर लिए जाते थे। ह

इस खबर में आगे यह भी लिखा था कि इस औषधि से दुष्परिणाम होने की शिकायत न आने के कारण इसे जारी रखने कीह जिद मरीज ही कर रहे हैं। अनेक सरकारीकर्मी, बैंक कर्मचारी और वाहन चालक ने अपने चश्मे निकाल चुके हैं। नजदीक के गाँव के डॉ. केतकर, डॉ. पटेल, डॉ.पवार, डॉ. सौ. माने आदि ने यह औषधि अपनी आँखों में डाल ली है। इस शिविर में एक दिन में एक हजार से अधिक लोगों ने इलाज करवा लिया है।

सामाजिक संस्थाओं को उनके समाजोपयोगी कार्य के लिए यह एक नया क्षेत्र खुला था। सन्मित्र युवक मंडल संस्था मठगाँव (तहसील लांजा, जिला रत्नागिरि) में नवरात्र महोत्सव मनाता है। इस उत्सव में उन्होंने लोकोपयोगी कार्य के रूप में इस शिविर का आयोजन किया। कुशिरे के गुरव बंधुओं से संपर्क कर उन्हें बुलाया गया। इस शिविर के लिए सुबह से ही जीपें, टैक्सी, टेंपो, दोपहिया तथा रिक्शा जैसे यातायात के साधनों से भारी भीड़ जमा हुई। आस-पास के सौ से भी अधिक गाँवों के तीन हजार से भी अधिक पीड़ित यहाँ जमा हो गए। जहाँ रत्नागिरि जिले में कांग्रेस और शिवसेना के बीच बड़ा बैर है, वहीं रिपब्लिकन पार्टी का शिवसेना से मेल खाने के कारण शिवसेना के वरिष्ठ कार्यकर्ता संजय चव्हाण द्वारा आयोजित इस शिविर का उद्घाटन वरिष्ठ कांग्रेसी नेता मुकुंदराव सावंत ने किया। रिपब्लिकन पार्टी के कार्यकर्ताओं ने संयोजन में सहयोग दिया। रत्नागिरि के चिकित्सा व्यावसायिकों के संगठन तथा अंधश्रद्धा निर्मूलन समिति ने इस आयोजन का विरोध किया था लेकिन खबर में उनके विरोध को जनता द्वारा बेदखल किए जाने को अहमियत दी गई थी। सिंधुदुर्ग जिले के कणकवली में, सतारा के मसूर में, दहिवडी, खंडाला, फलटन, मेढा जैसी कई जगहों पर और पूना, सोलापुर जिलों में भी इसी पद्धति से यह उपक्रम बड़े जोर-शोर से अपनी जड़ें जमा रहा था।

खुलेआम धोखेबाजी में शामिल इस उपचार-पद्धति के खिलाफ समिति द्वारा हर संभव आवाज उठाई गई। संबंधित जिलों की समिति की शाखाओं के साथ अन्य स्वयंसेवी संगठनों ने भी इसमें सहयोग दिया। कोल्हापुर में 'जनस्वास्थ्य दक्षता समिति'

और 'अंधश्रद्धा निर्मूलन समिति' ने शासन से इस औषधि का उचित परीक्षण करने तथा लोगों को इसके दुष्परिणामों से बचाने का आह्वान किया था। लेकिन सरकार के आरोग्य विभाग ने केवल तटस्थ दर्शक की भूमिका निभाई। तत्कालीन जिलाधीश मनुकुमार श्रीवास्तव और पुलिस अधीक्षक माधवराव सानप ने भी बिलकुल सहयोग नहीं दिया। सरकार का हर विभाग कार्रवाई की जिम्मेदारी दूसरे विभाग पर डालता रहा। समिति ने सबसे पहले कोल्हापुर में और बाद में सभी और ऐसे मामलों के विरोध में ठोस भूमिका अपनाई।

प्रत्यक्ष कार्यवाही के लिए 10 सितम्बर, 1997 को मैंने कार्यकर्ताओं के साथ कोल्हापुर के जिलाधीश मनुकुमार श्रीवास्तव से भेंट की। उनके सामने अपनी भूमिका स्पष्ट की जो संक्षेप में इस प्रकार थी : 'सरकार ने सन् 2000 तक सभी को 'आरोग्य सुविधा' मुहैया कराने की घोषणा की है और गुरव बंधुओं जैसे लोगों द्वारा, जनता के स्वास्थ्य के साथ खेलने पर भी जिलाधीश द्वारा किसी भी प्रकार की भूमिका को न अपनाना, उचित नहीं है। गुरव बंधुओं की औषधि का परीक्षण होना चाहिए। यदि इसमें हानिकारक तत्त्व न होकर उसके उपकारक होने की पुष्टि होती है, तभी उसके उपयोग को अनुमति दी जाए। इसके लिए हमने एक योजना भी सुझाई। नेत्ररोग विशेषज्ञों की निगरानी में चुनिंदा नेत्रपीड़ितों पर गुरव बंधु अपनी औषधि का प्रयोग करें। यदि इसके प्रत्यक्ष परिणाम नजर आएँगे, रोगी स्वस्थ होंगे, तभी गुरव बंधुओं को उपचार करने की इजाजत दी जाए। हमने यह भी सुझाया कि जिस वनस्पति से यह औषधि बनाई जाती है उसका नाम जाहिर किया जाए। इससे सहज ही पता चल जाएगा कि उसमें (वनस्पतिशास्त्र और आयुर्वेद के आधार पर) आँखों की बीमारी का उपचार करने की थोड़ी सी भी क्षमता है या नहीं। वनस्पति का नाम जाहिर करने से व्यवसाय का राज खुलने का डर यदि गुरव बंधुओं के मन में है, तो उन्हें प्रोविजनल पेटेंट दिलाने की जिम्मेदारी समिति की रहेगी। ऐसा कुछ भी किए बिना उपचार करना 'दी ड्रग्ज एंड मैजिक रेमेडीज एक्ट 1954' के तहत अपराध है, इस बात की ओर भी उनका ध्यान आकर्षित किया गया।

जिलाधीश इस मामले में सकारात्मक भूमिका अपनाने के पक्ष में नहीं थे। फिर भी उन्होंने औषधि की जाँच की रिपोर्ट आने तक उसका प्रयोग न करने की बात स्वीकार की। इस रिपोर्ट का वैसे भी कोई उपयोग नहीं था, क्योंकि इसके परीक्षण से सिर्फ यह पता चलनेवाला था कि यह औषधि आयुर्वेदिक जड़ी-बूटी की है या नहीं और वह हानिकारक तो नहीं है। इसमें एक बीच का रास्ता यह था कि एलोपॅथी की किसी भी दवाई को बाजार में लाते समय तटस्थता से जिस पद्धति को अपनाया जाता है, उसकी जरूरत जड़ी-बूटी के पारम्परिक उपचार के लिए नहीं होती। बिना आज्ञापत्र के बड़ी मात्रा में औषधि बनाना और बिना स्नातक प्रमाणपत्र के उपचार करने के फरेब पर कार्रवाई करने में शासन की ओर से आनाकानी हो

रही थी। इसी का लाभ उठाकर कुछ समय बंद रहा उपचार का व्यवसाय फिर से शुरू हो गया।

हम जिलाधीश से वार्तालाप कर ही रहे थे कि कुशिरे के एक शिष्टमंडल ने वहाँ दस्तक दी। शिष्टमंडल ने कहा कि गुरव बंधुओं के महान संशोधन से मानव जाति का बड़ा उपकार हो रहा था। सरकार का स्वास्थ्य सुरक्षा का कार्य भी कम से कम आँख के बारे में इससे आसान होनेवाला था। लोग जैसे अपने मन से गुटखा खाते हैं उसी प्रकार से अपनी मर्जी से उपचार लेते हैं। उनका सवाल था कि गुटखा हानिकारक होने पर भी जब सरकार दखल नहीं देती, तो फिर यह हमारे बारे में ही क्यों? लेकिन उनकी मुलाकात का असली कारण दूसरा था। उनका ऐसा मानना था कि गुरव बंधुओं की सफलता को देख कई लोग धोखेबाजी से यह व्यवसाय कर रहे हैं। वे इस संदर्भ में कलक्टर साहब से पाबंदी लगाने का अनुरोध करने आए थे।

बात यह थी कि कुशिरे गाँव के दूसरी ओर रहनेवाले पोहाले गाँव के बलिराम चौगले यह दावा कर रहे थे कि यह औषधि हमने ढूँढ़ निकाली है। उनके शिविर कोंकण में शुरू हुए थे। उनसे कुछ सवाल पूछे गए : 'औषधि तैयार होने के बाद कितने समय तक इसका उपयोग करना चाहिए? हर समय औषधि का रंग अलग क्यों रहता है? इस औषधि के पौधे पन्हाळा किले के जोतिबा पर्वत के सिवाय और कहीं मिलते हैं या नहीं?' वे इनमें से एक भी प्रश्न का उत्तर नहीं दे पाए। औषधि तथा अन्न प्रशासन को जाँच के लिए नमूना देने में गुरव बंधुओं के समान ये भी खींचातानी कर रहे थे। इनके शिविर में भी भारी भीड़ रहती थी। हजारों बीमार आ रहे थे और अक्ल गिरवी रखकर कई सेवा संस्थाएँ और राजनीतिक पार्टियाँ इस तथाकथित मानवतावादी कार्य के लिए आगे बढ़ रही थीं। कणकवली (जिला सिंधुदुर्ग), जयसिंगपुर (जिला कोल्हापुर) में ऐसे शिविरों के खिलाफ समिति द्वारा निदर्शन किए गए। समान विचार रखनेवाले कुछ संगठनों ने हमारी मदद की, नेत्ररोग चिकित्सकों का भी समर्थन मिला, फिर भी आँखों के इलाज के इस संक्रामक रोग के काबू में आने के लक्षण नजर नहीं आ रहे थे। लोग समझ नहीं पा रहे थे कि परमार्थ के इस कार्य में अंधश्रद्धा निर्मूलन समिति रोड़े क्यों डाल रही है।

सतारा जिले में यह शिविर चार-पाँच जगहों पर एक ही समय शुरू हुआ। कोल्हापुर जिला प्रशासन का अनुभव अच्छा न होने पर भी मैं नेत्ररोग उन्मूलन संगठन के अध्यक्ष के साथ जिला पुलिस प्रमुख मीरा बोरवणकर से मिला। उन्हें बताया कि आँखों की सभी प्रकार की बीमारी में आँखों में औषधि की एक बूँद डालकर रोगी को अच्छा करने का दावा वस्तुतः एक प्रचारित चमत्कार या कथित दैवी उपचार है, जिसको लेकर कार्यवाही की ठोस व्यवस्था कानून में है। हर शिविर में पैसों तथा नारियल के रूप में हर व्यक्ति से ली जानेवाली रकम या वस्तुओं की कुल आमदनी हजारों में होने की बात भी बताई। नेत्ररोग विशेषज्ञ डॉ. सरवटे जी ने

इस प्रकार के उपचार के गंभीर परिणामों और कई जगहों पर इसके उदाहरण मिलने की बात भी बताई। महाराष्ट्र नेत्ररोग विशेषज्ञ संगठन ने इस संबंध में स्पष्ट रूप से विरोधी भूमिका अख्तियार करके कार्यवाही करने की माँग की।

अन्य जिलों में जो नहीं हो सका, वह सतारा में हो गया। जिला पुलिस प्रमुख को हमारी बात जँच गई। उन्होंने सभी पुलिस स्टेशन को परिपत्रक भेजे—

'संस्था वाफी/1364/97 सतारा, दि. 27 अक्तूबर,1997

विषय : गैरकानूनी नेत्रोपचार रोकने के संबंध में...

परिपत्रक

सतारा जिले के अलग-अलग इलाकों में आँखों की सभी प्रकार की बीमारियों की औषधि देनेवाले उपचार शिविर बड़ी संख्या में आयोजित किए जा रहे हैं। इस प्रकार का उपचार करनेवाले व्यक्ति के पास किसी भी प्रकार का डॉक्टरी प्रमाणपत्र नहीं है। आँखों की सभी प्रकार की बीमारियों के लिए नहीं एक ही प्रकार के औषधि की बूँद सप्ताह में एक बार डाली जाती है। यह औषधि न ही चिकित्सा विभाग से प्रमाणित है और न ही उत्पादित। इस उपचार को दैवी चमत्कार का स्वरूप दिया गया नजर आता है। ऐसे दैवी चमत्कार की उपचार पद्धति का किसी भी प्रकार से प्रसार करना 'दि ड्रग्ज एण्ड मॅजिक रेमिडीज' (ऑब्जेक्शनेबल एडवर्टाइजमेंट) एक्ट, 1954 के तहत कानूनन जुर्म है। साथ ही ऐसे उपचार के लिए रोगी से वस्तु अथवा पैसों के रूप में रकम लेना स्पष्ट रूप से धोखेबाजी है। इस पद्धति के इलाज से रोगी अपनी आँखें भी खो सकता है। ऐसे गैरकानूनी नेत्रोपचार करनेवाले लोगों के खिलाफ सभी पुलिस थानों के प्रभारी अधिकारी भरोसेमंद जाँच कर उचित प्रतिबंधात्मक कार्रवाई करें। साथ ही अंधश्रद्धा निर्मूलन समिति के सदस्यों द्वारा ऐसे मामलों के लिए पुलिस थाने से संपर्क करने पर अथवा शिकायत दर्ज करने पर उन्हें पूरा सहयोग देकर आगे की उचित कानूनन कार्रवाई की जाए।

पुलिस अधीक्षक
सतारा की अनुमति से पुलिस अधिक्षक, सतारा के लिए

प्रति,

सभी पुलिस थाने, प्रभारी अधिकारी, सभी उ.वि.पो.अ.व.मं.पो.नि.,
सतारा, जिला पुलिस निरीक्षक, स्थानीय गुन्हा शाखा सतारा।
सभी सहायक सरकारी अभियोगी, सतारा जिला, वरिष्ठ अभियोगी, सतारा।'

सतारा जिले में यह परिपत्रक हमारे लिए हथियार साबित हुआ, साथ ही महाराष्ट्र के पूना, सोलापुर, उस्मानाबाद, नागर जैसे जिन–जिन जिलों में यह शिविर फैल रहा था वहाँ कार्यकर्ताओं ने इस पत्रक के साथ जिला पुलिस प्रमुख से भेंट की और इस स्वरूप के पत्रक निकाले। उसके आधार पर इस प्रकार के शिविर रोके गए। सिर्फ कोल्हापुर जिले में अंत तक यह पत्रक नहीं निकल पाया।

'अंधा' बनाने वाली कथित नेत्र संजीवनी आँखों में डालने के लिए कुशिरे में होनेवाली भीड़ अंततः दूर हुई। लेकिन इसके लिए कितने लोगों का श्रम, समय, बुद्धि के साथ पैसा बरबाद करना पड़ा?

भूत से साक्षात्कार

भूत से सीधे साक्षात्कार करते समय किन मुसीबतों का सामना करना पड़ सकता है, इसकी बड़ी अच्छी सबक हमें तब मिली जब महादेव चव्हाण नामक मांत्रिक ने भूत-पिशाच दिखाने की चुनौती स्वीकार की।

असल में महादेव चव्हाण का पता सांगली जिले के हमारे कार्यकर्ताओं को ज्योतिषी क्षितिज शिंदे ने बताया। क्षितिज शिंदे सांगली के एक समाचार-पत्र में भूतों पर एक सीरीज चला रहा था। उसके लेखों के 'भूत के जन्मदाता ब्रह्मचारी', 'कम्युनिस्ट भूत' जैसे शीर्षक चक्कर में डालनेवाले थे। उसकी राय के मुताबिक विश्व की 70 से 80 फीसदी दुर्घटनाएँ दुष्ट पिशाच की बाधा से होती हैं। स्त्री के पास यदि पूर्व जन्म के पुण्य का संचय नहीं है, तो वह चुड़ैल या पिशाच भूत की योनि में चली जाती है। अवैध संबंधों से पुत्र प्राप्ति करनेवाली स्त्री यदि प्रसूति के समय मृत हुई, तो पिशाच योनि में जाकर अपने शीशु की तलाश करती है। ब्राह्मण की मृत्यु हुई तो वह ब्रह्मराक्षस बनता है और यदि लालची या लोभी ब्राह्मण की मृत्यु हुई तो वह 'ब्रह्मसमंध' (ब्रह्मपिशाच) बनता है। सदियों पूर्व के भूत आज भी घूमते हुए नजर आते हैं। वे वायु रूप में रहते हैं। लेकिन अदृश्य रूप में भटकते हुए वे पीड़ा दे सकते हैं। अनगिनत जीवात्मा (सिरिट्स) हमारे आस-पास मँडराते रहते हैं। हमसे एक हाथ की दूरी पर उनके सूक्ष्म जीव कार्यरत रहते हैं। हमारे शरीर की ऊर्जा को वे चूसते हैं। भूतों के विश्व में 'साम्यवाद' रहता है। सारे भूत समान हैं। लेकिन अच्छे भूत मार्गदर्शन करते हैं, जबकि बुरे भूत मांत्रिक से वशीभूत होकर अपनी वासनाओं के प्रतिशोध की पूर्ति करते हैं।

यह सब पढ़कर 'भूत दिखाओ, पाँच लाख रुपए पाओ' का समिति का आह्वान रजिस्टर पोस्ट से क्षितिज शिंदे के घर पहुँचा और एक महीने तक उसके उत्तर की राह देखकर सांगली जिले के अंधश्रद्धा निर्मूलन समिति के छह कार्यकर्ताओं ने डॉ. प्रदीप पाटील के नेतृत्व में क्षितिज शिंदे के घर दस्तक दी। हम भूत देखने आए हैं, यह कार्यकर्ताओं का पैतरा था, जबकि क्षितिज शिंदे को भूतों पर पक्का विश्वास था। उसका मानना था कि उसका गुरु हमेशा भूतों के साथ रहता है। विशेष मंत्रशक्ति द्वारा वह भूतों को काबू में रखता है। वह हमें भूतों को दिखाता है।

साथ ही लोगों की भूतबाधा को दूर करता है। इतना सब सुनकर सीधे उससे मिलना ही तय हुआ।

जयसिंगपुर से चार-पाँच किलोमीटर की दूरी पर 'खंजिरे मळा' नाम की एक बस्ती थी। प्रत्यक्षत: खेती बहुत कम थी, बस कुछ एक लोग वहाँ रह रहे थे। इसके इर्द-गिर्द कई उतार-चढ़ाव, गड्ढों तथा बड़े-बड़े पत्थरों से भरी हुई बंजर भूमि थी। इसी बंजर भूमि पर खंजिरे मळा के नजदीक महादेव चव्हाण का खपरैल घर था। घर क्या, 200 वर्ग फीट का एक विशाल कमरा ही था। दीवारें कच्ची थीं और टट्टी भी थीं। नाथ सम्प्रदाय के इस मांत्रिक की आयु पैंसठ वर्ष की थी। सिर के बाल सफेद और गुच्छेदार सफेद मूँछें भी थीं। बड़ी आँखें, गरजनेवाली आवाज, शरीर पर धोती और बंडी, माथे पर बड़ा तिलक, सामने जलती हुई धूप, एक ओर काले मोटे दोर की गठरी, मंत्र-तंत्र के चौकोर कागज। शंकर और कृष्ण के तस्वीरों से दीवारें ढँकी हुई थीं।,

समिति के कार्यकर्ता सामने बैठे। क्षितिज शिंदे ने कहा, "ये अंधश्रद्धा निर्मूलनवाले लोग हैं, इन्हें भूत देखना है।"

गुरु ने गरजकर कहा, "दिखाएँगे भूत, अभी दिखाता हूँ, लेकिन भूतों को काबू में रखनेवाले चार लड़के आज यहाँ नहीं हैं, वे बाजार गए हैं।"

प्रदीप ने पूछा, "भूत कैसे होते हैं?

"हमें छोड़ो, विश्व में आज तक किसी ने भी भूत को नहीं देखा है।" शिंदे बताते हैं, "आप तो भूतों के साम्राज्य में रहते हैं। तो फिर बताएँ, भूत होते कैसे हैं?"

"राक्षस के जैसा मुँह होता है।" गुरु चव्हाण ने कहा।

उसके पच्चीस-तीस भक्तगण जो हमारे पीछे बैठे थे, वे चिल्लाए, "हाँ-हाँ, इन्होंने हमें भी दिखाया है भूत..."

"उसका शरीर, हाथ-पाँव कैसे होते हैं?"

"तुम्हारे-हमारे जैसे ही घूमते हैं इधर-उधर...," कार्यकर्ताओं के साथ आए 'दैनिक सकाल' के चिंतामणि सहस्रबुद्धे ने कहा, "तो फिर कब दिखाएँगे भूत?"

"बृहस्पतिवार के दिन आओ, भूत दिखाएँगे।"

भूत दिखाने का समय तय हुआ—बृहस्पतिवार, सुबह ग्यारह बजे। सभी समाचार-पत्रों में खबरें छपीं : 'सावधान! आनेवाले बृहस्पतिवार के दिन भूत के दर्शन होंगे। मांत्रिक महादेव चव्हाण प्रत्यक्ष भूत दिखाएँगे।'

समिति की सांगली शाखा में पत्रों का ढेर लग गया। कार्यकर्ताओं को भी लगा कि सभी लोगों को आना चाहिए। भूत सचमुच होता है या नहीं, इसका आमने-सामने फैसला एक बार हो ही जाए। लोगों के मन का भ्रम दूर होगा। नहीं तो कम से कम इस भ्रम को धक्का तो लगेगा। इसी उद्देश्य से कार्यकर्ताओं ने सारे चुनौतियों को सरेआम प्रदर्शित किया। 'चलो भूत देखने' की चर्चा से माहौल गरम

हो उठा। सभी ओर एक ही चर्चा, भूत दिखाई देगा या नहीं। खंजिरे मळा जिस पुलिस थाने की सीमा में था, वहाँ कार्यकर्ताओं ने जाकर सुरक्षा हेतु विधिवत् अर्जी दी और पुलिस द्वारा पुख्ता बंदोबस्त रखने की माँग की।

भूतदर्शन के कार्यक्रम में ऐन वक्त पर कुछ मुद्दों पर शिकायत न हो, इसलिए एक दिन पहले डॉ. शीतल भरगुडे और डॉ. प्रदीप पाटील एक बार क्षितिज शिंदे से मिले। महादेव चव्हाण की ओर से क्षितिज शिंदे ही सब कुछ देख रहा था। क्षितिज शिंदे को दो बार निवेदन पढ़कर सुनाया गया, जो इस प्रकार था—

'1. मांत्रिक ने बताया है कि तथाकथित भूत दृश्य रूप में मनुष्य की तरह दिखावा करनेवाला, राक्षस जैसे मुँह वाला होता है। इस वर्णन के सिवाय कोई भी भूत, 'भूत' नहीं रहेगा।

2. मांत्रिक चव्हाण ने समिति को दूसरी चुनौती दी थी कि 'मैं जिस भूत को बुलाऊँगा, वह भूत आप में से किसी के भी घर का, घर की वस्तुओं का बड़ी सफाई से वर्णन करेगा।' समिति के पाँच कार्यकर्ताओं के उपर्युक्त वर्णन कागजबंद लिफाफों में रखे जाएँगे और भूत के बताने के बाद हर एक लिफाफा खोला जाएगा। यदि लिफाफे में रखे विवरण भूत के बताए वर्णन से पूरी तरह मेल खाएँगे तो इससे भूत के होने की पुष्टि हो जाएगी।

3. भूत दिखाई देने पर समिति द्वारा एक बार फिर उसकी जाँच की जाएगी और भूत दिखाई न देने पर क्षितिज शिंदे और चव्हाण को भूत दिखाने का एक और मौका दिया जाएगा।

अंतिम मुद्दा था कि भूत का अस्तित्व मांत्रिक इस तरीके से दिखाएगा—

1. ताली बजाकर, 2. समिति के कार्यकर्ताओं को हानि पहुँचाकर।'

क्षितिज शिंदे ने इन सभी मुद्दों के निवेदन पर आपत्ति न होने के हस्ताक्षर कर उसे लौटा दिया। उसके जरा भी विचलित न होने पर अचरज हुआ। कई लोगों को लगने लगा कि भूत यकीनन दिखाई देगा।

लेकिन क्षितिज शिंदे की यह शक्ति अस्थायी थी। शाम के सात बजे सभी समाचार-पत्रों से डॉ. प्रदीप पाटील को फोन आए कि क्षितिज शिंदे ने समिति द्वारा शर्तें रखने के कारण कार्यक्रम स्थगित करने की घोषणा की है। अलबत्ता समिति द्वारा सभी समाचार-पत्रों को तुरंत सफाई दी गई कि भूत देखने के लिए समिति खंजिरे मळा जाएगी ही। महादेव चव्हाण ने समिति को वचन दिया है और वे उस पर कायम रहेंगे, ऐसा समिति को भरोसा है।

इस रोमांचक नाटक में शामिल होने के लिए मैं सुबह दस बजे जयसिंगपुर बस स्टैंड पर पहुँचा। जयसिंगपुर से खंजिरे मळा की ओर जाते समय मुझे थोड़ा अंदेशा होने लगा कि पता नहीं, आगे क्या होनेवाला है। गाँव से लोगों के झुंड खंजिरे मळा की ओर जा रहे थे। जब मैं वहाँ पहुँचा तो उस विस्तृत बंजर भूमि पर दो-तीन हजार

साइकिलें और कुल सात-आठ हजार लोग जमा थे। मेरे वहाँ पहुँचने तक हमारे कार्यकर्ता विजय-मेला शुरू करने की तैयारी में जुट चुके थे।

विजय चव्हाण ने इतनी भारी भीड़ की अपेक्षा नहीं की थी। यहाँ चल रही गतिविधियों को देखकर उसने पूरी तरह से पीछे हटने का पैतरा अपनाया। उसने स्पष्ट रूप से कुबूल किया, 'भूत प्रेत कुछ नहीं होते। मुझसे गलती हुई है।'

प्रदीप पाटील ने कहा, ''भीड़ के सामने जाकर कहो कि 'मैंने झूठ कहा, मुझे माफ करें'।''

चव्हाण इसके लिए राजी हो गया। अपने आगे खड़ी भारी भीड़ के सामने वह भुनभुनाया, ''माफ करें, भूत नहीं होता।'' और दौड़कर अपने कमरे में चला गया।

यह सब घटित होने तक मैं वहाँ पहुँच गया था। महादेव चव्हाण से यह सब लिखित रूप में लेने की बात मैंने उठाई। अंदर जाकर उससे ऐसा लिखवा भी लिया। मैंने सोचा कि बाहर जाकर लोगों को यह लिखित कबूलनामा सुनाऊँगा। दो कारणों से यह संभव न हुआ। एक तो हमारे पास लाउड स्पीकर नहीं था और विस्तीर्ण बंजर भूमि पर गले की आवाज पहुँचना संभव न था। दूसरी बात यह कि लोगों को इस इकरारे जुर्म में तनिक भी रस नहीं था। उन्हें भूत देखना था और इसी अपार उत्साह से वे केवल सांगली, कोल्हापुर से ही नहीं बल्कि दूर-दूर रत्नागिरि, उस्मानाबाद से मुँह अँधेरे इस बंजर भूमि पर आए थे। 'मैं भूत नहीं दिखा सकता' वाला महादेव चव्हाण का कबूलनामा बेशक समिति की दृष्टि से बहुमूल्य था लेकिन भूत देखने के लिए जुटे उत्साही लोगों की दृष्टि में वह एक कौड़ी का भी न था। फँसाये जाने का उन्हें बहुत गुस्सा था। इसी कारण वे एक ही अनुरोध कर रहे थे कि 'महादेव चव्हाण को बाहर बुलाइए। उसे ही कबूलनामा पढ़ने दें। हमें उससे ही प्रश्न पूछने हैं।' लेकिन गुस्से से बेकाबू भीड़ की माँग को स्वीकृति देना अक्लमंदी की बात नहीं थी। हमें 'भूत नहीं' के इकरारे जुर्म में रस था। यह संघर्ष वैचारिक था और यहाँ तो गुस्से से बेकाबू जनता द्वारा चव्हाण को ही 'भूतयोनि' में भेजने का खतरा स्पष्ट रूप से नजर आ रहा था।

स्वाभाविक रूप से अब चव्हाण की सुरक्षा की जिम्मेदारी समिति पर आ चुकी थी। हमने पुलिस थाने में संदेश भेजा। कुरुंदवाड समिति के कार्यकर्ताओं ने महादेव चव्हाण के घर के बाड़ के चारों ओर घेरा बनाया। उससे बेकाबू भीड़ को घर में घुसने से रोकना संभव हुआ। मैं और प्रदीप पाटील घर में जाकर महादेव चव्हाण को ढाँढ़स बँधा रहे थे। पुलिस नहीं आ रही थी और वातावरण में पल-पल तनाव बढ़ रहा था। इसका हल क्या निकालें तथा परिस्थिति को कैसे नियंत्रित करें, इसका समाधान किसी को भी सूझ नहीं रहा था। आखिरकार भीड़ में से किसी ने एक पत्थर उठाकर महादेव चव्हाण के घर की ओर दे मारा। भीड़ को तुरंत ही एक उपाय मिल गया। कई हजार खाली हाथों और अनगिनत पत्थरों से अंत में क्या होगा, यह स्पष्ट

दिखाई दे रहा था। घर के आधे से अधिक खपरैल चकनाचूर हो गए। महादेव चव्हाण के घर की तीनों औरतें वही थीं। पत्थरों ने उनके सिर को निशाना बनाया। उनके सिर जख्मी हो गए। खून बहने लगा। हमें आगे के भीषण भविष्य का अंदाजा हो गया था। इतने में कहीं से 'पुलिस आई, पुलिस आई' का शोरगुल हुआ। पथराव थोड़े समय के लिए रुक गया। पुलिस आई थी, यह सच था पर वह बिलकुल अकेली थी। बताया गया कि थाने के निरीक्षक, सहायक निरीक्षक तथा अधिकतर पुलिस किसी चीनी मील की चुनावी सुरक्षा के लिए गए थे। पुलिस थाने में केवल दो ही हवलदार थे और उनमें से आधी फोर्स उन्होंने हमारे यहाँ भेजी थी। पुलिस दिखाई देने पर स्वाभाविक रूप से लोगों को लगा कि तुरंत ही पीछे से और व्यवस्था आ रही है। कुछ समय के लिए रुके हुए पथराव का लाभ उठाकर कमरे की घायल औरतें पीछे की दिशा में रहनेवाली खंजिरे मळा की बस्ती की ओर भाग गईं। अकेले सिपाही को परिस्थिति देखकर इस बात का अंदाजा आया कि यह अकेले के बस की बात नहीं। वह उल्टे पाँव पीछे लौट आया।

खंजिरे बस्ती के मुट्ठीभर लोगों से अपनी बस्ती की औरतों का बहता हुआ खून देखा नहीं गया। वे गुस्से से आपा खो बैठे और 'खून का बदला खून' से लेने वाले अंदाज में सामनेवाले जनसमूह पर पथराव शुरू कर दिया। पथराव रोक चुके लोगों को इस हमले ने बहाना दे दिया। पुलिस को लौटते हुए वे देख चुके थे। इसके चलते उन्होंने भी 'ईंट का जवाब पत्थर से' देने की नीति अपनाई।

महादेव चव्हाण के घर में लोग न घुस जाएँ, इसलिए वहाँ रुके समिति के कार्यकर्ताओं पर दोनों ओर से पत्थरों की वर्षा होने लगी। घर के हर खपरैल के टुकड़े-टुकड़े हो गए। पत्थर सीधे अंदर आने लगे। घर के लोगों का बचाव करने के लिए अंदर बैठे मैं और प्रदीप पाटील ने सिर पर पीतल की बाल्टी, हंडी लेकर अपने आपको बचाया। ऊपर से आनेवाले पत्थर बर्तनों पर गिरकर टन-टन की आवाज कर रहे थे। आखिरकार हिंदी सिनेमा की तरह अंतिम क्षण में पुलिस की गाड़ी आई। परिस्थिति की गंभीरता को देखकर किसी भी प्रकार का रास्ता नहीं दिखने पर भी वे जीप को जितना संभव हो सका महादेव चव्हाण के घर के दरवाजे के नजदीक ले आए। हमने महादेव चव्हाण को घर से बाहर निकाला। उसे चोट न पहुँचे इसलिए कड़ी सुरक्षा में उसे गाड़ी में पहुँचाया और गाड़ी पुलिस थाने पहुँच गई।

पुलिस थाने में एक सहायक निरीक्षक बैठा था। उसने संक्षेप में कहानी सुनी। उसे इस मामले में दिन दहाड़े भीड़ द्वारा डाले गए डाके का नजारा नजर आया। हमारे खिलाफ महादेव चव्हाण के रूप में गवाह था ही, इसी कारण हमें थाने में बैठने की धमकी देकर घटना का 'आँखों देखा हाल' देखने वह घटना स्थल की ओर रवाना हुआ। परिस्थिति की गंभीरता को हमने भाँप लिया था। फौजदारी मुकदमे की संभावना अटल थी। महादेव चव्हाण के घर की क्षति, पथराव में महिलाओं का

घायल होना आदि कारण हमारी ओर ही इशारा कर रहे थे। भीड़ हट गई थी और निर्दोष बरी होने का भरोसा होने पर भी फौजदारी मुकदमे में तीन-चार साल तक कोर्ट का चक्कर लगाने के आसार नजर आ रहे थे।

'गरज पागल होती है' जैसे यह सच था वैसे ही 'गरज से अक्ल आती है' भी सच था। हमारी समझ में आया कि इस मामले में महादेव चव्हाण ही हमें बचा सकता है। यदि उसने किसी भी प्रकार की शिकायत न होने का जवाब दिया तो मुकदमा दायर ही नहीं होगा। हमने महादेव चव्हाण से यह बात की। हमने उसे समझाया कि हमारा झगड़ा उससे नहीं, भूत से है। उसे हमने ही बचाया था और इसे वह देख भी रहा था। उसकी माँग इतनी ही थी कि हम उसके घर पर खपरैल छत बहाल करें। हमने झट से इसे स्वीकृति दी। मुझे लगा कि उसके मन में एक अज्ञात-सा डर बसा था। इकट्ठी हुई भारी भीड़ को वह हमारी शक्ति समझ बैठा। उसे लगा होगा कि यदि हमारे ऊपर मुकदमा दायर किया तो मुकदमे की सुनवाई के दिन भी इतनी भारी भीड़ के रोष का सामना करना पड़ेगा।

पुलिस उपनिरीक्षक वापस आए। उनके साथ उस थाने के पुलिस निरीक्षक भी थे। वे कबड्डी के खिलाड़ी के रूप में मुझे अच्छी तरह से पहचानते थे, आदर करते थे। साथ ही हमारे आंदोलन के प्रति सकारात्मक दृष्टिकोण रखते थे। एक ओर यह सहानुभूति, दूसरी ओर किसी भी प्रकार की शिकायत न होने का महादेव चव्हाण का बयान, दोनों कारणों से मुकदमा दायर न करने का निर्णय हुआ। हम तुरंत गाड़ी में बैठकर वहाँ से चल दिए। हमारी गाड़ी वहाँ से बाहर निकली और तीनों घायल औरतों को लेकर महादेव चव्हाण के रिश्तेदारों को पुलिस थाने में घुसते हुए हमने देखा। वहाँ क्या हुआ, इसका हमें पता न चला लेकिन इतना पक्का था कि हमारी गाड़ी वहाँ से बाहर निकलने में दो मिनट की देरी होती तो फिर सीन बदलने की संभावना थी।

दैवी प्रकोप से दो-दो हाथ

समिति की 'सत्यशोधक' यात्रा जनवरी माह में कुड़ाल (महाराष्ट्र) पहुँची। दोपहर में नगर वाचनालय में मेरा 'वाद-संवाद' का कार्यक्रम था। उस समय विकास गवंडे ने चर्चा रोक दी। उसका कहना था कि 'चमत्कारों के खिलाफ प्रचार का आपका नियम डुंगेश्वर के जाग्रत् देवस्थान पर लागू नहीं होता। आपमें यदि हिम्मत है तो वहाँ की रिवाज तोड़कर दिखाएँ। डुंगेश्वर के रोष की महत्ता ऐसी है कि आपको ऐसी चोट लगेगी जो हमेशा याद रहेगी। इस मामले में आपके कार्य-कारण भाव की कौड़ी की भी कीमत नहीं है। यदि हिम्मत है, तो चुनौती को स्वीकार करें। आपको दैवी सामर्थ्य तथा प्रकोप की प्रतीति हुए बिना नहीं रहेगी।'

विकास गवंडे द्वारा दी गई चुनौती मैंने कबूल की। शाम की बड़ी सभा में ही मैंने इसकी घोषणा भी की।

किसी भी चुनौती-प्रक्रिया को पूरा करते समय समिति दोनों पक्षों को मान्य लिखित और सार्वजनिक सम्मति लेती है। चुनौती-प्रक्रिया पूरी करने के लिए बनाया गया मसौदा विकास गवंडे को दिया गया, जो इस प्रकार था : 'ऐसी चुनौती-प्रक्रिया को पूरा करने के लिए संबंधित देवस्थान के विश्वस्त की सम्मति लिखित रूप में लेना अनिवार्य है। विश्वस्त मंडल मौजूद न होने पर जिस ग्रामपंचायत की सीमा में संबंधित देवस्थान आता है उस ग्रामपंचायत की स्वीकृति का प्रस्ताव पेश किया जाए। उस देवता से संबंधित व्यवस्था और देवता की किसी भी प्रकार की निंदा करने का आरोप नहीं लगाया जाएगा और जनता भी ऐसा नहीं मानेगी। यह बात स्पष्ट रूप से स्वीकृतिपत्र में रहेगी। बाद में किसी भी प्रकार की शिकायत के लिए मौका नहीं रहेगा।' साथ ही इस परीक्षण की तिथि 16 फरवरी, 1995 तय की गई।

10 फरवरी, 1995 तक स्वीकृति प्रस्तुत करने तथा प्रक्रिया पूरी करने पर दोनों पक्षों में सहमति बनी। स्वीकृत प्रस्ताव इस प्रकार था :

(अ) श्री डुंगेश्वर, (श्रीरामवाडी) कोयरे

1. चुनौती थी कि मौजूदा जगह से महाराष्ट्र के 10 कार्यकर्ता एक-एक घंटी उठाकर अपने घर ले जाएँगे। इन लोगों को उससे भयानक पीड़ा होगी।

तीन महीनों के भीतर उन्हें घंटा वापस करने के लिए विवश होना पड़ेगा। परंतु यदि किसी भी कार्यकर्ता को कोई तकलीफ नहीं हुई तो वह ईश्वर के पास घंटा लेकर वापस नहीं जाएगा। यदि ऐसा हुआ तो यह चुनौती-प्रक्रिया की सफलता मानी जाएगी।

2. संबंधित जगह पर जहाँ कार्यकर्ता रातभर सोएगा, उस जगह आवश्यक प्रकाश व्यवस्था समिति द्वारा की जाएगी। साथ ही सोने की जगह से 20 फीट की दूरी पर कार्यकर्ता और पत्रकारों के साथ पुलिस रहेगी ताकि इस मामले में कोई बाहरी दखलअंदाजी संभव न हो।

(ब) श्री देवभौम, आन्दुर्ले

1. समिति के कुल पाँच कार्यकर्ता संबंधित ढोल को दस मिनट तक बजाएँगे। इसमें से कोई भी हो रही अपनी पीड़ा के लिए ईश्वर की शरण में नहीं जाएगा।

चुनौती-प्रक्रिया पूरी करने के लिए उपर्युक्त ढाँचा बनाया गया। प्रत्यक्ष परिस्थिति के अनुरूप तथा आवश्यकता के अनुसार इस संबंध में अधिक ब्यौरे दोनों ओर की चर्चा से निश्चित किए जाएँगे। चुनौती की सारी प्रक्रियाएँ पत्रकार, पुलिस की मौजूदगी में और नियंत्रित परिस्थिति में पूरी की जाएँगी।

इस चुनौती-प्रक्रिया के लिए 5 लाख रु. का पुरस्कार घोषित करने की इच्छा रहने पर हर चुनौती के लिए 5,000/- अग्रिम पेशगी रखनी होगी। चुनौती सफलतापूर्वक पूरी होने पर पाँच लाख रु. के साथ अग्रिम पेशगी भी वापस की जाएगी। अग्रिम पेशगी न जमा करने पर चुनौती-प्रक्रिया का संबंध पुरस्कार के रुपयों से नहीं रहेगा।'

इसके बाद सिंधुदुर्ग जिले में लोगों के बीच चर्चा शुरू हो गई तथा समाचार-पत्रों के पन्नों में वैचारिक घमासान शुरू हुआ।

सिंधुदुर्ग जिले के वेंगुर्ला तहसील में कोपरा, श्रीरामवाडी, किला निवती जैसे गाँवों की सीमा पर अरब समुद्र से लगा, कछुए की पीठ के आकार का, हरे पेड़-पौधों से ढँका हुआ एक छोटा-सा पहाड़ खड़ा है। इस पहाड़ के पश्चिम में तहलटी पर डुंगेश्वर देवस्थान बसा हुआ है। वहाँ की घास-फूस की छोटी पगडंडी पर से, नाक-मुँह पर टकरानेवाली लताओं और प्राचीन वृक्षों की नीची झुकी हुई टहनियों से बचते, समुद्र की ओर से चलते हुए आगे का बड़ा सा नाला पार कर हम मंदिर की ओर जा सकते हैं। यह सच है कि वहाँ जाने पर थोड़ा मोहभंग हो ही जाता है, क्योंकि वहाँ पर मन की इच्छानुसार न ही डुंगेश्वर की डौलदार गुंबद है और न ही नक्शेदार मूर्ति। वहाँ है जमीन में गड़ा हुआ डेढ़ फीट ऊँचा, आधा फुट चौड़ा खड़ा काला पत्थर। वहाँ अभिषेक करने के लिए पाषाण पर ताँबे का एक अभिषेक पात्र लटकाया हुआ है। पाषाण के सामने दाहिनी ओर चाँदी के दो फनधारी नाग हैं। नागों के एक

ओर एक छोटा शिवपिंड है। पाषाण के पीछे गेरुए रंग के असंख्य निशान (झंडे) जमीन में गाड़े गए हैं। पाषाण के सामनेवाली खुली जगह पर मौजूद पेड़ों पर पीतल की घंटियों की कई मालाएँ टँगी हुई हैं। पेड़ों के हिलने पर जब ये सैकड़ों मालाएँ हिलने लगती हैं तब घंटाओं की खनखनाहट वहाँ के वातावरण को गंभीर बना देती है। इस देवस्थान के बारे में कई डरावनी बातें आसपास के गाँवों में फैली हैं। डुंगेश्वर की राई के नाम से प्रचलित इस परिसर में किसी पेड़ का हरा पत्ता तोड़ना भी पाप समझा जाता है। गलती से भी इस इलाके से हरी पत्ती या छोटी टहनी तोड़ी गई तो उस व्यक्ति को किसी न किसी प्रकार की दैवी बाधा का सामना करना पड़ता है। इसी कारण इलाके में रहनेवाला कोई भी व्यक्ति डुंगेश्वर की राई से पत्ता तक नहीं तोड़ता। गाँववाले बताते हैं कि यहाँ पर दिखाई देनेवाली घने वृक्षों की कतारें इस अलिखित नियम के कारण ही प्राचीन काल से सुरक्षित हैं। वे बताते हैं कि डुंगेश्वर की राई से सिर्फ पत्ते ही नहीं बल्कि किसी भी वस्तु के उठाने से दैवी प्रकोप होता है। वहाँ पर लटकती घंटाओं को कोई उठा ले गया तो उसे तीन महीनों के अंदर कोई न कोई बाधा अवश्य होती है।

डुंगेश्वर देवस्थान जिस पहाड़ी पर है, उस पहाड़ी से समुद्र बिलकुल सटा हुआ है। वह चारों दिशाओं से सफेद बालू के किनारों से घिरा है। क्षितिज तक फैला हुआ नीला समुद्र, उसमें एक छोटे टापू पर द्वीपगृह, किनारे पर अधूरी स्थिति में खड़ा शिवाकालीन किला, सफेद बालू आदि के चलते डुंगेश्वर स्थल को प्राकृतिक सौंदर्य के साथ एक गूढ़ता भी प्राप्त हुई थी। इसी कारण इस चुनौती-प्रक्रिया की ओर सिंधुदुर्ग की जनता आश्चर्य की दृष्टि से देख रही थी।

11 अप्रैल को महाराष्ट्र और सिंधुदुर्ग जिला समिति के 13 कार्यकर्ता कुडाल से डुंगेश्वर के लिए रवाना हुए। रास्ते के पाट गाँव में चुनौती देनेवाले विकास गवंडे से भेंट हुई। उन्होंने आग्रह किया कि डुंगेश्वर कोचरा और श्रीरामवाडी गाँव का देवस्थान है, इसलिए कार्यकर्ता उस रास्ते से जाएँ। उसकी बखेड़ा खड़ी करनेवाली माँग का मतलब आंदोलन में कई सालों तक काम करनेवाले हम कार्यकर्ताओं को तुरंत समझ में आ गई। उस ओर से देवस्थान के लिए जाते समय प्रक्षुब्ध गाँववाले निश्चित ही हमें रोकते। बात चर्चा से हाथापाई पर आ जाती और ऐसे तनाव में चुनौती-प्रक्रिया पूरी करना असंभव हो जाता और इससे विकास गवंडे को अपने आप सुविधा मिल जाती। इस कारण देवस्थान की ओर जाने के लिए हमने किले निवती का रास्ता ही बेहतर समझा।

दोपहर 12:30 बजे हम डुंगेश्वर देवस्थान पहुँचे। अंधश्रद्धा निर्मूलन समिति किसी न किसी कारण से ऐन वक्त पर पीछे हटेगी, ऐसा लोगों को न सिर्फ लग रहा था बल्कि उन्हें पूरा भरोसा था। इसी कारण प्रत्यक्ष रूप से डुंगेश्वर के सामने चार गाँववाले, पत्रकार और पुलिस भी मौजूद थी। पत्रकारों से वार्तालाप करते समय मैंने

कहा, ''दैवी प्रकोप कार्य-कारण संबंध भाव से विसंगत होता है या नहीं, हमें इसकी जाँच करनी है। ऐसा कुछ होता नहीं है, इस पर हमारा पूरा भरोसा है। फिर भी कोई व्यक्ति यदि घंटा उठाकर अपने पास ले जाता है और गलती से स्कूटर फिसलकर उसे थोड़ी-सी चोट आई, तो इसे भी दैवी प्रकोप ही माना जाएगा। इसके लिए जानबूझकर हम 13 कार्यकर्ता यहाँ से घंटियाँ ले जा रहे हैं। आनेवाले तीन महीनों में हम पर किसी भी प्रकार का प्रकोप होने पर भी हमारी कोई शिकायत नहीं रहेगी, लेकिन यह बात 13 लोगों में से अधिकतर लोगों के साथ घटित होनी चाहिए। एक-दो लोगों के साथ घटित छोटा सा हादसा, दैवी प्रकोप नहीं माना जाएगा।''

इसके बाद आस-पास के पेड़ों से हजारों की संख्या में लटकती हुई घंटियों में से 22 घंटियाँ कार्यकर्ताओं ने उतार लीं। वे उन घंटाओं को लेकर अपने घर चले गए। बिना किसी डर के निर्भय होकर उन्होंने अपने घर में उन्हें लटकाया। उनके परिवारवालों ने भी इनका मन ही मन साथ दिया। कुडाल के प्रा. श्रीकांत सावंत एक सुंदर सी घंटी अपने साथ घर ले गए थे। कक्षा दूसरी में रहनेवाली उनकी बेटी को वह बहुत अच्छी लगी। वह उनसे पूछ रही थी, ''बाबा, ऐसी तीन-चार घंटियाँ और क्यों नहीं लाए?''

वेंगुर्ला तहसील के आन्दुर्ले का देवभौम परिसर, एक बड़ा नाला, उसके दोनों ओर बड़े-बड़े पेड़, नाले की ओर थोड़ी ऊँचाई पर अलग-अलग रंगों की मुलायम फर्श बिछाई हुई है। उस पर तिलक लगाए हुए चार पत्थर हैं। ऊपर आसमान की छत है। खुले में रहनेवाले इस देवता की ओर दस-दस पैसों का ढेर लगा हुआ था। अगरबत्ती के गुच्छ ही गुच्छ चारों ओर फैले हुए थे। इस देवता को कौल (देवता की मूर्ति पर फूल आदि लगाकर शकुन पूछना, ईश्वरीय आज्ञा प्राप्त करना।) लगाया जाता है। हर दिन की आमदनी हजार रुपए के करीब होती है। बताया जाता है कि इस देवता को आवाज सहन नहीं होती। इसी कारण यहाँ किसी के द्वारा असभ्यता से आवाज करने पर ईश्वर उसे दंडित करता है।

ढोल बजाने पर ईश्वर द्वारा दंडित करने की बात से हमें कोई आपत्ति नहीं थी। लेकिन आस-पास के पेड़ों पर मधुमक्खियों के छत्ते होंगे, (जिनकी डंक भयानक जहरीली होती है) तो मात्र उनकी नापसंदी को झेलना बड़ा कठिन होने की संभावना थी। असल में इसकी जानकारी हमें पहले ही कर लेनी चाहिए थी। लेकिन अब कोई उपाय भी न था। यदि ऐसा कुछ हुआ भी तो उसका कोई उपाय ढूँढकर चुनौती-प्रक्रिया को पूरा करने का हमने निर्णय किया था। लेकिन ऐसा कुछ न होने के कारण हमने चैन की सांस ली।

देवस्थान की ओर जाते समय गाँव के लोगों की रास्ते के दोनों ओर भीड़ थी। उनमें बेहद जिज्ञासा थी। धार्मिक भावनाओं का प्रश्न होने के कारण उचित सुरक्षा व्यवस्था मुहैया करने की विनती वेंगुर्ला पुलिस थाने को की गई थी। वहाँ से कोई नहीं आया। लेकिन म्हापण आउट पोस्ट के दो पुलिस वाले जरूर आए थे, जो कुछ

विपरीत होने पर सरकारी गवाह बन सकते थे। शाम के 6 बजने पर करीबन आधे घंटे तक हम जोर-जोर से ढोल पीट रहे थे। महिला कार्यकर्ताओं ने भी बड़े उत्साह से उसमें हिस्सा लिया। स्थानीय हाईस्कूल में पढ़नेवाले कुछ उत्साही बच्चे आगे आए। उन्होंने भी अपनी वाद्यकला को आजमाया। विशेष बात यह थी कि विकास गवंडे के गाँव के बच्चे भी इसमें शामिल थे।

12 अप्रैल को शाम 6 बजे हम फिर एक बार डुंगेश्वर परिसर में पहुँचे। 23 कार्यकर्ताओं के साथ पत्रकार भी थे। बैटरी के सिवाय और कोई सुविधा न थी। बंदूक तो दूर, लाठी तक नहीं थी। वहाँ जाते समय हमने पूरा विचार किया था। घंटियाँ उठाते समय वातावरण में बड़ा तनाव था। छल-कपट की संभावना ईश्वर से नहीं थी, लेकिन मनुष्य के बारे में बताना बड़ा कठिन था। इसी कारण देवस्थान की ओर आनेवाले दोनों रास्तों पर निगरानी रखना तय हुआ। देवस्थान के नजदीक खड़ी चट्टान पर कोई चढ़ जाता तो वहाँ से पत्थर खिसककर नीचे आने का खतरा था, इसलिए उस कठिन चट्टान पर हमारे तीन लोग पहले ही डेरा जमाए थे। एक-दूसरे को इशारा करनेवाली सीटियों की आवाज से निश्चिंत कर, रात के नौ बजे डुंगेश्वर के सामने गप्प हाँकते बैठ गए। हम किस प्रकार के संकट को आमंत्रण दे रहे हैं, इसकी गंभीरता चारों दिशाओं में फैले घने अँधेरे को देखकर आ रही थी। आस-पास घना जंगल, नाले में बड़े-बड़े पत्थर, दिन गर्मी के थे। इन दिनों कोंकण में साँप ज्यादा रहते हैं। अनजाने में किसी को काट लिया, तो क्या करेंगे? बड़ी चिंता थी। आस-पास के जंगल से एकाध बड़ा पत्थर धँसकर नीचे आया और सोए हुए कार्यकर्ता को लगा तो, ईश्वर द्वारा सिखाया गया सबक माने जाने का अंदेशा था। फिर भी कोई डरा नहीं था लेकिन गंभीरता का अहसास जरूर सभी को था।

पाटगाँव के गुडाजी गुरुजी रातभर ईश्वर के सामने सोनेवाले थे और वहाँ से 20 फीट की दूरी पर हम रुकनेवाले थे। घड़ी ने रात के 10 बजे का संकेत दिया और एकाएक तेजी से चलते पैरों से आठ-दस लोग चुनौती स्थल पर दाखिल हुए। ऊँची आवाज, भाषा में घमंड। उनका कहना था कि चुनौती ॲड.परुलेकर ने दी है, इसी कारण वे ही यहाँ सोएँगे और आप 20 फीट पर नहीं बल्कि 200 फीट पर जाकर रुकें। असल में इस संबंध में सारी बातें पहले ही विचार-विमर्श से तय हुई थीं। उसके कागजात भी हमारे पास थे। हमने उन्हें दिखाए भी, लेकिन वे झगड़ा करने के इरादे से ही आए थे। चुनौती-प्रक्रिया को पूरी करने के लिए अंत में हमने उनकी इस बात को भी स्वीकार लिया। देवदत्त परुलेकर देवस्थान के सामने बिलकुल अकेले, केवल मोमबत्ती के उजाले में सोए। बाकी कार्यकर्ताओं ने दूसरी तरफ नाले के सूखे पात्र में पनाह ली। घने पेड़ों की जाल में बसा डुंगेश्वर देवस्थान और ॲड. परुलेकर—इनमें से कोई भी वहाँ से दिखाई नहीं देता था।

रात आगे बढ़ रही थी। ढाई बजे चुके थे। कार्यकर्ता सावधान थे। वे आराम कर रहे थे कि अचानक एक बार फिर जोर-जोर से पैर पटकते हुए दस-पंद्रह लोग आ धमके। वे झगड़े और आवश्यकता पड़ने पर मार-काट करने की तैयारी के साथ आए थे। उनका कहना था, "आप हमारे भगवान का मजाक उड़ा रहे हैं, जिसे हम बर्दाश्त नहीं करेंगे। तुरंत इसे बंद कर दो, और यदि आपने अक्लमंदी नहीं दिखाई तो आपको यहाँ से कैसे निकालना है, यह हम अच्छी तरह से जानते हैं।"

मैंने बड़ी शांति से उनसे कहा, "असल में इस बात के लिए आपको विकास गवंडे को जिम्मेदार ठहराना चाहिए था। चुनौती उसने दी है। हम तो सभी की अनुमति लेकर, पुलिस को सूचित कर यह कर रहे हैं। पिछले माह भर ही नहीं बल्कि आज शाम तक आपने मना नहीं किया, तो फिर अभी इतने उतावले क्यों बन रहे हैं? हम सत्याग्रही हैं। आप हमें जरूर मारें, हम किसी भी प्रकार से प्रतिकार नहीं करेंगे, लेकिन सुबह 6 बजे तक यहाँ से नहीं हिलेंगे।" हमारी दृढ़तापूर्ण भाषा से उनकी आवाज में थोड़ी नरमी आई।

मैंने जी-जान से उन्हें समिति की भूमिका को समझाने का प्रयास किया। उन्हें बताया, "हमारी समिति लोगों की देव-भावना का पूरा आदर करती है। हमारे कार्य से आपकी भावनाओं को ठेस पहुँची हो तो मैं आपसे क्षमा माँगता हूँ। एक तो हमें चुनौती दी गई थी। इसलिए यह चुनौती-प्रक्रिया पूरी की जा रही है और दूसरी बात यह कि सामने सोए हुए आदमी को बिना वजह सबक सिखानेवाले ईश्वर का रूप हमें मंजूर नहीं है। संतों को भी यह मंजूर नहीं था। विज्ञान के नियमों को झूठलाकर किसी भी प्रकार का चमत्कार नहीं हो सकता। इसे हम साबित कर सकते हैं। ईश्वर के होने या न होने से इसका कोई संबंध नहीं।"

संतुष्ट होकर गाँववाले चले गए, फिर भी मुँह अँधेरे तक लोगों के अलग-अलग झुंड यह देखने के लिए आने लगे कि परुलेकर सचमुच सोए हैं या नहीं। किसी भी अनुचित घटना के बिना 13 तारीख की सुबह 6 बजे तक चुनौती-प्रक्रिया समाप्त हुई।

अंधश्रद्धा निर्मूलन समिति इतनी निडरता से और सफलतापूर्वक चुनौती-प्रक्रिया को पूरी करेगी, ऐसा बहुत से लोगों ने सोचा भी न था। परंतु सच्चाई को नकारा नहीं जा सकता। विकास गवंडे को अपना कुछ न कुछ बचाव तो करना ही था। उसने जाहिर किया कि, मैंने चुनौती देते समय डुंगेश्वर देवस्थान से कौल लिया और वह मेरे पक्ष में था। इसी कारण मैं साफ-साफ कहता हूँ कि जो घंटा लेकर गए हैं और जो उस स्थान पर सोए हैं उन्हें निश्चित तौर पर आज नहीं तो कल दंड मिलेगा ही। इलाके के लोगों में भी इसी प्रकार की चर्चा शुरू हुई। 'अंनिस' वालों ने घमंड से चुनौती-प्रक्रिया पूरी की। डुंगेश्वर में जो सामर्थ्य है, वह उन्हें सजा दिए बगैर नहीं रहेगा। कुछ लोगों की राय थी कि यह झमेला विकास गवंडे ने ही खड़ा किया है।

डुंगेश्वर सबसे पहले उसे ही आघात पहुँचाएगा। तीन महीनों में ही फैसला होगा, इस पर इलाके के लोगों का भरोसा था और यही चर्चा का विषय बना हुआ था।

इस बीच 'धर्मरक्षक समिति' ने मामले को गंभीर मोड़ दे दिया। इस सभा ने 'अंनिस' पर मंदिर की पवित्रता को भंग करने का आरोप लगाया। डुंगेश्वर और भौम देवस्थान की शुद्धि की घोषणाएँ की गईं। उस सभा में शिवसेना के सिंधुदुर्ग जिला प्रमुख ॲड. डी.डी. देसाई ने 'अंनिस' पर आरोप लगाया कि उसने डुंगेश्वर और भौम देवस्थान के बारे में आतंकी तथा अविवेकी भूमिका अपनाकर श्रद्धालु जनता की श्रद्धा को ठेस पहुँचाया है। साथ ही 'अंनिस' के कार्यकर्ताओं का मुंडन कर, उनके मुँह पर कालिख पोत कर, उन्हें गधे पर बिठाकर जुलूस निकालने की धमकी तथा चेतावनी भी दी। सभा में उपस्थित 300 से 400 लोगों ने अंनिस के कार्यकर्ताओं पर कानूनी कार्रवाई की माँग करनेवाला प्रस्ताव सर्वसम्मति से पास किया। इसी के साथ दोनों देवस्थानों का शुद्धीकरण और धार्मिक उत्सव बड़े पैमाने पर करने की घोषणा की गई। आरोप लगाया गया कि विज्ञाननिष्ठा की डींग हाँककर शीघ्रता से सस्ती प्रसिद्धि पाने हेतु कुछ लोग बेहूदा कार्य करते हैं। इस सभी के पीछे की बेचैनी का असली कारण था, 'अंनिस' के दल का कार्यकर्ता शब्बीर शेख मुसलमान था। डुंगेश्वर देवस्थान से घंटियाँ बाहर निकालने के लिए परधर्मियों को भेजकर हिंदू धर्म के मंदिरों को अपवित्र बनाने का आरोप लगाया गया। कहा गया, मंदिर की पवित्रता को नापाक बनाने का काम किसने किया, इस पर भी विचार किया गया। चुनौती किसने दी, यह बात दोयम है, ऐसी घोषणा कर मंदिर की पवित्रता को भंग करनेवाले अंनिस के कार्यकर्ताओं को इसके बाद महाराष्ट्र में घूमने नहीं दिया जाएगा, जैसी चेतावनी दी गई।

असल में माहौल गरमाता देख कुडाल में अदालती कामकाज के सिलसिले में वहाँ के वकीलों के शिष्टमंडल ने शिवसेना के तत्कालीन मंत्री नारायण राणे से भेंट की। वहाँ डुंगेश्वर का जिक्र किया। राणे ने एकाएक छक्का लगाकर प्रश्न को आसान बना दिया। उन्होंने डाँटकर कहा कि, म्हापण में धर्मरक्षक समिति की सभा में हुए भाषण से हम सहमत नहीं हैं। मैं हिंदू-मुसलमान में भेद नहीं मानता। मेरे कई कार्यकर्ता मुसलमान हैं। महाराष्ट्र में अंधश्रद्धा निर्मूलन समिति के कार्य को हमारा पूरा समर्थन है तथा सरकार की भी यही नीति है। स्वजनों द्वारा की गई भर्त्सना से धमकानेवालों के हौसले अपने आप ठंडे पड़ गए।

महाभारत के एक साल के अज्ञातवास में पांडवों को हमेशा यह चिंता सताती थी कि कोई हमें पहचान न ले। ऐसे ही हमारे 13 कार्यकर्ताओं के मन में यह डर बना रहता कि यदि गलती से भी छोटा-मोटा हादसा हुआ तो भी इसके पीछे दैवी कोप को ही जिम्मेदार माना जाएगा। लेकिन तीन महीने बीत जाने पर भी हमारे कार्यकर्ताओं को कुछ भी न हुआ। असल में हमने चुनौती-प्रक्रिया सही-सलामत पूरी की।

लेकिन उस दौरान घनघोर वर्षा हो रही थी, घंटियाँ वापस जाकर रखना बिलकुल असंभव था इसलिए हमने तीन महीनों की अवधि को दुगुना कर लिया। छह महीने बाद मैं कुडाल गया। सभी 22 घंटियाँ और कार्यकर्ताओं को लेकर डुंगेश्वर पहुँचा। वहाँ पत्रकारों से वार्तालाप करते हुए कहा कि इन छह महीनों में घंटियाँ उठानेवाले तथा ढोल पीटनेवाले कार्यकर्ता तथा उनके परिवारजनों को किसी भी प्रकार की पीड़ा नहीं हुई। कोई भी तटस्थ व्यक्ति इसकी जाँच कर सकता है। समिति लोगों की देवभावना का सम्मान करती है, लेकिन दैवी प्रकोप की कल्पना कार्य-कारण भाव संबंध को नकारनेवाली है। यह बात लोगों के सामने स्पष्ट रूप से आए, इसी कारण यह चुनौती अपनाई गई थी। उसकी पूर्ति हो चुकी है, इस कारण समिति के कार्यकर्ता अब घंटियों को पहलेवाले स्थल पर रख रहे हैं।

इस तरह चुनौती को स्वीकार कर समिति ने देव और धर्म संबंधी लोकमानस की ओर आदरपूर्वक मगर वैज्ञानिक दृष्टि से देखने की बात लोगों तक पहुँचाई।

बाबा की करतूत

सम्पूर्ण कोंकण, गोवा और पश्चिम महाराष्ट्र में नरेंद्र महाराज की ख्याति तेजी से बढ़ रही थी। हजारों की संख्या में लोग उपचार के लिए नाणीज जा रहे थे। उनके ट्रस्ट द्वारा प्रकाशित और प्रकाशक के रूप में उनकी पत्नी के नामवाली 'श्री नरेंद्र लीलामृत' किताब बहस के केंद्र में थी। इस किताब में सरस और अविश्वसनीय चमत्कारों की बात महाराज के नाम पर लिखी गई थी। अंधविश्वास फैलानेवाले इस पाखंडी दावे पर अंधश्रद्धा निर्मूलन समिति द्वारा तीव्र आक्षेप किया गया था। कोकण की जनजागृति समिति द्वारा भी इस संबंध में आंदोलन छेड़ा गया था।

'श्री नरेंद्र लीलामृत' में घोषित चमत्कारों के बारे में किसी सवाल का महाराज ने कभी भी उत्तर नहीं दिया। समिति चाहती थी कि एक बार आमने-सामने आकर महाराज के समर्थकों द्वारा बताए गए चमत्कारों की सत्यता का निर्णय हो।

पूरे कोंकण के गाँव-गाँव में हमारे आमने-सामने वाले कार्यक्रम को लेकर उत्कंठा थी। वातावरण में जिज्ञासा के साथ तनाव भी था। जिलाधीश और जिला पुलिस प्रमुख ने अंधश्रद्धा निर्मूलन समिति और महाराज के भक्तगणों की संयुक्त बैठक बुलाकर सवाल-जवाब के लिए दोनों पक्षों की सहमति से नियमावली बनाई। इसके अनुसार 'अंनिस' ने सात लिखित प्रश्न दिए और महाराज को उनका लिखित उत्तर देना था। दोनों ओर से चर्चा के लिए 25 लोग उपस्थित रहने वाले थे। महाराज का सतत आग्रह था कि प्रश्नावली आज ही उन्हें दे दी जाएँ जबकि समिति की ओर से बोलते समय हमारी यह भूमिका थी कि प्रश्न 'श्री नरेंद्र लीलामृत' ग्रंथ पर ही केंद्रित रहेंगे, इस कारण हम उन्हें पहले नहीं देंगे। अंत में कार्यक्रम से 15 मिनट पहले प्रश्न देना तय हुआ।

दोपहर 12 बजे के आसपास हम 25 कार्यकर्ता वहाँ पहुँचे जहाँ आमने-सामने होकर खंडन-मंडन का कार्यक्रम होनेवाला था। उस कुंजवन के एक ओर स्थित मठ की पहाड़ी पर दस हजार भक्तगण दूर-दूर से आकर इकट्टे हो गए थे। बड़ी संख्या में भक्तगणों को उपस्थित रहने के लिए महाराज द्वारा फतवा निकाला गया था। पुलिस द्वारा सुरक्षा का पुख्ता इंतजाम किया गया था। 11:45 पर हमने तहसीलदार की मौजूदगी में महाराज के प्रतिनिधि को प्रश्नावली दे दी। तत्परता से उसे अंदर ले

जाया गया। 12 बजकर 2 मिनट पर प्रश्नों के उत्तरों की नोट बुक लेकर नरेंद्र महाराज कुंजवन में आए। उनकी ओर से कोल्हापुर के एक डॉक्टर ने हमारा स्वागत किया और भारतीय संस्कृति की श्रेष्ठ आध्यात्मिक परम्परा में नरेंद्र महाराज के योगदान पर विशद भाषण दिया।

इसके बाद मैंने क्रमश: सात प्रश्न पूछे। वे निम्नांकित थे :

प्रिय नरेंद्र महाराज,

विगत दो सालों से अनेक प्रकट सभा में तथा समाचार-पत्रों में पत्र लिखकर आपको 'श्री नरेंद्र लीलामृत' ग्रंथ की सत्यता को सिद्ध करने की चुनौती दी थी, लेकिन आज तक एक भी प्रश्न का उत्तर आपने नहीं दिया है। इसलिए यहाँ आकर हम आपसे लिखित प्रश्न पूछ रहे हैं। इसके जवाब यदि आपने उचित रूप में नहीं दिए अथवा टालमटोल कर यहाँ से चले गए, तो ऐसा माना जाएगा कि आप इन प्रश्नों के उत्तर नहीं दे सकते।

आप अपने उत्तर त्वरित, निश्चित तथा लिखित दें। उसकी जेरॉक्स प्रतियाँ पत्रकारों को उपलब्ध कराई जाएँगी, जिससे बाद में किसी के पास शिकायत का मौका नहीं रहेगा। यह आयोजन महाराज पर समिति द्वारा लगातार लगाए गए आरोपों का उत्तर प्राप्त करने के लिए है। यदि महाराज समिति से कुछ प्रश्न करना चाहते हैं, तो वे समिति के सातारा मध्यवर्ती कार्यालय में अवश्य आएँ। उनका स्वागत किया जाएगा। उनके सभी प्रश्नों के लिखित उत्तर दिए जाएँगे। इसकी तिथि इसी बैठक में तय की जा सकती है।

प्रश्न क्र. 1—नरेंद्र महाराज ट्रस्ट, नाणीज की ओर से 'श्री नरेंद्र लीलामृत' किताब महाराज की पत्नी सुश्री सुप्रिया न. सुर्वे द्वारा प्रकाशित की गई है, इसी कारण यह विश्वसनीय मानी जाएगी। महाराज खुद इस ट्रस्ट के न्यासी हैं। इस किताब की भूमिका में पहली पंक्ति में ही नरेंद्र महाराज को गजानन महाराज का नौवाँ अवतार बताया गया है। इसीलिए नरेंद्र महाराज बताएँ कि क्या वे अपने-आपको गजानन महाराज के अवतार के रूप में देखते हैं? लेकिन शेगाव के श्रीगजानन संस्थान द्वारा घोषणा की गई है कि गजानन महाराज के अवतार के रूप में स्वयं का उल्लेख करनेवाला व्यक्ति नरेंद्र महाराज पाखंडी है, इस संबंध में महाराज अपनी राय व्यक्त करें।

प्रश्न क्र. 2—'श्री नरेंद्र लीलामृत' किताब में (19वाँ अध्याय, पृ. 200, प्रथम संस्करण) लिखा है कि महाराज ने श्री लिमये की भाभी सौ. माधवी मोहन लिमये को चाँटा मारा और उसके बाद उनकी त्वचा पर रहनेवाले सफेद दाग अच्छे हो गए। सौ. लिमये ने इस खबर को पूर्णत: झूठ बताया है तथा भाषणों तथा अखबारों में लिखित निवेदनों से व्यक्त की है। नरेंद्र महाराज से हम यह प्रश्न करना चाहते हैं कि

आपने झूठा दावा क्यों किया और किसी महिला को इस प्रकार का चाँटा मारना सही क्या है?

प्रश्न क्र. 3—'श्री नरेंद्र लीलामृत' में श्री. पांडुरंग पेंढारी की भौजाई और श्री. सुभाष कदम के रिश्तेदार को मृत्यु के बाद महाराज द्वारा दुबारा जीवित करने का जिक्र है। (अध्याय 2, पृ.क्र.14, अध्याय-9, पृ.क्र. 79, प्रथम संस्करण) संबंधित व्यक्ति को विशेषज्ञ चिकित्सकों ने जाँच के बाद मृत घोषित किया था। बाद में नरेंद्र महाराज ने उन्हें जीवित किया। इस संबंध में किसी भी प्रकार का सबूत समिति द्वारा दो वर्ष तक बार-बार माँगने पर भी नहीं दिया गया। आज भी इस बैठक में नरेंद्र महाराज यह सबूत नहीं देते हैं तो समिति मानेगी कि उनका यह दावा पूर्णतः झूठा था। इस पर नरेंद्र महाराज की क्या राय है?

प्रश्न क्र. 4—'श्री नरेंद्र लीलामृत' के पाँचवें अध्याय के मुताबिक नाणीज की सुनंदा द. भागवत और मेखी की गीता राजे के सिर के बाल पूर्णतः उड़ गए और नरेंद्र महाराज के दया-प्रसाद से पहली औरत को तीन दिन में और दूसरी को सात बार यात्रा करने से बाल आने लगे। (पृ.क्र. 42-43, प्रथम संस्करण) इस संबंध में हम नरेंद्र महाराज को पाँच गंजे लोगों को देना चाहते हैं। उन्हें महाराज की दया-प्रसाद से तीन दिन में या सात बार यात्रा करने पर या अनुष्ठान करने पर 'श्री नरेंद्र लीलामृत' में लिखे अनुसार एक बालिश्त तक बाल आ जाएँ तो समिति महाराज का शिष्यत्व स्वीकार कर लेगी। लेकिन ऐसा न होने पर लोगों को गुमराह करने के आरोप में महाराज सभी से माफी माँगेंगे। इस संबंध में नरेंद्र महाराज की क्या राय है? यदि महाराज पर श्रद्धा रखनेवाले लोगों को ही चमत्कार की अनुभूति मिलती है, ऐसी धारणा होगी तो इसी बैठक के पाँच गंजे भक्तों के नाम दिए जाएँ, जिनके सिर पर महाराज की कृपा से पंद्रह दिन में बाल आएँगे, अन्यथा ऐसी चमत्कारपूर्ण कथाओं का आधार लेकर लोगों को गुमराह करने की बात नरेंद्र महाराज स्वीकार करें। इस चुनौती को महाराज स्वीकार करें।

प्रश्न क्र. 5—साँप के जहर का असर न होने का मंत्र नरेंद्र महाराज के पास है और उन्होंने उसे अरविंद पंडित को दिया था। ऐसा उल्लेख आपके उपरोक्त ग्रंथ के अठारहवें अध्याय में है। (पृ. क्र. 181, प्रथम संस्करण) महाराज से विनती है कि वे इस सामर्थ्य को सार्वजनिक करें। भक्तों का चयन महाराज करेंगे, समिति जहरीले साँपों का इंतजाम करेगी। इससे होनेवाले सभी प्रकार के परिणामों की जिम्मेदारी दंश के लिए तैयार भक्त और उन्हें दैवी शक्ति से बचानेवाले महाराज की रहेगी, इसे ध्यान में रखा जाए। इसी बैठक में भक्तों की सूची तथा परीक्षण की तिथि तय की जाए। इस संबंध में नरेंद्र महाराज का क्या कहना है?

प्रश्न क्र. 6—'श्री नरेंद्र लीलामृत' किताब नरेंद्र महाराज ट्रस्ट, नाणीज की ओर से उनकी पत्नी सुप्रिया न. सुर्वे ने प्रकाशित की है। आज सभी ओर उसकी

बिक्री हो रही है। स्वाभाविक रूप से यह किताब नरेंद्र महाराज पर ही केंद्रित है, इसे वे स्वीकृत करें, अन्यथा इस किताब को बाजार से हटाएँ। समिति की माँग है कि इस किताब के कारण दिग्भ्रमित हुए लोगों से महाराज माफी माँगें और इस चमत्कार पर विश्वास कर नुकसान झेलनेवाले व्यक्तियों को मुआवजा दिया जाएँ। इस संबंध में नरेंद्र महाराज की क्या राय है?

प्रश्न क्र. 7—19 जुलाई, 1999 के दिन विश्व में महायुद्ध शुरू होगा। इस युद्ध में महाराज के भक्त और महाराज जिन्हें बचाना चाहते हैं ऐसे लोगों को छोड़कर सभी की मृत्यु होगी, ऐसी भविष्यवाणी अपने संस्थान द्वारा प्रकाशित 'नरेंद्रगाथा' पत्रिका में की गई है। (अगस्त, 1998, पृ. क्र. 15, 19) इस भविष्य कथन के बारे में कौन सा वैज्ञानिक प्रमाण देना चाहेंगे, यह नरेंद्र महाराज बताएँ और ऐसा न होने पर लोगों को दिग्भ्रमित कर दहशत फैलाने के प्रायश्चित्त में स्वयं कौन सी सजा भुगतनेवाले हैं, उसे घोषित करें।

महाराज आरम्भ में ही लिखित जवाब देने के अपने पूर्व वादे से मुकर गए। लेकिन पूरे समारोह की वीडियोग्राफी होने के कारण समिति द्वारा इसका आग्रह नहीं किया गया।

पहले प्रश्न के जवाब में नरेंद्र महाराज ने इस बात को स्वीकारा, "मैं स्वयं को कभी गजानन महाराज का अवतार नहीं मानता। लोग ही मुझे अवतार मानते हैं। यह किताब भक्तों की अनुभूतियों तथा भक्तों द्वारा बताई गई कथाओं का संकलन है।"

अगले प्रश्न के उत्तर में उन्होंने सौ. माधवी लिमये को चाँटा मारने की बात से साफ इनकार किया। (लेकिन हमारे यहाँ से चले जाने पर अपने भक्तों से लाउड स्पीकर से बातचीत करते समय लिमये बाई को आध्यात्मिक उन्नति के लिए चाँटा मारने की बात महाराज ने स्वयं बताई।)

तीसरे प्रश्न का उत्तर बड़ा मार्मिक था। महाराज का कहना था, "संबंधित व्यक्ति को डॉक्टर ने मृत घोषित नहीं किया था। गाँववाले ही कह रहे थे, 'शायद मर गई है'। डॉक्टर ने उम्मीदें छोड़ दी थीं, लेकिन संबंधित व्यक्ति के रिश्तेदार हमारे पैरों पर गिर पड़े। हमने कहा, 'जाओ, कुछ नहीं होगा।' गाँववालों ने जिसे मृत घोषित किया, वह व्यक्ति जीवित हो गया। इसके पीछे का कार्य और कारण संबंध हमें पता नहीं।"

चौथे प्रश्न का उत्तर देते समय उन्होंने कहा, "किसी भी चमत्कार पर मेरा अधिकार नहीं है, वह भक्तों की अनुभूतियाँ हैं।"

पाँचवें प्रश्न के उत्तर में महाराज ने कहा, "मैं आध्यात्मिक राह पर चलनेवाला मनुष्य हूँ। यहाँ लाखों लोग आते हैं। कोई साँप के काटने से पीड़ित है, कोई अच्छा हो जाता है, लेकिन इसकी सूची मैं नहीं रखता और साँप के विष को कम करने का दावा मैं नहीं करता।"

छठे प्रश्न के उत्तर में कहा, " 'श्री नरेंद्र लीलामृत' को बाजार में रखें या हटाया जाए, उसका प्रसार करें या न करें, इसका फैसला लोग करेंगे। इसका अधिकार न आपको है, न हमें। हमारे यहाँ कई संतों की गाथाएँ उनके भक्तों द्वारा लिखी गई हैं, जिसमें उनकी अनुभूतियाँ हैं।"

अंतिम प्रश्न के उत्तर में महाराज ने कबूला कि उन्हें साधना से 1999 के मध्य में तीसरा विश्वयुद्ध शुरू होने का स्पष्ट आध्यात्मिक संकेत मिला था। उनकी दृष्टि से इस भविष्यवाणी में आध्यात्मिक दहशतवाद न होकर शांति की स्थापना करने की भावना है।

महाराज ने तब अपनी मर्यादा लाँघी, जब उन्होंने घोषणा की कि अंधविश्वास निर्मूलन का काम वे भी कर रहे हैं, परंतु अंधश्रद्धा निर्मूलन समिति के महान-कुलीन लोग उन्हें मार्गदर्शन करें।

अपनी लिखित प्रति के साथ जवाब हमारे हाथ में सौंपते समय महाराज का चेहरा घबराया हुआ था। जवाब लिखा हुआ कागज जिस हाथ में पकड़ा था, वह काँप रहा था। दाँत कड़कड़ कर रहे थे और वह बार-बार पानी माँग रहे थे।

चुनौती के सवाल-जवाब पूरे होने पर हम रत्नागिरि आए। पत्रकार परिषद में हमने पूरे घटनाक्रम की वीडियोग्राफी दिखाई। दूसरे दिन महाराष्ट्र के सभी समाचार-पत्रों में इसे बड़ी प्रसिद्धि मिली। नरेंद्र महाराज का चमत्कार करने का मुद्दा पूरी तरह से निरस्त हो गया।

भगवान गणेश का दुग्धप्राशन

दिनांक 21 सितम्बर, 1995। समय सुबह के साढ़े नौ बजे। मेरे दिल्ली में रहनेवाले भाई का फोन सतारा में खनखनाया। उसके मतानुसार, मुझे दिल्ली में काम मिल गया था, क्योंकि दिल्ली में लोगों के झुंड भगवान को दूध पिलाने के लिए घर से बाहर निकल रहे थे और भगवान शंकर अपने परिवार के साथ, यहाँ तक कि गले के साँप और सामने बैठे नंदी के साथ, दूध पी रहे थे।

दोपहर 11 बजे सतारा शहर से इन खबरों को बताने के लिए मेरे घर के फोन की घंटी बार-बार बजी। प्रत्यक्ष जगह पर जाकर इसकी जाँच करना आवश्यक था लेकिन जाँच के प्रामाणिक होने के लिए उसे नियंत्रित परिस्थिति में करना अनिवार्य था। जिस जोश या उत्साह से विश्व हिंदू परिषद, बजरंग दल, शिवसेना और राष्ट्रीय स्वयंसेवक संघ के अनुयायी गणेश को दूध पिलाने और चमत्कारों का जयघोष करने में मग्न थे, उन्हें इस प्रकार की जाँच रास नहीं आती, यह तो स्पष्ट ही था। हमारे कार्यकर्ता स्वयं कई जगह पर जाकर वस्तुस्थिति का मुआयना कर आए। उसमें से कुछ जगहों पर मूर्ति के मुँह के निचले हिस्से में सफेद टर्कीश का तौलिया लपेटा हुआ दिखाई दिया, तो कुछ जगहों पर मूर्ति पर से सारा दूध कुछ समय बाद पोंछकर मूर्ति को सुखाने का कार्य चल रहा था। कुछ जगहों पर इतनी भीड़ थी कि व्यक्ति के हाथ का दूध का चम्मच भगवान के मुँह तक जाने से पहले ही भीड़ उस व्यक्ति से जा टकराती थी। चम्मच से दूध गायब होने पर संतुष्ट होकर भक्त चम्मच लेकर वापस लौटते थे। भगवान को पानी से नहलाने पर जिस गोमुख से मंदिर का पानी बाहर जाता था, उसी गोमुख से बहता हुआ दूध कार्यकर्ताओं और पत्रकारों को दिखाई दिया। इसके बावजूद यह सच था कि सभी ओर कोलाहल मचा हुआ था।

सतारा के जिला पुलिस प्रमुख गाँव से बाहर थे। इसलिए शहर पुलिस को फोन लगाया। दुग्धप्राशन के चमत्कार के लिए पुलिस सुरक्षा देकर वे परेशान हुए थे। साथ ही धार्मिक कार्य में दखलंदाजी की जाए या नहीं, इस बारे में भी उनके मन में दुविधा थी। इसी कारण चमत्कार की जाँच स्वाभाविक रूप से मुल्तवी रखी गई थी।

पूरे महाराष्ट्र से समाचार-पत्रों के फोन आ रहे थे। पूरे देश में चल रहे इस चमत्कार के बारे में उन्हें समिति की राय जानना आवश्यक लग रहा था। हमारे पूना, दापोली, सोलापुर, लातुर, जलगाँव के कार्यकर्ताओं के भी फोन आए। शाम छह बजे मुम्बई दूरदर्शन के प्रोड्यूसर का फोन आया। उनके पास गणपति की सूँड़ को चम्मच लगाने से कम होनेवाले दूध की वीडियो टेप थी। इसे सार्वजनिक करते समय उन्हें मेरी प्रतिक्रिया चाहिए थी। मैंने उनसे कहा, ''चम्मच से दूध कम होता है, इसे हम सच मान लेंगे फिर भी इसका अर्थ यह नहीं होता कि चम्मच से दूध भगवान ने ही प्राशन किया है। चम्मच से दूध के कम होने के आधार पर भगवान द्वारा दूध प्राशन करने का निष्कर्ष निकालना गलत होगा।'' (यह मुद्दा संभवतः उनके गले उतर गया, ऐसा शाम 7 बजे के दूरदर्शन समाचारों को देखकर मुझे लगा।)

मैंने संक्षेप में उन्हें तीन मुद्दे बताए। एक तो यह कि सारी बात सुनियोजित अफवाह है। दूसरी बात, भारतीय संविधान में वैज्ञानिक दृष्टिकोण को अपनाना लोगों का कर्तव्य बताया गया है। यह चमत्कार इसके ठीक विपरीत है। इसलिए शासन की जिम्मेदारी बनती है कि इसके पीछे की सच्चाई को ढूँढ़ निकाले; और तीसरी बात यह कि ऐसा चमत्कार हमारे सामने यदि कोई करता है तो समिति की ओर से उसे पाँच लाख रुपए की चुनौती राशि दी जाती है।

इससे संबंधित उचित प्रतिक्रिया आई, इसलिए उस प्रोड्यूसर ने इसे मुझे एक बार फिर पढ़कर सुनाने को कहा और शाम 7 बजे दूरदर्शन के समाचारों में भी उसे दिखाया गया।

इस समय तक सतारा के पुलिस थानों में संभवतः सभी समाचार-पत्रों के संवाददाता इकट्ठे हो चुके थे। पुलिस अधिकारी को लेकर हम भट्टजी महाराज के मठ के मंदिर में गए। वहाँ प्रभु रामचंद्र, सीतामाता तथा मारुति की मूर्ति दोपहर से दूध प्राशन कर रही थीं। एक नामी वकील इसे हमारे गले उतार रहे थे। बाहर पंडाल में स्त्रियों की भारी भीड़ थी। पुरुष भी थे। मैंने दूध का गिलास हाथ में लिया। उसका सिरा राम के होंठों से लगाया। दूध की एक बूँद भी बाहर नहीं निकली। यही बात सीता और मारुति के साथ भी हुई। जिज्ञासा बढ़ गई। मुझे चम्मच से दूध पिलाने का आग्रह किया गया। मैंने चम्मच से दूध पिलाया लेकिन परिणाम पहले जैसा ही। दूध की एक बूँद भी कम नहीं हुई। हमने पत्रकारों को आगे बुलाया। उनके हाथ में दूध से भरा चम्मच दिया। तीनों मूर्तियों पर प्रयोग किए। इसके बाद पुलिस अधिकारियों का नंबर आया। पुलिस अधिकारियों ने इस प्रयोग को आजमाया। एक भी स्थान पर, एक ही समय दूध की एक भी बूँद कम नहीं हुई। इसकी वीडियो शूटिंग चल रही थी। हड़बड़ाए वकील महाशय ने अपने हाथ में दूध से भरा चम्मच लिया। चम्मच का सिरा राम की मूर्ति के होंठों की दरार में दबाया। चम्मच का दूध कम होने लगा, लेकिन चम्मच के नीचे मूरत के ऊपर मैंने अँगूठा लगाया था। उस पर वह टपकता हुआ स्पष्ट

दिखाई दिया। वकील महाशय ने फिर एक बार अंतिम प्रयास किया। इस पर उनके चम्मच के नीचे मैंने एक खाली चम्मच पकड़ा। ऊपर के चम्मच से दूध कम हुआ और उतना ही दूध मेरे चम्मच में इकट्ठा हुआ। प्रभु रामचंद्र अपने भक्तों को झूठा ठहरा रहे थे। वातावरण में तनाव बढ़ गया। समिति के विरोध में नारे शुरू हुए। हम वहाँ से बाहर निकले। पुलिस थाने पर वापस आने वहाँ आकाशवाणी के प्रतिनिधि हमारा ही इंतजार कर रहे थे। उन्होंने बड़ी तत्परता से हम सभी के साक्षात्कार लिए और रात 9:30 बजे उनका प्रसारण किया। इससे गुस्साए विश्व हिंदू परिषद के कार्यकर्ताओं ने आकाशवाणी के कर्मचारियों को फोन पर धमकी दी।

इस प्रकार सच्चाई उजागर होने पर कई जगहों पर लोगों ने इसे दोहराने का प्रयास किया। सतारा में जमी भीड़ से एक कार्यकर्ता ने कहा, ''चम्मचभर दूध भी किसलिए? हम मूर्ति के मुँह पर दो बूँदें लगाएँगे। उसे चूसने पर मुद्दा समाप्त हो जाएगा।''

मूर्ति के मुँह पर दूध के दो बूँद लगाए गए और आधे घंटे तक उसी प्रकार से रहने पर भक्तों का उत्साह अपने आप कम हुआ। दूध की बूँद भीगे होंठों को लगाने पर ही पृष्ठीय तनाव (Surface Tention) और केशाकर्षण (Absorption by root hair) का प्रभाव शुरू होता है। मेरे, पत्रकार और पुलिस के हाथों भगवान ने गिलास तथा चम्मच से बिलकुल दूध नहीं पिया था, क्योंकि हमने गिलास तथा चम्मच लबालब नहीं भरा और उसे सीधा पकड़कर दूध की बूँदें होंठों से संपर्क न करें, इसकी सावधानी बरती थी। ईश्वर की मूर्ति के होंठ सुखाए गए और फिर उन होंठों को भी सिर्फ गिलास का सिरा लगे, दूध की बूँद नहीं, इसका खयाल रखा था, इसी कारण पृष्ठीय तनाव खत्म होकर द्रव का प्रवाह शुरू रहने और मूर्ति के दूध पीने का भ्रम बनने का प्रश्न ही नहीं उठा था।

हमारे एक गुरिलग कार्यकर्ता को उचित डर सता रहा था। हम इसमें शामिल होकर चमत्कार को स्वीकृति तो नहीं दे रहे है? नकारने पर धार्मिक भावनाओं को ठेस पहुँचाने का आरोप भी लगेगा।

जब उसे जाहिर तौर पर प्रश्न पूछा गया तो उसने बड़ी चतुराई से उत्तर दिया। उसने कहा, ''देखिए, गणपति आपके बुद्धि के देवता हैं। आपके घर के छोटे बच्चे भी नाक से दूध नहीं पीते क्योंकि यदि वह फेफड़े में चला गया तो मृत्यु हो जाएगी। गणपति की सूँड़ ही उनकी नाक है। शीशु बुद्धि के बच्चे जो नहीं करेंगे, वह बुद्धि के देवता कैसे करेंगे? यदि उन्हें दूध पीना है तो वे मुँह से नहीं पिएँगे?''

हमारे देश में ईश्वर के दूध पीने का बहुत बड़ा लाभ यह है कि विदेशी लोग बिना डरे बड़ी पूँजी निवेश करेंगे क्योंकि इस देश की तरह फँसने के लिए तैयार बैठे लोग अन्य किसी जगह नहीं मिलेंगे, इसका सबूत हमने उन्हें प्रस्तुत किया है, ऐसी चुटकी भी एक कार्यकर्ता लेना नहीं भूले।

झूठ बोलना हमारे विरोधियों का तय कार्य है। उन्होंने सतारा में यह अफवाह फैलाई कि 'मैंने भगवान को दूध पिलाया और भगवान ने उसे पिया।' भगवान दूध कैसे पीते हैं, इसे दिखाने के लिए दाभोलकर ने कहा कि 'मूर्ति को तोड़-कर देखो'। इस प्रकार की अफवाह फैलाई गई। इसी आधार पर मेरे खिलाफ पोस्टर भी लगाए गए जिनमें लिखा था, 'ऐसा कहनेवाले दाभोलकर का हम सिर फोड़ देंगे।'

भावनाओं को ठेस पहुँचाने के कारण मेरा पुतला दहन, अंतयात्रा और दफन की तैयारी की गई। नासिक में मुकदमा दायर किया गया लेकिन इन सभी से हमारे आंदोलन की प्रगति ही हुई। हमारा आंदोलन आगे बढ़ता गया।

दूध-प्राशन की खबर बिलकुल कम समय में, सुनियोजित तरीके से देश-विदेश में कैसे पहुँची, इसकी जाँच शासन द्वारा करना अत्यंत आवश्यक था। इस प्रकार से तैयार किए गए समूह का उन्माद, तुलना में निरुपद्रवी था, लेकिन ऐसा हो सकता है, यह एक बार साबित होने पर इसका प्रयोग देश में घातक अफवाहें फैलाने के लिए करना संबंधित शक्तियों को आसान होता। इसलिए समिति की विनती पर गणेशमूर्ति द्वारा दूध-प्राशन के अफवाह की सी.बी.आई. द्वारा जाँच करने की माँग प्रधानमंत्री पी.वी. नरसिम्हाराव को वैयक्तिक पत्र लिखकर महाराष्ट्र के कई प्रतिष्ठित लोगों द्वारा की गई। उसका मजमून संक्षेप में इस प्रकार था :

'21 सितम्बर के दिन पूरे भारत भर में भगवान की मूर्तियों द्वारा दूध-प्राशन का कथित चमत्कार घटित हुआ। कुछ समय के लिए पूरे देश में शोरगुल का वातावरण था। हमारी दृष्टि से यह सुनियोजित अफवाह थी। लोगों के समय, श्रम, पैसों के साथ विवेक की भी बलि चढ़ाई गई। यह बात अत्यंत गंभीर है, इसलिए सी.बी.आई. द्वारा इस पूरे मामले की जाँच की जाए।'

इसी पत्र में आगे ऐसा प्रतिपादन किया गया था, 'वैज्ञानिक दृष्टिकोण और खोजी बुद्धि भारतीय संविधान द्वारा नागरिकों से अपेक्षित पवित्र कर्तव्य है। ऐसे चमत्कार इस कर्तव्यों के बिलकुल विपरीत स्थिति निर्मित करते हैं। इसलिए जाँच की आवश्यकता है। इसी के साथ भविष्य में इस प्रकार की अथवा अन्य किसी भी प्रकार की अफवाएँ कभी भी फैलाने पर जनसंचार माध्यम और सरकारी व्यवस्था के सहयोग से उसके खिलाफ तुरंत और कारगर भूमिका लेने के लिए उचित उपायों के बारे में भी सरकार अभी से विचार करे।'

अनेक लोगों ने समिति को ये पत्र भेजे। इनमें डॉ. वसंत गोवारीकर, जयंत नारलीकर, पु.ल. देशपांडे, नारायण सुर्वे, राम शेवालकर, अनिल अवचट, वसंत बापट, डॉ. श्रीराम लागू, निळू फुले, जयंतराव तिलक, मोहन धारिया, डॉ. बाबा आढाव, भाई वैद्य, ग.प्र. प्रधान, कमल विचारे, ताहेर पूनावाला, डैडी देशमुख, विद्या बाल, पुष्पा भावे, गजानन खातु, न्या.जागिरदार, डॉ. सत्यरंजन साठे, मुकुंदराव किर्लोस्कर,

सदानंद वर्दे, पन्नालाल सुराना, प्रा. म.द. हातकणंगलेकर, भारत पाटणकर, गोविंदराव शिंदे, बगाराम तुलपुले, प्रभुभाई संघवी आदि का सहयोग था।

वैयक्तिक रूप में लिखे गए ये सारे पत्र समिति द्वारा प्रधानमंत्री जी को भेजे गए। इसके साथ जोड़े गए अपने पत्र में मैंने लिखा, 'चमत्कार के इस प्रकार से भारत की छवि पूरे विश्वभर में मलीन हुई है, ऐसी समिति की धारणा है।'

इस संबंध में उनसे 'अपनी राय भेजने तथा पत्र में दी गई सूचनाओं पर अमल करने' की प्रार्थना की गई थी। प्रधानमंत्री कार्यालय से एक वाक्य का उत्तर तो दूर, प्राप्ति की स्वीकृति तक नहीं आई।

पुरस्कार से इनकार

मेरे 'लढे अंधश्रद्धेचे' (लड़ाई अंधविश्वास की) किताब पर महाराष्ट्र सरकार का 'सर्वोत्कृष्ट ग्रंथ निर्मिति' का पुरस्कार घोषित हुआ। 25 नवंबर को मुख्यमंत्री विलासराव देशमुख के हाथों यह प्रदान किया जानेवाला था। पुरस्कार का नाम 'झुंझार सत्यशोधक क्रांतिसिंह नाना पाटील' था। इस संबंध में मैंने मुख्यमंत्री जी को खत लिखा—

'प्रतिष्ठा में,
मा. विलासराव देशमुख,
मुख्यमंत्री, महाराष्ट्र राज्य

सादर प्रणाम,

महाराष्ट्र शासन का वर्ष 1999-2000 का 'सर्वोत्कृष्ट ग्रंथ निर्मिति' का एक सम्मान मेरे 'लढे अंधश्रद्धेचे' किताब को मिला है। मेरी रचना पुरस्कार के लायक बनी, इसका मुझे आनंद हुआ। इस पुरस्कार का वितरण आपके हाथों 25 नवंबर के दिन औरंगाबाद में होने की जानकारी सांस्कृतिक कार्य विभाग के आयुक्त श्री.न.नि.पटेल द्वारा मुझे दी गई है। आपके हाथों से इस पुरस्कार को न लेने का सखेद निर्णय मुझे लेना पड़ रहा है, इसे आप समझें, इस हेतु यह पत्र।

मैं गत कई सालों से अंधश्रद्धा निर्मूलन समिति का पूर्णकालीन कार्यकर्ता रहा हूँ। पुरस्कारप्राप्त रचना में आंदोलन के कुछ संघर्षों का वर्णन है। इसके सिवाय सत्यशोधक विचारों के कृतिशील जाँबाज व्यक्तित्व क्रांतिसिंह नाना पाटील के नाम यह पुरस्कार दिया जा रहा है, मेरी दृष्टि से यह विशेष गौरव की बात है। इस सभी को ध्यान में रखकर अंधविश्वास का आचरण सार्वजनिक तौर पर करनेवाले और उसका समर्थन करनेवाले आप जैसे मुख्यमंत्री के हाथों यह पुरस्कार स्वीकारना उचित नहीं होगा, ऐसी मेरी धारणा है। विधानसभा का सत्र चलते समय आपका सत्य साईंबाबा से मिलने जाना, उनके पैर छूना, हाथ हवा में घुमाकर उनके द्वारा दी गई सोने की साँकल को जादू के फूहड़ चमत्कार न मानकर दैवी कृपा का अविष्कार

मानना और इस संबंध में शांतिपूर्वक विरोध करने की इच्छा रखनेवाले लातूर और नांदेड जिले के मेरे सहधर्मियों को शासन द्वारा पहले ही हिरासत में ले लेना, ये सारी बातें अंधविश्वास का समर्थन करती हैं। ऐसे समय आपके हाथों पुरस्कार लेना यानी किताब में व्यक्त किए गए विचारों के साथ धोखा करना होगा, ऐसा मुझे लगता है। इस नकार से मेरा पुरस्कार रोके जाने पर मुझे किसी भी प्रकार की आपत्ति नहीं रहेगी।

वैज्ञानिक दृष्टि रखने का, आपकी नेता इंदिरा गांधी द्वारा सन 1976 में भारतीय संविधान में किए गए संशोधन के अनुसार, हर नागरिक का कर्तव्य बनता है। सत्य साईंबाबा के चमत्कारों को स्वीकृति देना तो संविधान के कर्तव्यों का उल्लंघन ही है। आपको यदि यह स्वीकृत है, तो पाखंड और चमत्कार के विरोध में आप जाहिर तथा स्पष्ट भूमिका लेंगे, तभीआपके हाथों पुरस्कार लेते हुए मुझे खुशी होगी।

स्पष्ट लिखने के लिए क्षमा करें।

आपका—

नरेंद्र दाभोलकर

कार्याध्यक्ष

महाराष्ट्र अंधश्रद्धा निर्मूलन समिति'

इस पत्र का उत्तर नहीं आया। और पुरस्कार पाने के लिए औरंगाबाद जाने की नौबत भी नहीं आई, न जाने का कोई औचित्य रहा।

मदर टेरेसा का संतपद

ईसाई धर्म-पद्धति के अनुसार किसी भी व्यक्ति को 'संत' उपाधि देने से पूर्व निर्विवाद साबित हुए (!) उस व्यक्ति द्वारा किए गए कुछ चमत्कारों को असाधारण महत्त्व दिया जाता है। मदर टेरेसा को 'संत' उपाधि देने के सिलसिले में पोप जॉन पाल द्वितीय ने भारत में एक पथक भेजा और उनकी परिभाषा के अनुसार कैननाइजेशन की प्रक्रिया शुरू हुई। इस समय मैंने समिति की ओर से पोप को ई-मेल के साथ पत्र भी भेजा। उस पत्र का मजमून इस प्रकार का था :

'महाराष्ट्र अंधश्रद्धा निर्मूलन समिति' अंधविश्वास को दूर करने के लिए सदैव कार्यशील है। ईश्वर और धर्म के संबंध में भारतीय संविधान की भूमिका ही समिति की भूमिका रही है। इसके साथ भारतीय संविधान द्वारा नागरिकों के कर्तव्य के रूप में बताए वैज्ञानिक दृष्टिकोण और शोधक बुद्धि का भी हम आग्रह रखते हैं। वैज्ञानिक दृष्टि से देखा जाए तो चमत्कार हो ही नहीं सकते। इसी कारण ईश्वर और धर्म के नाम पर चलनेवाले चमत्कारों का हम अक्सर विरोध करते आए हैं। इससे लोग समझदार तथा जानकार बनेंगे और समाज में पनप रहे दुख, गरीबी, शोषण के विरोध में रचनात्मक कार्य करेंगे, ऐसा हमें भरोसा है।

मदर टेरेसा के अलौकिक मानवतावादी कार्य के लिए उन्हें 'संत' उपाधि आसानी से प्राप्त हो सकती है। मानव कल्याण के लिए इसी प्रकार से लड़नेवाली कई महानुभूतियों को महाराष्ट्र ने सम्मान से 'संत' उपाधि प्रदान की है। लेकिन आपकी कसौटी के आधार पर 'संत' उपाधि देने के लिए ऐसे लोगों के जीवन में दो सत्य चमत्कारों का होना जरूरी है। इसकी खोज करने हेतु आपका अधिकृत (अधिकारपात्र) दल भारत में दाखिल हुआ है। हमें ऐसा लगता है कि अत्यंत उच्च स्वरूप का कार्य करनेवाली मदर टेरेसा को 'संत' उपाधि बहाल करने के लिए चमत्कार की आवश्यकता नहीं। फिर भी ऐसे चमत्कारों की खोज हो रही है, तो यह प्रक्रिया गलत और संविधान के विपरीत है। इस कारण हमारी समिति इसका विरोध करेगी। इसे हम नम्रता से आपके सामने रखना चाहते हैं। आपका ध्यान हम इस बात की ओर भी आकर्षित करना चाहते हैं कि गैलीलियो को दी गई सजा के बारे में उनकी मृत्यु के 350 वर्ष बाद ईसाई धर्मपीठों द्वारा क्षमा माँगी गई है। इसे ध्यान में

रखकर मदर टेरेसा का संतत्व सिद्ध करने के लिए उनके द्वारा किए गए चमत्कारों को ढूँढ़ना उनका सम्मान न होकर अपमान ही है, ऐसी हमारी धारणा है। आप जल्दी ही भारत आनेवाले हैं, उस समय इस बारे में हम आपसे मिलना चाहते हैं।'

वस्तुतः हमारे पत्र, ई-मेल का पोप द्वारा उत्तर नहीं दिया गया। भेंट-मुलाकात बहुत दूर की बात रही।

झाँसी की रानी का पुनर्जन्म

सांगली की सौ. सरयू सहस्रबुद्धे बाल-बच्चों वाली गृहिणी थी। वह पति और बाल-बच्चों में व्यस्त रहती थी। 1982 के आसपास उसके साथ एक अजीब घटना घटित हुई। उसे आभास होने लगा कि उसके पीछे कोई घूमता है। एक दिन उसे उसका स्पष्ट दर्शन हुआ। वह प्रत्यक्षत: महालक्ष्मी थीं। झाँसी संस्थान की उस कुलदेवी ने कहा, "तुम्हें बताने आई हूँ। ठीक से याद करो, तू पिछले जन्म में झाँसी की रानी थी। उस समय के दिन बड़े दौड़-धूप के थे। तुम्हारी मृत्यु भी असमय ही हो गई। इन सभी कारणों से रस्मो-रिवाज तथा परम्परानुसार धार्मिक कार्य करना तुमसे रह गया है। इस पुनर्जन्म में तुम्हें अब उन्हें सुनियोजित रूप से पूरा करना होगा।"

संकेत मिलते ही सहस्रबुद्धे बाई को धीरे-धीरे सब कुछ याद आने लगा। सांगली, कोकण से अकलूज तक उन्होंने भ्रमण किया। अलग-अलग जगहों पर उन्हें मूर्तियाँ मिल गईं, जिनकी उन्होंने नौ दिन की शांति की। सांगली के एक समय के सुप्रसिद्ध पहलवान विष्णु सावर्डे अपने समय के नानासाहब पेशवा हैं, इसका उन्हें स्मरण हुआ। शिवाजीराव सावर्डे रावसाहेब पेशवा हैं, इसकी उन्हें पहचान हुई। सांगली के एक सुपरिचित वकील, जान हथेली पर लेकर लड़नेवाले तात्या साहब टोपे हैं, उनकी स्मृति जाग्रत् होकर उन्हें यह समझाने लगी। 16 नवंबर, 1985 के दैनिक 'तरुण भारत' नामक मराठी अखबार में इससे संबंधित विस्तृत जानकारी प्रकाशित हुई, और सहस्रबुद्धे की चर्चा होने लगी। सातारा में ज्योतिष मंडल की ओर से उनके भाषण का भी आयोजन किया गया। उस समय गोरे रंग के, उभरी हुई नाक वाले गोडबोले नाम के एक गृहस्थ उपस्थित थे, जिन्हें सहस्रबुद्धे ने अपने पूर्वजन्म का सेवा का सरदार बताया।

'झाँसी की रानी का पुनर्जन्म हुआ, सहस्रबुद्धे बाई के अनुभव कथन' का सार्वजनिक कार्यक्रम 21 अगस्त, 1986 को सतारा नगरवाचनालय द्वारा आयोजित किया गया। भाषण को प्रसिद्धि मिली और लोगों की उत्सुकता बढ़ गई। चर्चाएँ शुरू हुईं।

अंधश्रद्धा निर्मूलन समिति की साप्ताहिक बैठक में इस विषय पर चर्चा हुई। भाषण के समय बाँटने हेतु एक पर्चा तैयार किया गया। हमने तय किया कि पर्चे

श्रोताओं को पहले ही दे दिए जाएँ, भाषण शांति से सुना जाए, आवश्यकता के अनुसार प्रश्नोत्तर में हिस्सा लिया जाए।

कार्यक्रम शाम के साढ़े छह बजे था। साढ़े छह के समारोह के लिए श्रोतागण रेंगते हुए सात बजे तक इकट्ठे होंगे, ऐसा अनुमान था। लेकिन यह कार्यक्रम इसका अपवाद रहा। छह बजे ही भारी भीड़ से हॉल खचाखच भर गया। महिलाओं की भी भारी भीड़ थी। सभी की निगाहें झाँसी की रानी के आगमन पर टिकी हुई थी।

उसी माहौल में हमारे कार्यकर्ताओं ने श्रोताओं के हाथ में पर्चे थमा दिए। संयोजकों को भी दे दिए गए। पर्चे का शीर्षक था :

'झाँसी की रानी का पुनर्जन्म—स्वयं का बुद्धिभ्रंश, दूसरों का बुद्धिभेद'

पर्चे में लिखा था—'मैं झाँसी की रानी हूँ। मेरी उस समय की पूर्वस्मृति जाग्रत् हुई है'—ऐसा दावा सांगली की सरयू सहस्रबुद्धे कर रही है। लोगों की भावनाओं के साथ खिलवाड़ करना, अंधविश्वास को बढ़ावा देना तथा मानसिक बीमारियों का उदात्तीकरण करने का यह गंभीर मामला है। इसे तुरंत बंद करने की माँग अंधश्रद्धा निर्मूलन समिति करती है।

'देश के लिए जो वीरगति प्राप्त करते हैं, वे जन्म-मृत्यु के फेरे से मुक्त होते हैं, ऐसी इस देश के परम्परागत धर्मविचारों की मान्यता है। झाँसी की रानी जैसी असाधारण वीरांगना को इस आधार पर मोक्ष मिलने की बात बिलकुल स्पष्ट है। ऐसे समय उसे फिर एक बार जन्म-मृत्यु के फेरे में लटकाना लोगों की धार्मिक भावनाओं के साथ खेलने की घातक कोशिश है।'

इसके आगे जाकर वैज्ञानिक दृष्टिकोण से इस प्रश्न की ओर देखने से क्या नजर आता है? एकाध देवता, बाबा, पीर, मृत व्यक्ति, विशिष्ट दिन तथा कुछ समय के लिए 'भूत लगना', 'हिस्टीरिया' जैसी मनोविकृति का ही एक हिस्सा है। मैं ही पिछले जन्म की फलाँ मृत व्यक्ति हूँ, ऐसा मानना उसके एक कदम आगे की मनोविकृति है। उसे चिकित्सा की भाषा में 'परानॉइड स्क्विजोफ्रेनिया' कहते हैं। ऐसी मनोविकृतियों का सार्वजनिक प्रदर्शन आपत्तिजनक है।

नराधम खूनी रामन राघवन को लगता था कि उसे ईश्वर ने सृष्टि के उद्धार के लिए पृथ्वी पर भेजा है। ऊपरी तौर पर उसका बर्ताव पागलों जैसा न लगकर सुसंगत लगता था, लेकिन इसी मनोविकृति से उसने कई घृणित हत्याएँ की थीं। केवल मनोविकृति से उसने खून किए। इसी कारण इतने खून करने पर भी वह फाँसी न पाकर उम्रकैद ही भुगत रहा है। बातें किस हद तक जा सकती हैं, इसका यह सशक्त उदाहरण था।

पुनर्जन्म को विज्ञान ने साबित नहीं किया है। विश्व के किसी भी ज्ञानकोश के संदर्भ को देखकर इस बात को सहज समझा जा सकता है। मनुष्य की प्रतिभा,

स्मृति, भावना, संवेदना—ये सारी बातें उसके दिमाग की नसों में रहती हैं। मृत्यु के पश्चात् दिमाग नष्ट हो जाता है। उसी समय ये सारी बातें खत्म हो जाती हैं। पीछे कुछ भी नहीं रहता। यह निर्विवाद सत्य है। इसी कारण आत्मा और उसके आधार पर बताई गई पुनर्जन्म की बातें वैज्ञानिक दृष्टि से असंभव है।

ऐसे में खुद को किसी विशेष व्यक्ति का पुनः अवतार या पुनर्जन्म बताने जैसा ऐलान या तो मानसिक विकृति है या ढोंग। किसी भी प्रकार से यह लोगों को गुमराह करना है। इसी कारण ऐसी बातें बंद करने के लिए जनजागृति फैलाना और इस दृष्टि से आवश्यकता के अनुसार समाचार-पत्र, सरकार, पुलिस, न्याय व्यवस्था से सहयोग लेना अंधश्रद्धा निर्मूलन समिति का कार्य है।'

इस प्रकार के पर्चे बाँटने के बाद वातावरण और भी जिज्ञासापूर्ण हो उठा। साढ़े छह बजे सुश्री सहस्त्रबुद्धे आई। मंच पर चढ़ते समय उसके हाथ में भी पर्चा थमा दिया गया।

सहस्त्रबुद्धे भाषण करने के लिए खड़ी नहीं हुई। वस्तुतः अत्यंत बुजुर्ग वक्तागणों को छोड़कर अन्य सारे खड़े होकर ही बोलते हैं। उसमें भी वीरांगना झाँसी की रानी ने जिस देह में पुनर्जन्म लिया है, तो उससे स्वाभाविक रूप से खड़े रहकर ही प्रखर, ओजस्वी भाषण की अपेक्षा थी। लेकिन श्रोताओं की अपेक्षा पर पानी फिर गया। सहस्त्रबुद्धे कुर्सी पर बैठकर बोलने लगी। सारा भाषण रटे-रटाए, ऊँघते सुर में चल रहा था, जैसे पाठशाला की कोई छात्रा बहुत बड़ा भाषण कंठस्थ कर किसी प्रतियोगिता में हिस्सा ले रही हो!

पीछे-पीछे घूमनेवाली औरत ने घर में किस रूप में दर्शन दिया, झाँसी की रानी का पुनर्जन्म होने की जानकारी कैसे मिली, मुझे उस समय का इतिहास पढ़ने पर मेरी स्मृतियाँ कैसे जाग्रत् हुईं, जमीन से मूर्ति बाहर निकालते समय कैसे भूत सवार हुआ, छह-छह लोगों को भी मुझे सँभालना कैसे संभव न हुआ— ऐसी जानकारी देने के बाद उसने प्रत्यक्ष अनुभूति के बारे में बताना शुरू किया :

'मैं तीन साल की थी, जब माँ भागीरथी की मृत्यु हुई। उस समय रो-रोकर उधम मचाने की अपनी बात याद है। बचपन में ब्रह्मावर्त में रावबाजी के पुत्र नाना और रावसाहब के साथ खेल-कूद करती थी। पेशवा को शाप था कि उन्हें विवाहिता पत्नी से पुत्र की प्राप्ति नहीं होगी। इसलिए मेरी शादी गंगाधर पंत के साथ कराई गई। गंगाधर पंत पुरुष नहीं थे, महज गलत है। वे नाटक में काम करते थे। स्त्री की भूमिका करते थे इसलिए स्त्रियों के कपड़े पहनते थे।...हमारे तांबे घराने की वंशतालिका इस प्रकार से रही...' ऐसा कहकर उसने सारी बातें तोता रटंत की तरह पढ़कर सुनाईं, "दामोदर मेरा बेटा है। अभी उसने कर्नाटक में पुनर्जन्म लिया है। बीसवीं सदी के अंत में विश्वयुद्ध होगा और इससे हिंदुओं का साम्राज्य सारे विश्वभर में फैल जाएगा, ऐसा नास्ट्राडमस ने लिखकर रखा है। वह बहुत बड़ा भविष्यकर्ता था।

उसकी अब तक की लगभग सारी भविष्यवाणी सच साबित हुई है। इस धर्मयुद्ध का नेतृत्व दक्षिण का कोई युवक करेगा, ऐसी भी भविष्यवाणी उसने की थी। मेरी दृष्टि से वह महापुरुष दामोदर ही होगा।...'

फिर कुछ समय बाद उस औरत को उस काल के अपने भाषण तथा गीत याद आने लगे। उसने मराठी में भाषण देना छोड़कर हिंदी को अपनाया।

श्रोताओं के उम्मीद टूटने की बात स्पष्ट नजर आ रही थी। उत्सुकता से आए श्रोताओं में से कुछ तो भाषण पूरा होने से पहले ही उठ खड़े हुए। इसके बावजूद अंत तक सुननेवालों की संख्या भी बड़ी थी और सहस्त्रबुद्धे का भाषण समाप्त होते ही अध्यक्ष ने प्रश्नोत्तर की अनुमति दी। प्रश्नों की झड़ी लग गई।

'आपको घोड़ा लाकर देंगे, उस पर आप सवार होंगी?'

उत्तर : 'नहीं!'

'तलवार लाकर देंगे, चलाना संभव है?'

उत्तर : 'नहीं!'

'युद्धभूमि में लड़ते समय आपको वीरगति प्राप्त हुई, मोक्ष की प्राप्ति हुई, फिर पुनर्जन्म क्यों लिया?'

'धार्मिक कार्य के लिए।'

'तो फिर धार्मिक कार्य करें, भाषण क्यों देती हैं?'

'झाँसीकी रानी का मूल वंशज सतारा के नजदीक धावडशी के तांबे घराने का है। आपने वहाँ जाकर वंशतालिका प्राप्त की, क्या यह सच नहीं है?'

'सच है, मैं धावडशी गई थी।'

'आपके भाषण में लाइब्रेरी के संदर्भ कैसे आते हैं?'

'आप अंग्रेजी शब्दों का प्रयोग कैसे करती हैं?'

उत्तर : 'मालूम नहीं।'

'आपने झाँसी की रानी के जन्म में दिया गया अपना हिंदी भाषण अभी सुनाया, यह हिंदी तो आज कल की है। डेढ़ सौ वर्ष पहले मध्यप्रदेश में प्रयुक्त होनेवाली हिंदी का प्रयोग आप उस समय करती होंगी—फिर ये आधुनिक हिंदी कहाँ से आई?'

उत्तर : 'नहीं मालूम!'

'कुछ साल पहले सतारा के सुप्रसिद्ध चिकित्सक पेंढारकर जी से मानसिक बीमारी के लिए आपने दवा ली थी, क्या यह सच है?'

'हाँ, यह सच है।'

'1982 में पूर्वजन्म की स्मृतियाँ जाग्रत् होने पर मिरज के सुप्रसिद्ध मानसोपचार विशेषज्ञ देवसिकदार से आप मिली थीं, क्या यह सच है?'

'हाँ।'

प्रश्नों की इन झड़ियों की सरयू सहस्त्रबुद्धे ने अपेक्षा नहीं की थी। पिछले चार सालों में उसे कहीं भी इस प्रकार का अनुभव नहीं हुआ था।

स्वागत भाषण का अभिनंदन, पुनर्जन्म का सबूत मिलने का आनंद—ऐसा कुछ होने के बदले यहाँ सब कुछ विपरीत ही हो रहा था। लोग उस पर शक कर रहे थे। उसे कठघरे में खड़े कर प्रश्न पूछ रहे थे। उसमें उपहास की धार नजर आ रही थी। सभा की हालत देखकर अध्यक्ष जी ने अपना भाषण न कर सभा विसर्जित कर दी।

यदि पुनर्जन्म नहीं होता है, तो फिर यह क्या है? मनगढ़ंत बातें? मन का भ्रम? मानसिक विकृति? मन ऐसा बर्ताव कैसे करता है? ऐसी अनेक बातें सतारा के लोगों को समझाने के लिए मानसोपचार विशेषज्ञ डॉ. प्रसन्न दाभोलकर के व्याख्यान का आयोजन अंधश्रद्धा निर्मूलन समिति द्वारा किया गया। उसमें भारी भीड़ उमड़ी थी।

इन दोनों कार्यक्रमों के वृत्तांत समाचार-पत्रों में छपे। इससे गुस्साई सहस्त्रबुद्धे ने 26 दिसम्बर, 1986 को दैनिक 'सकाल, कोल्हापुर' के नाम एक पत्र लिखा,

पत्र का शीर्षक था—रानी का जन्म याद आना तो अनुसंधान का विषय है।

'मेरा 21 अगस्त के दिन सतारा में 'झाँसी की रानी का पुनर्जन्म' विषय पर भाषण हुआ, जिसका वृत्तांत 27 अगस्त के दैनिक 'सकाल' में छपा है। (वह अपने आप को झाँसी की रानी समझती है, लेकिन...) इस चीज के बारे में मेरी भूमिका इस प्रकार रही है—

मैंने स्वयं झाँसी की रानी होने की बात नहीं की है। लेकिन मुझे सब कुछ याद आता है। मेरे कहने का जो मतलब है, उस पर आप विचार करें, अनुसंधान करें तथा आप ही इसका फैसला करें। प्रश्नोत्तर के समय अंधश्रद्धा निर्मूलन समिति के श्रोताओं ने उधम मचाया, ऐसी मेरी धारणा है।

इस समय जो प्रश्नोत्तर हुए, उनमें से कुछ ही प्रश्नोत्तर समाचार-पत्र में प्रकाशित हुए हैं। असल में वे सारें प्रकाशित होने चाहिए थे। यदि पुनर्जन्म झूठ है तो जो कुछ भी याद आता है, उसे केवल मानसिक विकृति ठहराकर अंधश्रद्धा निर्मूलन समिति के कार्यकर्ताओं द्वारा किया गया प्रतिपादन क्या उनकी ही मानसिक विकृति नहीं दर्शाता? एकाध बात को मानसिक विकृति ठहराकर उसके बारे में विचार न करना क्या समाज को दिग्भ्रमित करना नहीं है? यदि ऐसा नहीं था तो प्रत्यक्षत: अंधश्रद्धा निर्मूलन समिति के नरेंद्र दाभोलकर वहाँ उपस्थित थे। उन्होंने स्वयं एक भी प्रश्न नहीं पूछा। अपने कार्यकर्ताओं द्वारा खड़े किए गए बवाल को 'श्रोताओं का बवाल' समझना कहाँ तक उचित है? इन सभी बातों पर पूर्णत: विचार होना चाहिए।

पूछे गए प्रश्नों के जवाब मैंने बड़ी तत्परता से दिए हैं। मानसिक विकृति से पीड़ित मनुष्य से यह कैसे संभव होगा? उन्होंने हंगामा किया, इसलिए कार्यक्रम को रोकना पड़ा। इनके कारण दूसरों को पीड़ा होती है, इसका भी अहसास इन पढ़े-

लिखे श्रोताओं को नहीं रहा। श्रोता-रूपी छात्र हंगामा कर रहे थे। सभा समाप्ति के बाद भी श्रोताओं में बैठकर हंगामा करनेवाले बच्चों ने प्रश्न पूछे, 'यह कैसे संभव हुआ?'

युद्धभूमि में वीरगति प्राप्त करनेवाले को मोक्ष मिलने की बात अंधश्रद्धा निर्मूलन समिति ने अपने पर्चे में लिखी है। लेकिन क्या 'मोक्ष' संकल्पना विज्ञान की विषय-वस्तु है?

यदि अंधश्रद्धा निर्मूलन समिति को यह संकल्पना स्वीकृत है तो पुनर्जन्म को नकारना केवल चतुराई है। बुवाबाजी तथा पाखंड किसे कहा जाता है? यदि मैं समाज को फँसाकर समाज से कुछ आर्थिक लाभ उठाती हूँ, तो उसे वे बुवाबाजी कह सकते हैं।

सतारा के लोगों ने इसका परिचय दिया है कि वे अंधश्रद्धा निर्मूलन समिति के नाम पर कितने नीचे गिर सकते हैं। समिति के अध्यक्ष के पास यदि अध्ययन तथा शोधक वृत्ति होती तो मनोविज्ञान की समझ से वे स्वयं प्रश्न पूछते। उनके समर्थकों से मानसिक विकृति के प्रदर्शन की अपेक्षा नहीं थी।

सौ. सरयू सहस्त्रबुद्धे, सांगली।'

इस पत्र का मैंने इस प्रकार से उत्तर दिया :

'मा. सम्पादक,
दै.सकाल, कोल्हापुर

आपके 26 दिसम्बर, 1986 के अंक में प्रकाशित सांगली की सुश्री सरयू सहस्त्रबुद्धे का 'झाँसी की रानी का जन्म याद आना अनुसंधान का विषय है' शीर्षक से प्रकाशित निवेदन एक कार्यकर्ता द्वारा भेजने पर पढ़ने को मिला। सतारा में 'सकाल' का कोल्हापुर संस्करण नहीं मिलता। इस पत्र में उन्होंने अंधश्रद्धा निर्मूलन समिति के नरेंद्र दाभोलकर ने स्वयं एक भी प्रश्न न पूछकर (सतारा की सभा में) अपने सहयोगियों द्वारा हंगामा मचाने, सतारा के लोगों के द्वारा उन्हें नीचा गिराने, मानसिक विकृति का प्रदर्शन करने जैसे आरोप मुझ पर, अंधश्रद्धा निर्मूलन समिति पर तथा सतारा के लोगों पर लगाए हैं, जो पूर्णत: असत्य तथा उनकी डरी हुई मानसिकता के द्योतक हैं। इसी कारण इस मामले की हकीकत प्रस्तुत कर रहा हूँ।

सौ. सहस्त्रबुद्धे ने सतारा के भाषण में करीब घंटे-भर यह बताया कि वह झाँसी की रानी थीं, तब की जो-जो बातें याद आईं, उनका वर्णन किया। इसमें उन्होंने बताया कि वह (झाँसी की रानी) तीन साल की थीं तब माँ की मृत्यु हो गई। उनके पति गंगाधर पंत पुरुष थे या नहीं जैसे नाजुक विषय तक बोलीं, रानी की वंशधरों से ब्रिटिशों के साथ हुए युद्ध तक की सारी जानकारी दी। यह सब उन्होंने उस काल की स्वानुभूति तथा उस जन्म की स्मृतियों के आधार पर बयान की। झाँसी की रानी के

जीवनपट के संदर्भ में स्कूल की छात्रा द्वारा रटे-रटाए, उबाऊ ढंग से एक सुर का उनका भाषण रहा।

भारी भीड़ और जिज्ञासा के रहते हुए बड़ी मात्रा में उम्मीद पूरी न करनेवाला वह भाषण सतारा के लोगों ने बड़ी शांति से सुना। यह श्रोताओं की प्रौढ़ता को दर्शाता है। इसके बाद अध्यक्ष ने प्रश्न पूछने की अनुमति दी। उस समय सबसे ज्यादा और सहस्त्रबुद्धे को परेशान करनेवाले प्रश्न सतारा के 'दैनिक ग्रामोद्धार' के सम्पादक बापूसाहब जाधव और 'दैनिक महाराष्ट्र मित्र' के सम्पादक तथा व्याख्यान का आयोजन करनेवाले नगर वाचनालय के पूर्व सचिव संजय कोल्हटकर द्वारा पूछे गए। वे दोनों भी अंधश्रद्धा निर्मूलन समिति के सदस्य नहीं हैं।

अन्य कई स्त्री-पुरुषों ने भी प्रश्न पूछे। इसके सहस्त्रबुद्धे द्वारा दिए गए उत्तर असमाधानकारक तथा हास्यास्पद थे। बड़ी उत्सुकता से भाषण सुनने आए और प्रश्नोत्तर के लिए रुके श्रोताओं को पूर्णतः निराशा हुई। फँसाए जाने की भावना भी उनमें पैदा हुई। इससे कुछ हो-हल्ले के साथ क्षोभ भी पैदा हुआ। देर होने के कारण श्रोता घर जाने के लिए आमादा थे।

अंधश्रद्धा निर्मूलन समिति प्रबोधन पर विश्वास करती है। इसलिए हमने सभा से पहले 'झाँसी की रानी का पुनर्जन्म : अपना बुद्धिभ्रंश तथा दूसरों का मतिभ्रम' शीर्षक से पर्चे बाँटे। सहस्त्रबुद्धे को भी वह पर्चा मिला था। इसमें से कुछ मुद्दों पर वह व्याख्यान में न तो संतोषजनक बोल पाईं और न ही प्रश्नों के उत्तर दे पाईं। इस पर्चे के महत्त्वपूर्ण मुद्दे इस प्रकार थे :

1. देश के लिए लड़ते समय जो वीरगति प्राप्त करते हैं, उन्हें जन्म-मृत्यु के फेरे से मुक्ति की प्राप्ति मिलती है, ऐसी इस देश के परम्परागत धार्मिक विचारों की मान्यता है। अंधश्रद्धा निर्मूलन समिति जन्म-मृत्यु के फेरे तथा मोक्ष पर विश्वास नहीं करती। लेकिन इस देश के अधिकतर लोग इस विचार को स्वीकारते हैं। इसी कारण झाँसी की रानी जैसी अलौकिक विरांगना को मोक्ष की प्राप्ति हुई होगी, ऐसी उनकी मान्यता है। ऐसे समय उसे जन्म-मृत्यु के फेरे में अटकाना लोगों की धार्मिकभावना के साथ खेला गया घातक खेल नहीं है तो क्या है?
2. मनुष्य की बुद्धि, स्मृति, भावना तथा संवेदना जैसी बातें उसके दिमाग में ही रहती हैं। मृत्यु के बाद दिमाग के साथ ये सारी बातें खत्म हो जाती हैं। यह अविवादित वैज्ञानिक सत्य है। इसी कारण आत्मा और उसके आधार पर होनेवाले पुनर्जन्म की बात वैज्ञानिक दृष्टि से असंभव है।
3. वैज्ञानिक दृष्टि से सहस्त्रबुद्धे की पिछले जन्म की स्मृति मानसिक बीमारी है। सुश्री सहस्त्रबुद्धे सतारा के एक डॉक्टर के पास कई दिनों से इलाज करा रही थीं। उन्होंने उन्हें अच्छे मानसोपचार विशेषज्ञ को दिखाने की

सलाह भी दी थी। उनके भाषण की शुरुआत में ही डॉ. देवसिकदार (मिरज के प्रख्यात मानसोपचार विशेषज्ञ) द्वारा उपचार करने का भी जिक्र आया था। अपने भाषण में उन्होंने बताया कि घर में एक आकृति के अपने पीछे घूमने का उन्हें आभास होता था। एक दिन उस आकृति ने देह-रूप में दर्शन देकर बताया कि तुम झाँसी की रानी का पुनर्जन्म हो। तुम्हारे हाथों उनके अधूरे रहे सारे धार्मिक कार्य पूरे होनेवाले हैं। ये सारे आभास मानसिक बीमारी के लक्षण हैं।

हर मानसिक बीमारी से निजात मिलती ही है, ऐसी कोई बात नहीं है। लेकिन अपने-आपको किसी महत्त्वपूर्ण व्यक्ति का पुन:अवतार या पुनर्जन्म होने का दावा करना एक तो मानसिक बीमारी है ही, साथ ही पाखंड भी। और इसमें से कुछ भी बीमारी होने पर ऐसा करना लोगों को दिग्भ्रमित करना ही है। सुश्री सहस्त्रबुद्धे ने कहा है कि वे इसके माध्यम से कुछ आर्थिक लाभ नहीं उठातीं लेकिन असली खतरा आर्थिक धोखा न होकर लोगों की विचारशक्ति को गलत रास्ते पर ले जाना ही है। इसलिए अंधश्रद्धा निर्मूलन समिति इसका विरोध करती है। सुश्री सहस्त्रबुद्धे के भाषण के चार दिन बाद ही 'पुनर्जन्म' तथा 'भूत लगना' जैसे विषय पर सतारा में हुए व्याख्यान की बड़ी संख्या में लोगों ने तारीफ की। यह तारीफ लोगों को वैज्ञानिक दृष्टिकोण समझकर लेने में रुचि का निदर्शक है।

'नरेंद्र दाभोलकर।'

इसके बाद झाँसी के रानी की तलवारबाजी कहीं सुनने में नहीं आई।

लड़कियों की भानमती

तीस वर्ष तक कडेगाँव (तह. खानापुर, जिला सांगली) में डॉक्टर रहे बर्वे का संदेश इसके पहले ही मिला था, लेकिन इसके साथ-साथ समाचार-पत्रों के स्पष्ट चौखाने में समाचार भी दिखे। उनका स्वरूप साधारणतया इस प्रकार का था—

'दिनांक 13 मार्च : कडेगाव जिला परिषद की कन्या पाठशाला की कुछ छात्राओं की आँखों से अचानक कंकड़ और काँच के टुकड़ों के आने की घटना से गाँव में हड़कंप मच गया है। पिछले कई वर्षों से छात्राओं की यह पाठशाला गजानन देशपांडे के घर में चलती आ रही है। पिछले दो-तीन दिन से अचानक छात्राओं की आँखों से कंकड़ और काँच के टुकड़े निकलने शुरू हुए हैं। सबसे पहले तनुजा मानसिंग माने की आँखों से ऐसे टुकड़े निकलने शुरू हुए। इसके बाद उसी दिन कई छात्राओं की आँखों से कंकड़ बाहर आए। ऊबड़-खाबड़ कंकड़ 2 से 5 ग्राम वजन के हैं। अध्यापक, सभापति, अभिभावकों के साथ नागरिकों के सामने भी यह वाकया कई बार घटित हुआ है। गाँववालों ने मिलकर पाठशाला के स्थानांतर का निर्णय लिया है। प्राथमिक स्वास्थ्य केंद्र के डॉक्टरों के साथ गाँव के अन्य डॉक्टरों द्वारा जाँच की गई। डॉक्टर लोग भी इस पहेली से उलझन में हैं। अभिभावकों ने अपनी बच्चियों को पाठशाला भेजना बंद कर दिया है। पच्चीस छात्राओं की आँखों से ये कंकड़ निकल रहे हैं। विज्ञान के नियमों से इतर यह घटना पूरे इलाके में चर्चा का विषय बनी हुई है।'

इन खबरों को पढ़कर हमने तुरंत कडेगाँव की ओर प्रयाण करने का निर्णय लिया। सतारा से मैं, मानसोपचार विशेषज्ञ प्रसन्न दाभोलकर, सतारा के अंधश्रद्धा निर्मूलन समिति के पदाधिकारी कुमार मंडपे, मारुतराव पांगे और दो-तीन उत्साही युवक मिलकर हम सब सुबह दस के आसपास कडेगाँव में पहुँचे। डॉ. बर्वे से मिले। डॉक्टर के मन में समाज के प्रति आस्था के साथ उत्साह भी था। लेकिन कुछ हद तक वे भी दुविधा में थे। लेकिन जादूटोना कर लोगों के पैसे बरबाद होने से पहले वे 'अंनिस' के कार्यकर्ताओं से सलाह-मशवरा करना चाहते थे। उनके मन में यह चिंता भी थी कि हम इस काम को किस प्रकार से निपटाएँगे।

छात्राओं की पाठशाला के मुख्याध्यापक, दत्तात्रेय कुलकर्णी, क्लास टीचर

विमलाबाई शिंदे, पत्रकार पीरजादे और डॉक्टर के साथ कुछ अन्य लोग तुरंत इकट्ठा हुए। हमने विस्तार से जानकारी प्राप्त करनी शुरू की।

17 फरवरी दोपहर साढ़े चार बजे जब कक्षा चल रही थी, उसी समय घटना घटित हुई। दस वर्ष की तनुजा जयसिंग माने ने टीचर शिंदे को बताया, ''मेरी आँखों में कुछ चुभ रहा है।'' टीचर ने देखा तो आँखों की नीचे की पलकों के अंदर छोटे कंकड़ थे। टीचर ने उन्हें निकालकर फेंक दिया। फिर पंद्रह मिनट में वही शिकायत। फिर दो कंकड़। तनुजा का कहना था कि 'पाठशाला आते समय एक छात्र ने उस पर बालू फेंक दी थी।' टीचर ने उसी दिन डॉक्टर के पास जाने की सलाह दी थी। घरवाले उसे डॉक्टर के पास लेकर गए लेकिन डॉक्टरी जाँच में कुछ नहीं मिला।

अगले दो-तीन दिन में ऐसे मामले बड़ी संख्या में सामने आए। तनुजा के पिता नहीं थे, माँ ससुराल में रहती थी और बचपन से ही उसे और उसकी छोटी बहन को नाना ने पाला-पोसा था। अगले पाँच दिन में कंकड़ की मात्रा थोड़ी-सी कम हुई। फिर नाना ने उसे कुछ दिन के लिए उसकी माँ के पास भेज दिया। तब कंकड़ों का आना पूरी तरह से बंद हो गया।

मार्च के पहले सप्ताह में तनुजा वापस आई। दुबारा तनुजा की आँखों से कंकड़ निकलने लगे और फिर तीसरी कक्षा में आँखों से कंकड़ बाहर आने की मानो संक्रामक बीमारी-सी फैल गई। चार-पाँच दिन में हर रोज दो-चार छात्राएँ जादूगरी के इस मामले की शिकार होने लगीं। सावित्रा माळी, संध्या वेळापुरे, आशा डांगे, राजश्री माळी, महिमा शेख, तबस्सुम काझी, स्वाति माने नामक आठ छात्राएँ इस मामले की शिकार हुई थीं। पहली कक्षा की होशियार छात्रा वैशाली फासे कुछ समय के लिए तीसरी कक्षा में आई और उसकी आँखों से भी कंकड़ निकलने लगे। ये कंकड़ कभी मिनट-मिनट में तो कभी पंद्रह-बीस मिनट के अंतराल पर बाहर आते। कुछ दिन कुछ छात्राओं में यह मात्रा कम-अधिक हो जाती। आँखों से बाहर आए छोटे आकार के कंकड़ों को टीचर डिब्बे में भरकर लाई थी। पाठशाला के साथ कुछ अभिभावकों को घर में भी यही यही हाल था। डांगे और शेख के पिताओं को अपनी बच्चियों की आँखों में उस समय कंकड़ नहीं दिखे जब वे खेलने के लिए घर से बाहर गईं। लेकिन कुछ समय बाद बच्चियाँ खेल बीच में ही छोड़कर घर आईं तब एक की निचली पलक के अंदर और दूसरी की दाईं आँख के किनारे से कंकड़ बाहर आया। पुलिस ने भी इसे देखा। लेकिन उसने 'यह हमारे बस की बात नहीं है' कहकर उसे नजरअंदाज किया।

गाँव के सरपंच, जिला परिषद के सदस्य और जिला परिषद के शिक्षा सभापति बड़ी जिज्ञासा से पाठशाला पहुँचे। उनके सामने भी छात्राओं की आँखों से पत्थर बाहर आए। अब पाठशाला की जगह बदलने की अर्जी ऊपर तक भेजी गई। अस्थायी इलाज के रूप में तीसरी की कक्षा नाथ के दत्त मंदिर में शुरू की गई।

लेकिन इससे कुछ लाभ नहीं हुआ। कुछ लोगों ने गाँव के कुलदेवता से सहायता माँगी। उसने 'मामला बाहर का है, कल सुबह तक मैं जादूगरी को बंद कर दूँगा', ऐसा वचन दिया। लेकिन मामला रुका नहीं। लड़कियों के गले में टोटके बाँधे गए। गाँव के एम.बी.बी.एस. डॉक्टरों तथा प्राथमिक स्वास्थ्य केंद्र के अधिकारियों ने जाँच कर स्पष्ट तथा लिखित अभिप्राय वरिष्ठ अधिकारी के पास भेज दिया कि 'यह मामला जादूगरी तथा चिकित्सा विज्ञान के बाहर का नजर आता है।' सांगली से जिला स्वास्थ्य अधिकारी तथा सिविल सर्जन भी जाँच करने पहुँचे। डॉक्टरों के आने से पूर्व दो घंटे यह मामला बंद रहा। उनके आने के आधे घंटे बाद तक कंकड़ नजर नहीं आए। डॉक्टरों ने टॉर्च के उजाले में, दोनों पलकों को खिंचकर आँखों की जाँच की लेकिन कंकड़ नजर नहीं आए।

इतने में दो लड़कियाँ, 'कंकड़ आया, कंकड़ आया' कहते हुए आँखों पर हाथ दबाए आगे आईं। देखा तो आँख के कोने में छोटा कंकड़ था। डॉक्टर अगली जाँच के लिए इन कंकड़ों को सांगली ले गए। तनुजा माने के नाना ने कराड के नेत्ररोग-विशेषज्ञ से भेंट की। एक्स-रे निकाले गए। लेकिन उचित निदान न होने से 'आँख आने' की बीमारी समझ उसकी दवा देकर उनकी बिदाई की गई।

मुख्याध्यापक, कक्षाध्यापक, पत्रकार, अभिभावक तथा गाँववालों को लगभग भरोसा हो गया था कि यह बाहर का मामला है। लेकिन बर्वे डॉक्टर द्वारा हमें बुलाने के कारण लोग मजबूर नजर आ रहे थे। मजे की बात यह थी कि यह सारा मामला जिनके साथ घटित हो रहा था, वे लड़कियाँ मजे में थीं। उन्हें इस मामले का न डर था न चिंता। कक्षा में उनकी आँखों से पंद्रह-बीस छोटे-बड़े कंकड़ निकलते थे और यह आदत सी बन गई थी। यह सब कुछ होते हुए भी टीचर का पढ़ाना जोर-शोर से जारी था।

लोग मान रहे थे कि जादूगरी की शक्ति विज्ञान से ज्यादा है। डॉक्टरों द्वारा घुटने टेकने पर यह शक्ति विज्ञान को भी ताक पर रखनेवाली है, ऐसा उन्हें लगने लगा था। कक्षा में टीचर के रहते इतनी लड़कियाँ कोई तिकड़म करेंगी ऐसी संभावना पर किसी का विश्वास नहीं था। नौ-दस वर्ष की, कक्षा तीसरी की मासूम लड़कियाँ पाठशाला और स्कूल में कुछ करेंगी, यह पूर्णत: असंभव था। कुछ समय के लिए इसे सच मान भी लिया जाए तो किसी की भी आँख से दिखाई न देनेवाला कंकड़ यहाँ अचानक कैसे आ पहुँचा, यह उन्होंने अपनी आँखों से देखा था। यह प्रत्यक्ष प्रमाण हमारे अनुमान से कहीं ज्यादा उनके लिए महत्त्वपूर्ण था। आँख का नाजुक होना, नौ-दस साल की लड़की को भी पता होता है। लेकिन लड़कियों का इस प्रकार से बर्ताव करना अनुमान के बाहर का था। ऐसे झट-पट कंकड़ों के निकल आने से किसी की भी आँख को चोट न लगना और भी विस्मयकारी था, इसके बजाय अमावस के दिन शुरू हुआ यह खेल 'बाहर का' होने की बात जादा तर्कयुक्त लगने लगी थी। कुछ

लड़कियाँ बतातीं कि 'हमें काली आकृति दिखाई दी। उसने हमें बुलाया लेकिन हम नहीं गए, इसके बाद यह सब शुरू हुआ।' कोई बताती थी कि पाठशाला आते समय अचानक किसी ने आँख पर धूल फेंकी थी, तो कुछ का मानना था कि नींद में कोई इन कंकड़ों को उनकी आँखों में डालता है। 'इसमें से कुछ तथ्य होगा और उस पर उसी प्रकार के इलाज करने होंगे' की मानसिकता धीरे-धीरे सबकी तैयार होने लगी।

फिर भी प्रारम्भिक चर्चाओं से हमारे अनुमान को पुष्ट करनेवाली कुछ बातें इस तरह हैं :

1. इन कंकड़ों के कारण आँख को चोट लगेगी, इसका थोड़ा-सा भी डर किसी भी लड़की को कभी भी नहीं लगा था।
2. ये सारी लड़कियाँ एक ही कक्षा की और एक-दूसरे की सहेलियाँ थीं।
3. इनमें से पाँच लड़कियाँ तो कक्षाध्यापिका के अनुसार मंदबुद्धि थीं। परीक्षा नजदीक थी और जबरन तीसरी कक्षा तक आई इन लड़कियों को ढंग से एक पंक्ति भी लिखनी नहीं आती थी।
4. पहले एक ही लड़की के बारे में यह बात शुरू हुई। इसके पंद्रह दिनों बाद हर दिन दो नई लड़कियाँ इसमें शामिल होने लगीं।
5. सांगली से आए डॉक्टरों ने आँखों की जाँच करनेवाले किसी भी उपकरण के बिना केवल टॉर्च से आँख की जाँच की थी।
6. सभी के कंकड़ लगभग एक ही प्रकार के तथा अधिकतर छोटे थे।
7. किसी को गलती से भी लड़कियों पर शक नहीं हुआ। इसी कारण इस मामले में चर्चा, जिज्ञासा, लड़कियों के प्रति दया, हमदर्दी, प्यार-दुलार चल रहा था।
8. अधिकांश समय दाईं आँख से ही कंकड़ बाहर आए थे। सभी लड़कियाँ दाएँ हाथ से ही लिखती थीं।
9. चिकित्साशास्त्र में आँख की संरचना में क्या यह संभव है, इसका किसी ने भी विचार नहीं किया था। मानसोपचार विशेषज्ञों की मदद नहीं ली गई थी।
10. प्रत्यक्षतः दस लड़कियों की आँखों से कंकड़ आए थे। लेकिन खबरों में पच्चीस लड़कियों की आँख से ऐसा होने की बात लिखी थी। खबरों के अनुसार इसकी शुरुआत भी एक दिन में न होकर क्रमशः हुई थी। कंकड़ ऊबड़-खाबड़ न होकर चिकने थे। सभी लड़कियाँ ठीक ढंग से पाठशाला में आती थीं।

हमने प्रत्यक्ष जाँच के लिए एक समय केवल दो लड़कियों को बुलाया। चर्चा होने पर ये लड़कियाँ अन्य लड़कियों से न मिलें इसलिए उन्हें घर के पीछे के आहाते में रोककर रखा। हमारे कार्यकर्ता उनके साथ अनौपचारिक गपशप करते रहे ताकि

और कुछ जानकारी प्राप्त करने का प्रयास किया जाए। सारे साक्षात्कार खत्म होने तक उन्होंने लड़कियों को हँसते-खिलखिलाते उलझाकर रखा। कुछ उपयुक्त जानकारी भी प्राप्त की। प्रसन्न दाभोलकर ने पाँच और मैंने चार लड़कियों से बातचीत की। कक्षा पहली की लड़कियों से भी हमने बातचीत की। सभी लड़कियाँ नौ-दस वर्ष की, नन्ही सी, मासूम थीं। इन पर संदेह करना भी ठीक नहीं लगता था। हम कभी हँसते-खिलखिलाते प्रेम से बोलते, तो कभी हाथ पकड़कर धमकाते, इस प्रकार से आवश्यकता के अनुसार यह बातचीत हुई। इसे साक्षात्कार ही कहना होगा क्योंकि हर एक से आधे घंटे तक चर्चा चली। मैंने सबसे पहले जिसकी जाँच की, वह सावित्री भानुदास माली तो बहुत ही कठोर निकली। उसने यही रट जारी रखी कि उसे पता नहीं कि कंकड़ कहाँ से आते हैं। सिर्फ आज से कंकड़ आने बंद होने का आश्वासन मैं उससे प्राप्त कर सका।

अन्य लड़कियों से भी बातचीत की। उसमें सबसे महत्त्वपूर्ण बातचीत तनुजा मानसिंग राव माने से रही। दस एक मिनट तक वह झूठ बोलती रही, लेकिन इसके बाद वह जोर-जोर से रोने लगी। तनुजा उम्र और कद में छोटी थी। व्यसनाधीनता से उसके पिता की मृत्यु हुई थी। माँ से दूर तनुजा नाना के पास अकेली रहती थी। उसे सयानी मानकर उसके ऊपर घर के काम सौंप दिए गए थे। उससे छुटकारा नहीं था। यह सब करने पर भी बीच-बीच में उसे मार सहनी पड़ती। इस प्रकार का काम और मारपीट, गाँव में इस उम्र की लड़कियों के जीवन का अभिन्न अंग था। यह सब बर्दाश्त करते हुए ही वे बड़ी होती थी। इसी कारण इस पूरे मामले में घरवालों को कुछ गलत नहीं लगता। लेकिन इस प्रकार से तनुजा निराश तथा हताश हुई। एक दिन खेलते समय एक लड़की ने उस पर धूल फेंक दी। कुछ घंटे बाद उसे ऊपरी पलक के नीचे कुछ चुभने जैसी अनुभूति हुई। उसने आँख के कोने में दबाया तो कंकड़ नीचे गिर पड़ा। उसने उसे आँख में डाला, लेकिन आँख में कुछ भी पीड़ा नहीं हुई। पाठशाला में दुबारा उसने वही किया। एक बार आँखों की बगल के कोर में, एक बार नीचे। पहले दिन उसने यह चुपके से दो बार किया। फिर आगे कई बार। इस तरह करते रहने से देखते-ही-देखते उसकी यह जादूगरी चल निकली। इससे घर का काम तथा मार कम हुई। उसकी ओर देखने का हमदर्दी का सिलसिला आरम्भ हुआ। परीक्षा नजदीक आने पर उसे माँ के पास भेज दिया गया। माँ के पास जाने के बाद उसकी जादूगरी बंद हो गई थी। दुबारा कडेगाँव आने पर तनुजा ने जादूगरी दुबारा शुरू की। बाद में उसने यह भी माना कि 'ये कंकड़ मैं पाठशाला के कूड़े-करकट के ढेर से ले लेती। अभी आते समय तीन कंकड़ आँख में डालकर आई हूँ, ऐसा बताकर नीचे की पलक के अंदर की ओर से चावल के आकार के तीन कंकड़ निकालकर उसने हमें दिखाए।

यह सब बताने के बाद वह जोर-जोर से रोने लगी। अचानक एक अजीब सा समा बँध गया। नजदीक रखे तकिए पर वह पंद्रह मिनट तक लेटी रही। आँखों से

कंकड़ आने का यह रहस्यमय तरीका अपनी ओर ध्यान आकर्षित करने का तथा हमदर्दी प्राप्त करने का जरिया है, यह ध्यान में आने पर धीरे-धीरे और अन्य लड़कियों ने भी इसे अपनाया। उन्होंने इसे किसे दिखाया और यह किसने सिखाया आदि संबंधी जानकारी भी लड़कियों ने हमें दी। इस प्रकार से आँखों को चोट नहीं लगती, इसका भरोसा रहने पर बड़े उत्साह से वे दिन में पंद्रह-बीस बार यह खेल करती रहीं।

टीचर के कक्षा में रहने के दौरान भी 'कंकड़ आया, कंकड़ आया' कहते हुए ये लड़कियाँ आँखों से कंकड़ निकालकर दिखाती रहतीं। हर पाँच मिनट में किसी न किसी की आँख से कंकड़ जरूर बाहर निकल आ जाता। हर समय पढ़ाना बंद कर यह देखना टीचर के लिए संभव नहीं था। अधिकतर कंकड़ नीचे की पलक के अंदर छिपे हुए नजर आते थे। अधिकतर लड़कियाँ अधिकांश समय कंकड़ अपनी आँखों में रखती थीं और तुरंत निकालकर दिखा देती थीं। कुछ लड़कियाँ तो आँख के कोने से ऊपर की खाँच में कंकड़ रखतीं। कई बार तो आँख मलने का नाटक ही काफी होता। फिर हाथ में ही रखा हुआ कंकड़ आँख से निकला हुआ कहकर दिखाया जाता। इससे कुछ हद तक बड़े कंकड़ दिखाना भी संभव होता। अपने अनूठेपन को मान्यता मिलने के लिए वे यह सब करती रहतीं। यह एक तरह से सबका ध्यान अपनी ओर आकर्षित करने का बहाना था। आँख पोंछने हेतु फ्रॉक की नोक बनाकर आँख में घुमाने का नाटक करते हुए पत्थर आँख में रखा जाता। लड़कियों के कबूल किये जुर्म का सारांश लगभग इस प्रकार का था। लड़कियाँ ऐसा कुछ करेंगी, इसका टीचर को बिलकुल अंदाज नहीं था। जादूगरी का मामला होगा, इसकी जाँच के झमेले में क्यों फँसें? इस भावना के कारण इस सारे मामले के प्रति चिकित्सा की दृष्टि से किसी ने भी कभी देखना आवश्यक नहीं समझा।

तनुजा माने के साथ अन्य लड़कियों के यह सब स्वीकार करने के बाद उन्होंने हमें यह सब कर दिखाया। सईदा शेख ने आँखों के ऊपर की खाँच में बड़ी सफाई से कंकड़ बिठाकर दिखाया। आँखों के दोनों छोर खिंचकर और अंदर टॉर्च से देखकर भी डॉ. बर्वे को वह नजर नहीं आया। दस मिनट बाद उसने पलकें और पास के स्नायु मलकर उसे बाहर निकाला। हमने हेडमास्टर कुलकर्णी को अंदर बुलाया। लड़कियों को उनके पैर छूने को कहकर, दुबारा ऐसा न करने की बात उनसे कबूल करवाई। 'कंकड़ों का आना आज से बंद हो जाएगा, आगे मैं आँख में कंकड़ नहीं डालूँगी, मुझे सजा मत दीजिए'—का बयान लिखकर उस पर अपने दस्तखत कर उन्होंने कागज हमें दिए। तनुजा ने यह भी लिखकर दिया कि 'मुझे बर्तन माँजने, कपड़े धोने का काम न दिया जाए, मुझे न मारा जाए। मैं आँखों में कंकड़ डालना बंद कर दूँगी।'

दोपहर में ग्रामपंचायत में अभिभावक, शिक्षक तथा प्रमुख गाँववालों की बैठक बुलाई गई। खाना खाकर हम वहाँ पधारे। इस मामले की तहकीकात करने सांगली

के सिविल सर्जन द्वारा भेजे गए नेत्ररोग-चिकित्सक प्रा. आयचित अपनी टीम के साथ हमसे पहले ही वहाँ पहुँच गए थे। उन्होंने संबंधित लड़कियों की जाँच करना, उनकी आँखों की तस्वीरें लेना जैसी बातें शुरू की थीं। हम उनसे मिले। हमने अपना निष्कर्ष उन्हें बताया। हमारी इस खोज से वे उत्साहित नजर नहीं आए। सरकारी पद्धति से रिपोर्ट तैयार करने में उनकी रुचि थी।

हम संयुक्त रूप से इसे लोगों के सामने रखेंगे, इसकी चर्चा कर ही रहे थे कि कुछ लोग सईदा शेख को लेकर दरवाजा खोलकर अंदर घुस आए। 'अभी भी इसकी आँखों से कंकड़ निकल रहे हैं' का शोर उन्होंने जारी रखा। उसने हाथ नीचे करके कंकड़ दिखाया। इसके बाद उसने मेरी ओर देखा। वह थोड़ी-सी शरमाई। कमरे में जाँच के लिए सावित्री माली और तनुजा माने बैठी थीं।

मैंने सईदा के साथियों को बाहर भेज कर दरवाजा बंद कर लिया। तनुजा की पीठ पर प्यार से हाथ फेरकर, सहलाते हुए कहा, "तुम समझदार हो, यह कंकड़ लो और कुछ देर पहले हमें जो दिखाया, उसे फिर एक बार दिखाओ।"

उसने झट से कंकड हाथ में लिया, पलक को नीचे खींचकर उसने वह अंदर रखा। इससे सईदा शरमाई। उसने भी एक कंकड़ आँख में रखकर दिखाया।

हम सारे उठकर ग्रामपंचायत के हॉल में आए। बैठक सभा में बदल चुकी थी। कई सारे गाँववाले, महिलाएँ, शिक्षक इकट्ठे हुए थे। बरामदे में हाईस्कूल के छात्र एक दूसरे से सटकर खड़े थे। कोलाहल के साथ कुछ नरम-गरम चर्चा आपस में जारी थी। उन तक आधी-अधूरी जानकारी पहुँच चुकी थी। इसके कारण उनकी जिज्ञासा बढ़ गई थी। शोरगुल बढ़ रहा था। कुछ लोगों का मानना था कि अंधश्रद्धा निर्मूलन के कार्यकर्ताओं को सबकुछ झूठ ही लगता है। कुछ लोगों के मन में बुनियादी आशंकाएँ थीं। उन्हें इसके जवाब चाहिए थे।

सर्वप्रथम डॉ. बर्वे ने अपना मंतव्य दिया। उन्होंने इस प्रकार से निवेदन किया कि, 'सांगली के डॉक्टरों ने जाँच की है और सतारा के शिष्टमंडल ने फिर से जाँच की है। सारी बातें देख-सुन ली गई हैं। हम उनका भी सुनेंगे। यदि हमें जँच गया तो उससे अभिभावकों के मांत्रिक को जानेवाले पैसे तथा मानसिक क्लेश दोनों बच जाएँगे। इसलिए मैंने यह दौड़धूप की है। हमें किसी भी हालत में इसे रोकना है। इससे सभी की पीड़ा खत्म होगी।'

उनके बाद मैंने अपनी राय रखी। जिसे जादूगरी कहा जाता है, उसकी सच्चाई क्या होती है, उसमें क्या घटित होता है, यह मैंने उन्हें समझाया। यह कौन और कैसे करते थे, इसका हमें पता लगा है और उनसे आगे ऐसा न करने का आश्वासन भी हमें मिला है। इसके आगे ये मामले बिलकुल बंद होने का भरोसा हमने लोगों को दिया। लेकिन किस वजह से लड़कियों ने यह किया, यह हम बिलकुल भी नहीं बताएँगे, क्योंकि सारे गाँव के आगे लड़कियों का पंचनामा उचित नहीं होगा। यह हमें नहीं

चाहिए। यदि किसी भी अभिभावक को इसे जानने की इच्छा है तो वे अपनी लड़की के साथ सतारा आ जाएँ। हम जरूर उसका समाधान करेंगे।

कंकड़ जैसी वस्तु के घर्षण से भी आँखों में कुछ तकलीफ नहीं होती, यह कैसे संभव है ? आँख की थैली में जो अंत:त्वचा रहती है, उसमें से पानी रिसता है, उसका उपयोग स्नेहक जैसा होता है। कभी-कभी महीने डेढ़-महीने तक कंकड़ अंदर रहने पर भी व्यक्ति को उससे पीड़ा नहीं होती। किसी विशिष्ट उद्देश्य से अंदर कुछ डालने पर तो बिलकुल नहीं। सही ढंग से पूछने पर बचपन में खेलते समय आँख में गुंजा डालने की बात बतानेवाली मध्यउम्र (प्रौढ़) महिलाएँ आपको मिल जाएँगी। कभी अपने आप, तो कभी पलक और बगल के स्नायु को दबाकर यह कंकड़ बाहर आता है, नहीं तो नेत्ररोग-विशेषज्ञ इस कंकड़ को बड़ी सहजता से निकालते हैं। पलकों के अंदरवाली हिस्सा लाल होने के बावजूद कंकड़ बाहर आते समय भी कुछ पीड़ा नहीं होती। आँखों पर टॉर्च से उजाला करने तथा दोनों पलकें ऊपर-नीचे खींचने पर भी कंकड़ नजर नहीं आता। यह तो डॉ. बर्वे ने दिखाया ही है। इसी कारण आपकी आशंकाएँ मानने पर भी शास्त्रीय जानकारी के आधार पर ही उन पर फैसला होता है। इतनी छोटी लड़कियाँ ये कैसे कर सकती हैं ? इसलिए इसे जादूगरी कहना बिलकुल गलत है। विज्ञान बताता है कि आँखों में इस प्रकार के बालू के कण कभी तैयार नहीं होते। इससे आशंका बनी रहती है कि लड़कियों ने या तो स्वयं या किसी दूसरे ने उनकी आँखों में कंकड़ डाले होंगे। यह धोखा है। अनपेक्षित व्यक्ति से मिलने तथा मूर्ख बनाने से आपको जरूर सदमा पहुँचा होगा, लेकिन सत्य इससे बदल नहीं जाता।

लड़कियों ने ऐसा लिखकर भी दिया है। आखिरी मुद्दा है कि क्या यह दुबारा कभी भी नहीं होगा ? इसके बारे में मानसोपचार विशेषज्ञ आपको बताएँगे।

प्रसन्न दाभोलकर ने उठकर इसके मानसिक पक्ष को स्पष्ट किया, "कुछ लड़कियाँ बीच-बीच में संभवत: और भी इसे कर सकती हैं। कुछ लड़कियों के बारे में संभवत: घिग्घी बँधना, चक्कर आने जैसी कुछ अन्य बातें भी घटित होंगी, लेकिन आप चिंता, चर्चा तथा फिक्र न करें। लड़कियों के ऐसे बर्ताव पर उन्हें मत डाँटें तथा बार-बार कुरेद-कुरेदकर वही प्रश्न मत पूछें। यह निश्चित तौर पर थम जाएगा और वैसा कुछ लगा तो कभी भी लड़कियों के साथ सतारा आ जाएँ, बाकी बची जादूगरी को हम जरूर भगाएँगे।"

सभा खत्म होने पर हम तनुजा के नाना से मिले जो समझदार थे। वे पूर्व हेडमास्टर रह चुके थे। इस सारे मामले में सबसे अधिक परेशानी उन्हें ही हुई थी। तनुजा की घर में होनेवाली दुविधा का अहसास उन्हें भी हुआ था। उन्होंने इसमें बदलाव का भरोसा दिलाया।

हेडमास्टर जी को पाठशाला की जगह की फिक्र थी। वे जगह बदलने की अर्जी दे बैठे थे। सचमुच यदि जगह बदलती तो किसी असुविधाजनक जगह पर जाने की

नौबत आती। हम जाते समय उन्होंने नजदीक आकर कहा, 'अब पाठशाला की जगह बदलने की आवश्यकता नहीं है ना? आप ऐसा लिखित रूप में देंगे तो अच्छा रहेगा।'

हमने कहा, 'क्यों नहीं!'

दैववाद की होली

सतारा में अखिल भारतीय ज्योतिष सम्मेलन का आयोजन हुआ था जिसमें लोगों की उपस्थिति भारी मात्रा में रही थी। इसमें ज्योतिष विश्वविद्यालय की स्थापना करने की घोषणा भी की गई। इस परिषद के माध्यम से 'ज्योतिष शास्त्र कैसे नहीं है?' विषय को लेकर 21 प्रश्न महाराष्ट्र अंधश्रद्धा निर्मूलन समिति ने सभी संबंधित व्यक्तियों को दिए थे। इसमें से किसी भी प्रश्न का उत्तर किसी ज्योतिषी तथा उनकी संस्था ने नहीं दिया। (अभी भी कोई ज्योतिषी अधिकृत तौर पर इन प्रश्नों के उत्तर दें। हमारे प्रश्न और उनके उत्तरों से ज्योतिष का खोखलापन लोग समझ सकेंगे, इस पर हमें भरोसा है।)

लेकिन इस सम्मेलन की ख्याति इन प्रश्नों से नहीं बल्कि समिति के 'दैववाद की होली' जैसे अभिनव आंदोलन से हुई। इसमें स्वयं की जन्म कुंडलियाँ दैववाद का प्रतीक समझकर कई लोगों द्वारा जलाई गईं। इसके साथ पंचांग के शुभ मुहूर्त, शुभ और अशुभ जैसी बातों से कोई भी समय शुभ-अशुभ नहीं होता, इसे लोगों के दिलो-दिमाग में बसाने हेतु अलग पन्नों पर लिखकर उन शुभ मुहूर्तों की होली जलाई गई।

कार्यक्रमों की घोषणा हुई तो धमकियाँ मिलनी भी शुरू हो गईं। सम्मेलन के अध्यक्ष डॉ. वाईकर ने तो यहाँ तक कहा कि यह आंदोलन करनेवाले अपनी पत्नी की माँग सूनी कर तथा कुंकुम पोंछकर आंदोलन में आएँ, (इस पर महाराष्ट्र टाइम्स ने 'कुंकुम की माथापच्ची' नाम से अग्रलेख लिखा था।) सतारा में प्रत्यक्ष सम्मेलन में अंधश्रद्धा निर्मूलन समिति के वैचारिक विवेचन का खंडन करने के बजाय ज्योतिष को हिंदू धर्म का अंग बताने की पहल की गई। इससे भी आगे जाकर 'हिंदू एकता' संगठन ने घोषित किया कि कुंडली और पंचांग हिंदू धर्म के अंग हैं और इन्हें जलाने का कार्यक्रम हिंदू धर्म पर हमला ही है। ऐसा करनेवालों को सबक सिखाने तक की उन्होंने घोषणा की। इस हिंदू एकता में शिवसेना, विश्व हिंदू परिषद, बजरंग दल, हिंदू एकता आंदोलन आदि का समावेश था।

दैववाद की होली में अपनी कुंडलियाँ और शुभ मुहूर्त को जलाने के पीछे समिति की ठोस वैचारिक भूमिका रही थी। जन्म-समय के आधार पर नवजात शिशु

की जन्मकुंडली बनाई जाती है। इसमें कई अवैज्ञानिक बातें होती हैं लेकिन कुछ समय के लिए हम उन्हें नजरअंदाज करते हैं। ज्योतिषी इस कुंडली के आधार पर किसी व्यक्ति के जीवन की प्रमुख घटनाएँ बताते हैं—व्यक्ति की शिक्षा, अर्थार्जन, विवाह, संतति, दुर्घटना, विदेश भ्रमण, धन की प्राप्ति, आदि। ये बातें कुंडली के आधार पर ज्योतिष शास्त्र के माध्यम से समझाई-बताई जाती हैं। ऐसी बात तथाकथित ज्योतिषशास्त्र मानता है। इसका अर्थ यह होता है कि व्यक्ति के जन्म के समय ही उसकी जीवन-यात्रा पूर्ण रूप से निश्चित होती है। इसके लिए हम नसीब, नियति, दैव, किस्मत, कर्म जैसे शब्दों का प्रयोग करते हैं। ज्योतिषी अपने शास्त्र के आधार पर यह दावा करते हैं कि ग्रहों के भ्रमण के आधार पर व्यक्ति के भविष्यकालीन जीवन के संकेत समझे जा सकते हैं।

इसका एक भयानक अर्थ निकलता है कि आपके जन्म के साथ ही आपका जीवन भाग्य से तय हो जाता है। यह अपरिहार्य तथा अटल होता है। ज्योतिषी इस नियति को बदल नहीं सकते, लेकिन समझ सकते हैं। इसी कारण प्रिय व्यक्ति की मृत्यु को रोक नहीं सकते, लेकिन मृत्यु के समय उपस्थित रह सकते हैं। यह नसीब भी कुछ हद तक ब्राह्मणों को दान-दक्षिणा देने से, उनके द्वारा बताए गए विधि करने से, कंकड़-पत्थरों का प्रयोग करने से बदल जाता है। इसके लिए पुरोहित की शरण में जाना आवश्यक है।

यह सारी भूमिका ही आदमी को एक झटके में पराधीन बनानेवाली होती है। साथ ही पूर्णत: अवैज्ञानिक भी होती है। मनुष्य का जीवन उसके कार्य और सामाजिक स्थिति पर निर्भर रहता है। ग्रह-भ्रमण की गति का उससे कोई लेना-देना नहीं होता है। हिरोशिमा पर अणुबम गिराकर एक पल में लाखों लोगों को मौत के मुँह में धकेल दिया गया। उन सभी की जन्मकुंडली में बिलकुल उसी सेकंड में मृत्यु का योग बिलकुल नहीं था। लेकिन यह युद्ध सामाजिक परिस्थिति से घटित हुआ। 100 वर्ष पूर्व किसी भी भारतीय महिला की कुंडली में शिक्षा का योग नहीं था। समाजसुधारकों ने समाज को गतिमान बनाया। इसी कारण महिलाएँ शिक्षा लेने लगीं। यहाँ कुंडली बाधा नहीं बनी। इसका सरल अर्थ यह है कि मनुष्य का भविष्य ग्रह, तारे तथा कुंडलियों की चौखटें तय नहीं करतीं बल्कि अपने दिमाग, मन और शक्ति के मिलाप से वह कैसे कार्य, आचार, विचार करता है, इस पर वह तय होता है। इसलिए मनुष्य के पैरों में दैववाद की बेड़ियाँ डालने का प्रतीक होनेवाली कुंडली को जला देना चाहिए।

समिति ने दैववाद की होली की घोषणा की। मुझे दो दिन पहले ही पुलिस थाने से बुलावा आया। पुलिस इंस्पेक्टर का कहना था कि आप कार्यक्रम रद्द करें अथवा पंचांग या कुंडली को इसमें से हटाएँ।'

'किसलिए?'

उत्तर मिला कि 'पंचांग और कुंडली हिंदू धर्म के अंग हैं और आपका कार्यक्रम धार्मिक भावनाओं को ठेस पहुँचानेवाला है, जिससे अशांति फैलने का अंदेशा है।'

मैं और कार्यक्रम के संयोजक ॲड. संजय देशमुख चर्चा के लिए गए थे। हमने यह तय किया कि पंचांग सार्वजनिक होने के कारण उसे न जलाकर उसमें लिखे गए शुभ मुहूर्त अलग पन्ने पर चिपकाकर उसे जलाएँगे। लोगों की भावनाओं को ठेस पहुँचाने की समिति की कार्यपद्धति कभी नहीं रही है। लेकिन जन्मकुंडली व्यक्ति के जन्म के समय के ग्रहों की स्थिति का टिप्पण ही है। यह बात पूर्णत: वैयक्तिक है और इसका धर्म से किसी भी प्रकार का संबंध नहीं है। इसलिए हम इसकी होली जरूर जलाएँगे। सार्वजनिक तौर पर खुले मैदान में कार्यक्रम रोकनेवाली नोटिस रात 10 बजे मुझे दी गई। पुलिस ने कार्यक्रम के लिए सुरक्षा देने से भी स्पष्ट शब्दों में इनकार कर दिया।

हमने यह कार्यक्रम खुले मैदान में करने का निर्णय किया। इसके लिए निजी संस्था की चारों ओर से घिरी जगह का चयन किया। हमने पंचांग को न जलाकर विवाद के दो मुद्दे कम किए। लेकिन कुंडली जलाने के मुद्दे पर तनाव बना रहा। पुलिस के उच्च अधिकारियों से चर्चा हुई। उनका मानना था कि कुंडली सिर्फ हिंदू धर्म में ही है। इसी कारण यदि आपने उसे जलाया तो हिंसा होगी। प्रत्यक्ष रूप से उसे न जलाकर अलग कागज पर उसकी प्रतिकृति जलाने का भी यही अर्थ होता है। यह कुंडली न जलाने का मौखिक आदेश ही था।

'महाराष्ट्र में हमारी सरकार है, इसे ध्यान में रखो' (शिवसेना-भाजपा गठबंधन) की धमकियाँ आने लगीं। धार्मिक भावनाओं को ठेस पहुँचानेवाले नरेंद्र दाभोलकर को गिरफ्तार करने की माँग जिला पुलिस प्रमुख से की गई। स्वाभाविक रूप से वातावरण में तनाव था। लेकिन हमारे मुद्दे से दूर हटने का कोई कारण भी नहीं था। हमें इजाजत न मिलने पर समिति के अध्यक्ष प्रा. एन.डी. पाटील और सचिव के तौर पर मैं सत्याग्रही के रूप में अपनी-अपनी कुंडलियाँ जलाएँगे और इसकी सजा भुगतने को तैयार रहेंगे—ऐसी बात हमने कही। निश्चित तौर पर यह परिणाम किस कारण हुआ, पता नहीं, लेकिन दोपहर 12 बजे कुंडली जलाने की अधिकृत मान्यता मिल गई।

हमारा कार्यक्रम शाम साढ़े चार बजे होनेवाला था। शाम 5 बजे हिंदू एकता संगठन ने मोर्चा निकाला, जिसकी खबर समाचार-पत्रों में आई थी। गाँव में 'समिति को सबक सिखाने हेतु' मोर्चे में शामिल होने का आह्वान करनेवाले बैनर लगाए गए थे। ज्योतिष परिषद के कारण उनके लिए अच्छा वातावरण था। यह संयोजन चार-पाँच संगठनों ने मिलकर किया था। इसके बावजूद जुलूस में गिनकर 46 लोग ही थे। स्वाभाविक रूप से जुलूस में जान डालने का सवाल उठा। इसके लिए एक गधे की

मदद ली गई। पकड़कर लाए गए उस गधे की पीठ पर एक ओर दाभोलकर, दूसरी ओर कुमार मंडपे और पीछे की ओर संजय देशमुख के नाम लिखे गए। (हर कोई अपनी समझ, संस्कृति और सभ्यता के आधार पर ही प्रतीकों का चयन करते हैं, यह ध्यान में रखना होगा।) जुलूस गांधी मैदान पहुँचा। विस्फोटक भाषण हुए। उस सभा में भी केवल 65 लोक उपस्थित थे।

आह्वान पर्चा

दैववाद की होली कार्यक्रम के पर्चे सतारा शहर के कई परिवर्तनवादी संगठनों के हस्ताक्षर से सुबह ही हर घर पहुँच गए थे। वह पर्चा इस प्रकार था, 'सतारा के लोगों को आह्वान—दैववाद की होली कार्यक्रम में शरीक हों!'

'अखिल भारतीय ज्योतिष सम्मेलन दिनांक 3 नवंबर से 5 नवंबर, 1995 तक सतारा में हो रहा है। इसके पूर्व यह महाराष्ट्र में जहाँ-जहाँ हुआ वहाँ-वहाँ परिवर्तनवादी संगठनों ने उनके सामने जो प्रश्न रखे थे, उनके संतोषजनक उत्तर आज तक नहीं मिले हैं। इस सम्मेलन के पूर्व के सम्मेलन सचिव, अध्यक्ष, महाराष्ट्र ज्योतिष महामंडल के अध्यक्ष को हमने प्रश्न भेजे थे। उनके उचित जवाब नहीं मिले हैं। इस वस्तुस्थिति से सतारा के लोगों को अवगत कराने हेतु यह पर्चा हम प्रकाशित कर रहे हैं।

ग्रह-तारों की गति खगोल विज्ञान और गणित के सहारे तय की जाती है। लेकिन व्यक्ति के जीवन का अच्छा-बुरा, शुभ-अशुभ परिणाम निर्माण करने की कोई भी शक्ति इन ग्रहों में नहीं रहती। दो हजार वर्षों के इतिहास का दावा करनेवाले तथाकथित ज्योतिषशास्त्र ने इस संबंध में कोई भी सबूत आज तक नहीं दिया है। भारतीय संविधान में वैज्ञानिक दृष्टिकोण रखना नागरिकों का कर्तव्य बताया गया है। इसको ध्यान में रखकर अवैज्ञानिक ज्योतिष को लोग मनोरंजन के सिवा किसी भी प्रकार का महत्त्व अपने जीवन में न दें, ऐसी हमारी प्रार्थना है, आह्वान है।

ज्योतिष ग्रहों की भ्रमण-गति द्वारा मनुष्य को नियतिसंबंधी संकेत देने की बात ज्योतिषी करते हैं। इसका अर्थ यह होता है कि मनुष्य का सम्पूर्ण जीवन नसीब पर निर्भर करता है। मनुष्य का कार्य सामाजिक स्थिति से बनता-बिगड़ता है। नए ग्रह का इससे कोई लेना-देना नही होता। इसलिए समाज को दैववादी बनानेवाले ज्योतिषी को लोग दूर रखें, ऐसा समिति आह्वान करती है।

मनुष्य के बचपन में उसकी जन्मकुंडली बनाई जाती है। इससे बचपन में ही दैववाद का आधार बन जाता है। उसे निश्चित तौर पर फेंकने के लिए इन जन्मकुंडलियों की हम दिनांक 4 नवंबर, 1995 को शाम 6:30 बजे सार्वजनिक होली जलाएँगे। अच्छे उद्देश्य और सच्चाई से किए गए काम के लिए सभी समय समान होते हैं। शुभ और अशुभ समय केवल मानसिक कल्पना है। लोगों को यह समझाने के लिए पंचांग के शुभ समय के पन्नों की होली इस समय जलनेवाली है।

प्रयत्नवाद को अपनाने, नियतिवाद से दूर रहने, निर्भय बनने तथा समाजसुधारकों की परम्परा को बनाए रखने के लिए 'दैववाद की होली' कार्यक्रम में आप सम्मिलित होंगे तो हमें खुशी होगी और बल मिलेगा।

जैसा कि निश्चित किया गया था, दैववाद की होली का कार्यक्रम मुक्तांगण के आगे तय समय पर सम्पन्न हुआ। महिला, पुरुष, बच्चे मिलकर 150 लोग थे। कई प्रगतिशील संगठनों के प्रतिनिधि उपस्थित थे, जिन्होंने अपनी सहमति दोहराई। कुमार मंडपे ने संकल्प पत्र पढ़कर सुनाया, जिसे सभी ने दोहराया। बच्चों, महिलाओं के साथ अन्य कार्यकर्ताओं ने अपनी कुंडलियों की होली जलाई। समिति के अध्यक्ष प्रा.एन.डी. पाटील के साथ ज्येष्ठ बुद्धिवादी डॉ.आ.ह. सालुंखे का भाषण हुआ। डॉ. सालुंखे ने अपने मंतव्य में कहा कि 2500 वर्ष पूर्व चाणक्य ने दैववाद तथा ज्योतिषशास्त्र को नकारा था। इस कथित शास्त्र पर ज्योतिषियों का विश्वास होता है, ऐसी बात नहीं। भोली-भाली जनता को विश्वास रखने के लिए मजबूर करना और उनका आर्थिक शोषण कर अपनी आर्थिक और भौतिक स्थिति में सुधार करना ही उनका उद्‌देश्य होता है। ज्योतिष को शास्त्र बताकर हजारों वर्षों से चल रही शोषण की परम्परा को बनाए रखने का यह प्रयत्न है। इसी मानसिकता के कारण हमारी सौ पीढ़ियों को बरबाद किया गया। 'दैववाद की होली' के माध्यम से अब मानसिक मुक्ति का विचार आगे बढ़ रहा है।

प्रा. एन.डी. पाटील ने बताया कि ज्योतिष एक पाखंड है, जो सनातनी लोगों की जीविका का माध्यम है। उन्होंने कहा कि सतारा का ज्योतिष अधिवेशन जिनके नेतृत्व में चल रहा है, उन जयवंत साळगाँवकर ने पिछले वर्ष 'कालनिर्णय वर्तमान' नाम का दैनिक शुरू किया था। उसे निकालते समय वह कुछ समय तक ही चलेगा ऐसी अपेक्षा उन्होंने रखी होगी और उनके कथित शास्त्र के अनुसार उन्होंने अपने दैनिक की कुंडली निकालकर उसका भविष्य भी देखा होगा। लेकिन किसी वजह से डेढ़-दो महीनों में ही यह दैनिक बंद हो गया। वस्तुतः इससे ज्यादा ज्योतिष की असत्यता और क्या हो सकती है, ऐसा सवाल उन्होंने इस समय किया।

कुंडली की होली जलाने से पहले सामूहिक संकल्प किया गया। वह इस प्रकार था :

'मेरे जन्म-समय के ग्रहों की स्थिति का मुझ पर किसी भी प्रकार का प्रभाव नहीं है, इस पर मेरा पूरा विश्वास है। इसी कारण ग्रहों की स्थिति दर्शानेवाली यह जन्मकुंडली भ्रामक है, यह मुझे मान्य है। मेरी मान्यता है कि यह कुंडली मेरे जन्म के समय से ही अज्ञान से मेरे पैरों में बँधी दैववाद की हथकड़ी है। इसलिए सार्वजनिक रूप से मैं इसका दहन करना उचित समझता हूँ। मैं इसे मानसिक गुलामी तथा दैववाद की होली मानता हूँ।

इस कुंडली के संबंध में महात्मा फुले, डॉ. बाबासाहब आम्बेडकर, स्वातंत्र्य

वीर सावरकर, स्वामी विवेकानंद, महात्मा गांधी के साथ विनोबा भावे की धारणा भी समिति की विचारधारा से अलग नहीं थी, इसका मुझे गर्व है।

बाह्यग्रह की स्थितियों का मनुष्य जीवन पर कोई भी दैवी असर नहीं होता। यह मेरी पक्की धारणा है, इसलिए मैं शुभ मुहूर्त की कल्पना को निरर्थक ठहराता हूँ। मेरी राय में कभी भी, किसी भी कार्य की शुरुआत अच्छी वृत्ति से करने में कोई हर्ज नहीं है। शुभ मुहूर्त बतानेवाली जानकारी दिग्भ्रमित करनेवाली होती है, जो समाज तथा व्यक्ति को कई बार मुसीबत में डाल सकती है। इसलिए पंचांग में शुभ मुहूर्त की दी गई जानकारी दूसरे कागज पर लिखकर, वह कागज समिति जला रही है।

महाराष्ट्र की सत्यशोधक परम्परा पर मुझे गर्व है। मेरी कृति उन विचारों से मिलती-जुलती है। भारतीय संविधान में वैज्ञानिक दृष्टिकोण को अपनाना हर भारतीय नागरिक का कर्तव्य बताया गया है। दैववाद की होली कार्यक्रम में मैं अपनी कृति से यह कर्तव्य पूरा कर रहा हूँ।'

'दैववाद की होली' कार्यक्रम कई परिवर्तनवादी संगठनों को भा गया। इसलिए उसे पूरे महाराष्ट्र तक पहुँचाने की घोषणा समिति ने की।

इसके चलते 'हिंदू एकता' जैसे समन्वित संगठन ने भी सतारा के समान ही पूरे महाराष्ट्र में इसका विरोध करने की घोषणा की। वैचारिक विरोध की चुनौती से डगमगाने पर धार्मिक भावनाओं की आड़ लेने का उनका पुराना तरीका था। इसमें नया कुछ नहीं था। समाजसुधारकों के विचार को व्यावहारिक तौर पर लागू करनेवाला अंधश्रद्धा निर्मूलन का आंदोलन बड़ी दृढ़ता से इस चुनौती का मुकाबला भविष्य में करता रहेगा।

कुलपतियों के नाम खुली चिट्ठी

मा. कुलपति,
महाराष्ट्र के सभी विश्वविद्यालय

सादर सविनय,

शिक्षा क्षेत्र के बुनियादी वैज्ञानिक दृष्टिकोण को पीछे धकेलनेवाले एक निर्णय के बारे में आप स्पष्ट और खुली भूमिका लेंगे, इस आशा से यह पत्र।

वैदिक ज्योतिष विषय का विभाग ज्योतिर्विज्ञान नाम से विश्वविद्यालय में शुरू करने का विश्वविद्यालय अनुदान आयोग का निर्णय अब तक आपके पास निश्चित तौर पर पहुँचा होगा। आयोग के अध्यक्ष हरी गौतम के साक्षात्कार के आधार पर पता चलता है कि भारत के 70 से 80 विश्वविद्यालयों ने इसमें रुचि दिखाई है। इस संबंधी विश्वविद्यालय अनुदान आयोग द्वारा भेजा गया पत्र यदि अनजाने में आपके पास नहीं आया होगा तो आप कुलसचिव से माँगकर उसे जरूर ध्यानपूर्वक पढ़ने का कष्ट करें, ऐसी आपसे प्रार्थना है। उसमें इस पाठ्यक्रम के कई सारे लाभ बताए गए हैं। छात्रों के साथ डॉक्टर, आर्किटेक्ट, वित्त और बाजार विभाग के विशेषज्ञ, आर्थिक और राजनीतिक विश्लेषक—सभी को इस पाठ्यक्रम से लाभ होने की बात स्पष्ट है। प्रमाणपत्र कोर्स के साथ बी.एस-सी. और एम.एस-सी. तक की स्नातक और स्नातकोत्तर शिक्षा की सुविधा ज्योतिर्विज्ञान विभाग में रहने की बात भी दर्ज है। इस विषय की जो सिफारिश इस पत्र में की गई है, उसे एक बार जरूर देखिएगा। इसकी प्रस्तुति के आधार पर वैदिक ज्योतिष अपने देश की परम्परा में अत्यंत उच्च कोटि की ज्ञान-शाखा है। इसके कारण काल के गर्भ में घटित होनेवाली भविष्य की वैयक्तिक और वैश्विक घटनाओं का ज्ञान पहले मिल सकता है। इसी कारण स्वाभाविक रूप से इससे तनाव, चिंता तथा अनिश्चितता खत्म होने में मदद मिलेगी। आनेवाले समय का नियोजन बढ़िया ढंग से किया जाएगा। इसके साथ वैदिक गणित, वास्तुशास्त्र, खेती और अंतरिक्ष विज्ञान को भी इस अध्ययन से नए परिमाण प्राप्त हो जाएँगे। शायद यह कम था इसलिए आगे यह भी बताया गया है कि यह महत्त्वपूर्ण विज्ञान विश्वविद्यालय की इस ज्ञान-शाखा से सारे विश्व के ज्ञान-जगत पर अपना प्रभाव छोड़े।

मा. कुलपति महोदय, वैदिक ज्योतिष का डंका बजानेवाले विश्वविद्यालय अनुदान आयोग के संबंधित सदस्यों को लोकहितवादी जोतिबा फुले, समाजसुधारक आगरकर, डॉ. आम्बेडकर, स्वातंत्र्य वीर सावरकर के ग्रंथ भेंट के रूप में भेज दें। पिछली सदी में इन विचारकों द्वारा बताए गए विचार इस सदी में भी यदि संबंधित लोगों की समझ में आए तो भी भला होगा। यदि उनके पास बिलकुल समय न हो तो, महाराष्ट्र के बुद्धिप्रामाण्यवादी विश्वविद्यालय के आद्य कुलपति जोतिबा फुले का इस संदर्भ में जो विचार है, वह तो अवश्य देखने को कहें। ज्योतिष को पाखंड ठहराते हुए आज जो प्रतिपादन हम करते हैं और जो समूचे ज्योतिष वर्ग को आज भी निरुत्तर करता है, उस प्रस्तुति की जड़ें महात्मा फुले जी के गँवार समझे जानेवाले उस स्पष्टीकरण में नजर आती है। फैसला लेनेवाली समिति के संबंधित सदस्यों के दिमाग की बत्ती प्रज्वलित के लिए इतना भी काफी है। (दिमाग की बत्ती जलने का योग मात्र उनकी कुंडली में रहना चाहिए।)

आदरणीय कुलपति महोदय, महाराष्ट्र और उसमें भी विशेषतः शिक्षा क्षेत्र, आज जो कुछ प्रगति कर रहा है, उसमें महाराष्ट्र के समाजसुधारकों और बुद्धिप्रामाण्यवादियों की परम्परा बड़ी और महत्त्वपूर्ण है। इस परम्परा का प्रतिनिधित्व करनेवाले आप जैसों को इस प्रकार का खत लिखने की नौबत ही नहीं आनी चाहिए थी। सत्य साईंबाबा के कथित चमत्कार जिस समय अपनी चरम सीमा पर थे, उस समय बंगलोर विश्वविद्यालय के कुलपति रहे एच. नरसिंहा जी ने विश्वविद्यालय के द्वारा वैज्ञानिकों की समिति का गठन कर इन चमत्कारों को खुली चुनौती दी थी। सत्य साईंबाबा ने जली-कटी सुनाई लेकिन जाँच के दायरा मात्र से वे दूर भागते रहे।

वैदिक ज्योतिष शुरू करने के इस फैसले के बारे में आपसे भी ऐसी ही आग्रही भूमिका की अपेक्षा करना अन्यथा नहीं माना जाएगा। संतोष इतना है कि मुम्बई विश्वविद्यालय के कुलपति डॉ. भालचंद्र मुणगेकर जी ने यह भूमिका जाहिर की है। ज्येष्ठ खगोल वैज्ञानिक डॉ. जयंत नारलीकर ने भी साफ-साफ शब्दों में इसका विरोध किया। विश्वविद्यालय अनुदान आयोग के पूर्व अध्यक्ष तथा प्रतिष्ठित खगोल वैज्ञानिक यशपाल जी का इस फैसले से संबंधित लेखन आप जरूर देखें। उनकी दृष्टि से ग्रहों का नियमित भ्रमण और मनुष्य जीवन की कमाल की अनिश्चितता के कारण ग्रहों के पास मनुष्य जीवन को नियंत्रित करने की संभावना है, ऐसी धारणा संस्कृति के प्रारम्भिक अवस्था के मनुष्य की रही थी। उस समय ज्योतिष, गणित और खगोलविज्ञान—ये सारे एक साथ ही थे। आगे विज्ञान का विस्तार हुआ और गणित और खगोल अभ्यास दोनों स्वतंत्र शास्त्र बन गए। ज्योतिष मात्र ज्ञान की दृष्टि से हमेशा संदेह के घेरे में घूमता रहा। अब ज्योतिष की इस सुदीर्घ यात्रा, मानवी इतिहास पर उसके प्रभाव के अभ्यास को मनुष्य के सामाजिक विकास अथवा मानववंशशास्त्र की दृष्टि से करने में कोई भी उज्र नहीं है। जारण-मारण, जादू-

टोना, जादूगरी जैसे प्रकार विश्व की सभी आदिम संस्कृतियों में मिलते हैं। उनका ऐतिहासिक अध्ययन में कोई आक्षेप नहीं है, लेकिन शत्रु को परास्त करनेवाली प्राचीन परम्परा के अभिजात तंत्रज्ञान के रूप में जादू-टोना करने का अध्ययन संरक्षण विभाग द्वारा करना जितना हास्यास्पद-लज्जाजनक है उतना ही ज्योतिष की मदद डॉक्टर, आर्किटेक्ट, शेयर बाजार तथा अनेक उद्योग व्यवसाय को देना भी। बीमारी के कारणों का पता लगाने, इमारत की मजबूती समझने, भावी शेयर बाजार की निश्चित समझ मिलने और युद्ध की शुरुआत और दाँवपेंच लाभकारक रहने के लिए विश्वविद्यालय में शुरू होनेवाले इस कथित वैदिक ज्योतिष का आधार क्या 21वीं सदी के भारत को लेना चाहिए?

माननीय कुलपति महोदय, भारतीय संविधान में वैज्ञानिक दृष्टिकोण का पालन करना नागरिक का कर्तव्य माना गया है। वैज्ञानिक मनोभाव की निर्मिति शिक्षा का एक महत्त्वपूर्ण एवं मूलभूत कार्य है। इस शास्त्रीय दृष्टिकोण से वैदिक ज्योतिष का तिनके का भी संबंध नहीं है। इसे आप, आपके प्राध्यापक, छात्र और समाज तक नहीं पहुँचाएँगे, तो फिर ये काम कौन करेंगे? आप जानते हैं कि विज्ञान प्रमाण को अपनाता है। विशेष पद्धति की कठोर परीक्षा के तहत अनेक स्थलों पर अनेक प्रक्रिया से गुजरकर ही वैज्ञानिक नियम बनाये जाते हैं। उसमें निश्चित रूप से कसौटी पर उतरने से यह विचार ही आगे वैज्ञानिक सिद्धांत बनता है। इस वैज्ञानिक पद्धति की पहली सीढ़ी पर भी वैदिक ज्योतिष खरा नहीं उतर सकता। विवादास्पद होनेवाला एक भी सिद्धांत अब तक इस कथित शास्त्र ने प्रस्तुत नहीं किया है। ज्योतिष का विचार है कि मनुष्य की कुंडली उसके जन्म के समय, जन्मस्थल से दिखाई देनेवाले आकाश का उस व्यक्ति पर प्रभाव छोड़नेवाले स्थल-काल का मानचित्र है। यह प्रभाव अखंड रहता है और जन्म-समय पर निर्भर रहने की बात भी मानी गई है। वैज्ञानिक दृष्टि से देखें तो इस प्रस्तुति में प्रचंड गोलमाल है और सबूत कुछ भी नहीं है। जन्म समय किसे मानेंगे और उसे ही सही क्यों मानेंगे, इसके पीछे कोई भी कार्य और कारण भाव नहीं है। सूर्य मंडल में सभी ग्रहों को मिलकर कुछ दर्जन उपग्रह रहते हुए और उसमें से कई चंद्र से भी बड़े रहने पर भी उनको कुंडली में स्थान क्यों नहीं? राहु और केतू जैसे काल्पनिक बिंदुओं को ग्रह क्यों समझें? मंगल ग्रह पुरुष प्रकृति का, शुक्र स्त्री प्रकृति का और शनि नपुंसक होने की बात किस जाँच द्वारा तय की गई है? आजकल प्रकाश किरणों की ऊर्जा लहरों, गुरुत्वाकर्षण, विद्युतचुंबकीय आकर्षण जैसी संज्ञाओं को जबर्दस्ती से पकड़कर ज्योतिष को शास्त्र ठहराने का घिनौना प्रयास चल रहा है। आपके विश्वविद्यालय के भौतिक विज्ञान के कोई भी प्राध्यापक इसकी निरर्थकता को स्पष्ट करेंगे, इसका हमें भरोसा है। विश्वविद्यालय भी सार्वजनिक तौर पर ऐसा करे, ऐसी माँग हम प्रस्तुत पत्र के द्वारा करते हैं। एक ही ग्रह कुंडली के 12 जगहों पर 12 अलग-अलग

परिणाम देता है, इसका अर्थ ग्रहों से मिलनेवाली प्रभाव लहरों का विभाजन (पृथक्करण) है जो उनके परिणाम की दृष्टि से वह 12 जगहों में विभाजित होती हैं। ये दो बातें जान-बूझकर किए बिना घटित होना असंभव है। लेकिन ऐसा घटित हुआ मानना यानी ग्रहों को बुद्धि और विचारशक्ति होने की बात मानना है। यह बात बुद्धि-सतर्क होनेवाला कोई भी व्यक्ति स्वीकार नहीं करेगा। फिर बुद्धि का उच्च स्तर पर विकास करनेवाले विश्वविद्यालय में यह विषय पढ़ाना कालगति को उल्टे घुमाने जैसा है।

कुलपति महोदय, ज्योतिर्विज्ञान पढ़ाने की पुरजोर सिफारिश करनेवाले फिर यह भी माँग करेंगे कि इतनी आपत्ति रहने पर यह विषय विज्ञानशाखा की अपेक्षा मानविकी शाखा में इसका समावेश करने में कौन सी आपत्ति है? महोदय, हमारी आग्रही भूमिका है कि इसे भी आप बिलकुल ठुकरा दें। बुद्धि और मानवीय संस्कृति की उन्नति शिक्षा का उद्देश्य है। कार्य और कारण का संबंध तो वैज्ञानिक दृष्टिकोण का प्राणतत्त्व है। इससे बिलकुल अनभिज्ञ रहनेवाले ज्योतिर्विज्ञान से बुद्धि सम्पन्न होने की कतई संभावना नहीं है। यह जरूर स्पष्ट है। यदि संस्कृति मानविकी का विकास है, तो ज्योतिष इसके आड़े आता है। अन्य कोई भी सामाजिक शास्त्र हो या साहित्यशास्त्र हो, वैज्ञानिक दृष्टि से विज्ञान न होने की बात स्वीकारने पर भी मनुष्य जीवन को विभिन्न तरीकों से उन्नत करने की उनकी क्षमता स्पष्ट हो चुकी है। ज्योतिष इसके बिलकुल उल्टे कार्य करता है। 'समय' के महत्त्वपूर्ण परिणामों का अंदाजा ज्योतिषी द्वारा लिया जाता है। इसका अर्थ है कि जीवन में आगे क्या होनेवाला है, इसका पहले ही ज्ञान प्राप्त हो जाता है। लेकिन आगे जाकर इसका अर्थ यह होता है कि व्यक्ति के हाथ में कुछ नहीं बचता। व्यक्ति तो मात्र खिलौना है और पाँच या पचास वर्षों में क्या होगा, इसका निर्णय कुंडली में व्यक्ति का स्थान, ग्रहों का प्रभाव तथा जन्म समय से तय होगा। घटनाएँ यदि पहले ही तय हुई हैं, तो ज्योतिष निरर्थक है। और तय नहीं हुई तो भी निरर्थक है। इसके बावजूद उसे पढ़ाने की जिद क्यों? एक तो ग्रहों ने जो घटनाएँ तय की हैं, उन्हें ग्रहों की शांति, शुभ मुहूर्त, जप-जाप्य, होम-हवन के द्वारा दुरुस्त करने का लालच दिखाया जाता है और मनुष्य के मन में बैठे डर और अज्ञान की बदौलत पुरोहिताई मालदार बनती है। यह संस्कृति के लिए हानिकारक है। कुछ लोगों का दावा है कि रास्ते पर 'दुर्घटना क्षेत्र' जैसा बोर्ड वाहन को सावधानी की चेतावनी देता है। (रास्ता मात्र वही रहता है।) इसी प्रकार कुंडली भी जीवन की संभावनाओं के इशारे देती है, लेकिन वस्तुस्थिति को बदलना संभव नहीं होता, वह पूर्व जन्म के कार्य का भोग होता है, उसे भुगतना ही पड़ता है। जैसा विचार तो समाज परिवर्तन को ही हानि पहुँचाता है। मनुष्य अपनी बुद्धि से समाज और उसके व्यवहार को समझा सकता है तथा प्रकृति और समाज-रचना की उचित पुन:प्रस्तुति कर उसे स्वयं के अनुकूल बनाना ही तो मानवीय

संस्कृति की प्रगति में विवाद का मुद्दा रहा है। ज्योतिष को दी गई स्वीकृति इस प्रगति में ही सुरंग लगाती है।

आदरणीय कुलपति महोदय, महाराष्ट्र के शिक्षा प्रसार में बहुजन समाज की उन्नति के आग्रह की एक प्रगतिशील परम्परा रही है। ज्योतिर्विज्ञान का विश्वविद्यालय में होनेवाला प्रवेश इस परम्परा को सीधे बाधित करता है, इसे आप भली-भाँति जानते हैं। सफेदपोश ब्राह्मणवर्ग को ज्योतिष की अपनी परम्परा में कुछ मंगल और पवित्र लगता है और दुख की बात यह है कि सत्यशोधक विचारों की विरासत वाले महाराष्ट्र के बहुजन समाज में ही मुहूर्त और जन्मपत्री का पागलपन आजकल अधिकाधिक बढ़ रहा है। ऐसे समय जो यह आग्रह होना चाहिए, वे अपनी शिक्षा संस्थाओं से प्रगतिशील युवा मन वहीं तैयार करें। सुधारक आगरकर के कथन के आधार पर कहा जाए तो बताना होगा कि 'जब तक अपने समाज में पढ़े-लिखे लोग सामान्य मनुष्य की गलतफहमियाँ दूर करने का साहस नहीं दिखाएँगे, तब तक अनुचित और अनिष्ट प्रथाएँ चलती रहेंगी। कोपर्निकस और गैलीलियो यदि साहस नहीं करते तो यूरोप में भी अज्ञान का अंत नहीं होता। नए तरीके से बर्ताव करने के साहस के सिवाय केवल ज्ञान के बढ़ने से उचित लाभ नहीं मिलता।' अपने समाज में पग-पग पर और हमेशा इसका अहसास होता है। फिर भी वैदिक ज्योतिष विभाग विश्वविद्यालय में शुरू करने की सिफारिश की गई है और इस संबंध में बुद्धिवादियों का स्वर तीव्र न होने की बात न सिर्फ अखरती है, अपितु उस पर आश्चर्य भी होता है। विश्वविद्यालय के कुलपति होने के नाते आप महाराष्ट्र राज्य के बुद्धिवाद का नेतृत्व करते हैं। इसके कारण आपसे हम अधिक उम्मीद रखे हुए हैं।

इस भूमिका को आप बड़ी दृढ़ता से निभाएँ, ऐसा समाज में मेरे जैसे कोशिश करनेवाले अनेक लोगों को लगता है। उन सबकी व्यथा तथा पीड़ाओं को आप तक पहुँचाने के लिए यह पत्र।

लिखते समय अनजाने में यदि कोई मर्यादा भंग हुई हो तो उदार अंत:करण से क्षमा करें, यही हमारी प्रार्थना है।

भवदीय

—नरेंद्र दाभोलकर

सचिव, महाराष्ट्र अंधश्रद्धा निर्मूलन समिति

भ्रामक वास्तुशास्त्र संबंधी घोषणापत्र

महाराष्ट्र के पूने में समिति ने भ्रामक वास्तुशास्त्र से संबंधित वैज्ञानिक घोषणापत्र जारी करने के लिए परिषद का आयोजन किया। वह घोषणापत्र निम्नलिखित था :

मानवीय उन्नति के इतिहास में वैज्ञानिक दृष्टिकोण ने बहुत बड़ी भूमिका निभाई है। इसी कारण वस्तुनिष्ठ ज्ञान–प्राप्ति का मार्ग संभव हुआ। भारतीय संविधान में नागरिकों के कर्तव्यों का जिक्र है, उसमें वैज्ञानिक दृष्टिकोण और खोजक बुद्धि को अपनाना महत्त्वपूर्ण कर्तव्य बताया गया है। नई शिक्षा–नीति में वैज्ञानिक मनोभावों की निर्मिति को महत्त्वपूर्ण माना गया है।

निरीक्षण, तक, अनुमान, प्रयोग पद्धति और कार्य–कारण भाव को वस्तुनिष्ठता से जाँचना वैज्ञानिक दृष्टिकोण का प्रमुख लक्षण होता है। लेकिन इसके विपरीत 'मानवीय बुद्धि और जीवन को कोई अज्ञात शक्ति नियंत्रित करती है' जैसी बात पर ही अधिकतर लोग विश्वास रखते हैं। इस शक्ति की पनाह लेना, उसकी पूजा करना, उसका आशीर्वाद प्राप्त करने में ही अपना भला होने की मानसिकता इस विश्वास से ही बनती है। हर पल विज्ञान की देन को अपनानेवाला मनुष्य विज्ञान की विचारधारा को नकारता नजर आ रहा है।

इसकी परछाईं भ्रामक वास्तुशास्त्र में मिलती है। वास्तुकला महाविद्यालय में पढ़ाया जानेवाला शास्त्र आधुनिक विज्ञान पर निर्भर है। शुभ–अशुभ, लाभ–हानि का संकेत देनेवाली तथाकथित वास्तुकला का दैवी ज्ञान भ्रामक कल्पनाओं पर निर्भर है। उसकी प्रस्तुति में कई अशास्त्रीय कल्पनाएँ वैज्ञानिक परिभाषा में प्रस्तुत करने से सत्य की खोज करना कठिन बनता है। समाज दिग्भ्रमित हो सकता है। इसके साथ 'वास्तु से लाभ होने' की कल्पना सीधे भाग्य और नियति से व्यक्ति और वास्तु को जोड़ देती है। ये सारी बातें अवैज्ञानिक तो हैं ही, साथ ही साथ समाज और राष्ट्र के लिए अहितकारक भी। सही मायने में इस देश के करोड़ों गरीबों के घरों की समस्या इस इलाके के वास्तु घटकों का उपयोग कर सुयोग्य और सस्ते घरों का निर्माण कैसे किया जाए, यह है। ऐसे समय समाज के इस प्रश्न का उचित ज्ञान अधिक प्रभावशाली ढंग से रखना आवश्यक तथा हितकारक है। इसलिए अपने जीवन की समस्याओं की पहचान ऐसी भ्रामक कल्पनाओं के

माध्यम से न कर प्रयत्नवाद और वैज्ञानिक दृष्टिकोण से करने का आह्वान हम इस घोषणापत्र के द्वारा कर रहे हैं।

इसके पठन के बाद डॉ. जयंत नारलीकर जी ने सबसे पहले अपना हस्ताक्षर कर इसे प्रसारित किया।

दत्ता नरवणे की चुनौती

पूना के दत्ता नरवणे अपने-आपको वास्तुशास्त्र विशेषज्ञ समझते हैं। जब परिषद चल रही थी तब वे इसलिए प्रयत्नशील थे कि उन्हें बोलने का मौका दिया जाए। लेकिन उनकी माँग ठुकराई जाने पर उन्होंने परिषद में उपस्थित लोगों में पर्चे बाँटे। उसका मजमून और चुनौती इस प्रकार की थी :

'एस.एन.डी.टी.
कार्यालयीन बंद वास्तु, कर्वे रोड, पूना।

वास्तु/भूभाग/रचना/निरीक्षण/परीक्षण/प्रतिवेदन/कार्य क्र. 2290/6 जुलाई, 1996, कर्वे रोड, पूने

आग्नेयी व्याघ्रमुखी तिकोना दिशाहीन भूभाग किसी भी प्रकार के रहन-सहन के लिए घातक तथा खतरनाक होता है। इस पर वास्तु का निर्माण करने में कई बाधाएँ आती हैं। यदि वास्तु का निर्माण भी हुआ, तो भी वह वास्तु रहनेवाले के लिए निरुपयोगी होती है क्योंकि इस वास्तु की दिशा आग्नेयमुखी है। इसके साथ चुंबकीय प्रवाह भूभाग और वास्तु के मध्य से जाने से भूभाग और वास्तु दोनों अस्थिर बने हैं। साथ ही इस भूभाग का आकार तिकोना है, जिसे केवल पाँच ही दिशाएँ हैं, जिसमें दक्षिण, आग्नेय, पूरब, ईशान तथा उत्तर ही है, बाकी पश्चिम, नैऋत्य तथा वायव्य दिशा न होने से यह भूभाग दिशाहीन बनता है। किसी भी भूभाग के लिए 4 मुख्य दिशाओं के साथ 4 उपदिशाओं का होना अनिवार्य होता है। इसके साथ चुंबकीय प्रवाह का भूखंड से समानांतर जाना आवश्यक रहता है। उससे भूभाग और वास्तु का निर्माण स्थिर होता है। उल्लिखित तिकोने भूभाग की वास्तु का निर्माण करीब-करीब ब्रह्मस्थान में कर दक्षिण की ओर अधिक अंतर रखा गया है। इसके साथ ही वास्तु का निर्माण आग्नेय दिशा की ओर किया गया है तथा मुख्य द्वार आग्नेय दिशा में है। इस वास्तु की आग्नेय और वायव्य दिशाओं में बहुत ज्यादा अंतर है तथा ईशान और नैऋत्य दिशाओं की चौड़ाई कम है। दक्षिण का हिस्सा लम्बा होकर पश्चिम का कोना कटा हुआ है। इसी कारण यह वास्तु पिछले 25 वर्षों से खाली पड़ी है तथा इस पर खर्च किए गए रुपए व्यर्थ रहे हैं।

मेरी राय में गंभीर वास्तुदोष के कारण यह घटित हुआ है। ऐसे उदाहरण कई जगहों पर देखने को मिलते हैं।

अंनिस के कार्यकर्ता उल्लिखित भूभाग और वास्तु में रहकर दिखाएँ। इस वास्तु में सपरिवार रहें क्योंकि वास्तु के पारिवारिक, आर्थिक, मानसिक, शारीरिक तथा सामाजिक परिणाम रहनेवाले पर होते हैं। इसे प्रमाणित करने के लिए इस वास्तु के निर्माण में किसी भी प्रकार के बदलाव न कर कम से कम 6 महीने रहकर (दिखाएँ) 20–25 वर्षों तक बंद रही वास्तु का उपभोग कर दिखाने का आह्वान उन्हें है। वास करने से पहले लिखित प्रतिज्ञापत्र देना आवश्यक होगा। पाँच पंचों के साक्ष्य से इन सभी बातों को तय करना अनिवार्य है।

इस वास्तु में वास करने की शर्तें—

1. सपरिवार रहने के लिए आएँ।
2. रसोई घर, शयन गृह तथा स्नानागार की जगह हम तय करेंगे। शयनगृह में पलंग रखने की जगह हमारे कहने के अनुसार ही होगी।
   — रसोई का गैस रखने की दिशा हम तय करेंगे।
   — इस प्रकार की व्यवस्था कर दी जाएगी।
   — आप इस वास्तु में 6 महीने तक रहकर दिखाएँ। इसकी अनुभूति आप स्वयं लें और इसके बाद ही वास्तुशास्त्र पर चर्चा-टिप्पणी करें।
   — बिना वजह वास्तुशास्त्र पर अनर्गल बातें करने में कोई मतलब नहीं है। अकारण प्राचीन वास्तुशास्त्र को बदनाम न करें, ऐसा हमारा उनसे निवेदन है।

आपका
(दत्ता नरवणे)'

ऐसी चुनौतियाँ जहाँ के तहाँ तत्काल अपनाने-स्वीकारने की समिति की पद्धति है, जिस कारण उसकी वैचारिक दृढ़ता लोगों तक सीधे पहुँचती है।

इसलिए मैंने तुरंत घोषित किया कि (1) संबंधित व्यवस्थापन की अनुमति से समिति के कार्यकर्ता इस वास्तु में हमेशा रहने के लिए तैयार हैं। (2) केवल इस एक ही वास्तु में नहीं बल्कि महाराष्ट्र में ऐसी न लाभ देनेवाली वास्तुओं में 'समिति कार्यालय' शुरू करने की समिति की तैयारी है। (3) इसके भी आगे जाकर सभी दृष्टि से अशुभ वास्तु का निर्माण भ्रामक वास्तुशास्त्र विशेषज्ञ करें, उस वास्तु में सपरिवार निवास करने के लिए समिति के कई कार्यकर्ता तैयार हैं।

उपस्थित लोगों ने जोरदार तालियों से इस निर्धार का स्वागत किया।

भ्रामक वास्तुशास्त्र के घोषणापत्र परिषद के माध्यम से यह विषय पूरे महाराष्ट्र में व्यापक रूप में चर्चित रहा। मराठी के साथ अंग्रेजी के समाचार-पत्रों ने भी इसे प्रकाशित किया। यह विषय मध्यवर्ग की जिज्ञासा के साथ निर्माण-विभाग से सीधे संबंध रखता था। निर्माण-व्यापारियों और वास्तुनिर्माण शास्त्रज्ञों (आर्किटेक्ट) में

इस विषय पर दो खुले गुट थे और वे हर जिले में थे। कुछ निर्माण व्यावसायिक और वास्तुशिल्प विशेषज्ञों का इन सभी बातों पर अगाध विश्वास था और इसका प्रचार भी वे बड़े जोरों से करते थे। एक गुट ऐसा था, जो इस मामले का समर्थन नहीं करता था लेकिन अपने पास आनेवाले ग्राहक यदि इसकी माँग करते तो उसके अनुसार बदलाव करने में इनका विरोध नहीं रहता था। उनका मानना था, वे व्यवसाय करने के लिए बैठे हैं, लोगों को वैज्ञानिक दृष्टिकोण सिखाने के लिए नहीं। इसी कारण ग्राहक का समाधान ही उनका मूलमंत्र था।

इसके आगे जानेवाला निर्माण व्यावसायिकों और वास्तुशिल्पकारों का एक वर्ग और था जो अब भी है। उन्हें अपने व्यवसाय में पनपनेवाला ढोंग स्वीकार नहीं था और इसमें से कुछ तो सार्वजनिक तौर पर इसका विरोध करने की इच्छा रखते थे। स्वाभाविकता से अंधश्रद्धा निर्मूलन समिति का यह अभियान उन्हें उपयुक्त और आवश्यक लगा। इसी कारण इस विषय पर महाराष्ट्र में कई जगहों पर निर्माण व्यावसायिकों और वास्तुशिल्प विशेषज्ञों की संगठनों ने मेरे व्याख्यान आयोजित किए। इन सभी जगहों पर भारी भीड़ थी और मेरे हमेशा के भाषण के लिए आनेवालों से यह श्रोतावर्ग अलग था।

पहली सभा पूना में हुई जहाँ 'वास्तुप्रकाश' नामक सुप्रसिद्ध किताब के लेखक श्रीहरि लिमये के साथ वाद-विवाद का कार्यक्रम था। श्रीहरि व्यवसाय से इंजीनियर थे। उनकी किताब में बताए गए निवेदन के अनुसार उन्हें व्यवसाय में यश नहीं मिलता था। उसकी वजह से आर्थिक खींचातानी रहती थी। इस दरमियान उन्हें इस वास्तुशास्त्र का संदर्भ मिला। उन्होंने इसका अध्ययन किया और प्राचीन वास्तुशास्त्र की पहचान आज के विश्व को बताने के लिए 'वास्तुप्रकाश' की रचना तथा प्रकाशन किया। महाराष्ट्र में सुप्रसिद्ध साहित्यकार की किताबों का तीन हजार का संस्करण दो वर्ष में खत्म होना अच्छा लक्षण बताया जाता है। ऐसी जगह पर लिमये की 'वास्तुप्रकाश' नामक पहली ही किताब का तीन हजार का संस्करण केवल दो महीने में खत्म हो गया। अगले दो वर्ष में बारह संस्करण निकाले गए। (महाराष्ट्र के पढ़े-लिखे मध्यवर्ग की मानसिकता को उजागर करने के लिए यह काफी है। पत्नी ने यह किताब पढ़ी और इसके अनुसार बड़ी उमंग से बनाए गए घर की रचना और सजावट में आमूलचूल बदलाव कर बरबादी कर दी, व्यथित होकर ऐसा बतानेवाले कई उच्चशिक्षित लोग मुझे महाराष्ट्र में जगह-जगह पर मिले।)

लिमये आधा-पौन घंटे तक बोलेंगे, बाद में मैं बोलूँगा और उस समय के 'टाइम्स ऑफ इंडिया' के पूने संस्करण के सम्पादक आनंद आगाशे अध्यक्ष होंगे, ऐसी व्यवस्था पहले तय थी। आवश्यकता के अनुसार हमें दुबारा बोलने का अवसर देने की भी योजना थी। कार्यक्रम के समय घमासान वर्षा हो रही थी, सभागार खचाखच भरा हुआ था। लोग बरामदे में छाते लेकर खड़े थे।

कार्यक्रम के आरम्भ में आगाशे ने मंतव्य दिया। बाद में हरिभाऊ लिमये का भाषण हुआ। तब तक एक घंटा बीत चुका था। मैं मंतव्य के लिए खड़ा हुआ और बिजली चली गई। सभागार में आवाज पहुँचना कठिन था। लेकिन पूना में बिजली जल्दी वापस आने की संभावना के कारण कार्यक्रम को रोका गया। खचाखच भरे सभागार में गर्मी बहुत बढ़ रही थी। बहुत समय हुआ। बिजली के आने की संभावना नजर नहीं आ रही थी और एक भी श्रोता अपनी जगह से हिलने का नाम नहीं ले रहा था। लोग शांति बनाए हुए थे। मैं धीरज रखकर बोलूँगा, ऐसा ऐलान करके मैंने लगभग पौन तक घंटे भाषण किया और उसके बाद प्रश्नोत्तर हुए। कार्यक्रम पूरा होने तक न बिजली आई और न ही एक भी श्रोता सभागार से बाहर निकला। मुम्बई, अकोला, सोलापुर, बेलगाँव, कोल्हापुर, इचलकरंजी, सांगली, जलगाँव जैसी कई जगहों पर मैंने वैज्ञानिक दृष्टिकोण और वास्तुशास्त्र विषय पर व्याख्यान दिए और लगभग हर जगह पर इसी प्रकार की अनुभूति मिली।

मुम्बई की चर्चा में वास्तुशास्त्र किताब के रचयिता और उच्च न्यायालय में कई वर्ष तक वकालत करनेवाले एक वकील ने एक ठोस वक्तव्य दिया। जिस मिल (फैक्टरी) में शौचकूप ईशान दिशा में बँधी होती है, वह व्यवसाय निश्चित तौर पर असफल होता है। ईशान दिशा 'ईशा' यानी साक्षात् भगवान की दिशा है। इसी कारण उस दिशा में शौचकूप बाँधकर भगवान को अपमानित करने का परिणाम तो भुगतना ही पड़ेगा। ये शौचकूप धार्मिक विधि-विधान से नैऋत्य दिशा की ओर हटाने से बंद मिले दुबारा शुरू होने की बात भी उन्होंने दृढ़ता से रखी। महाराष्ट्र के कई उद्योग संबंधी बस्तियों में हजारों मिलें बंद पड़ी हैं। उनमें से जिस मिल के शौचकूप ईशान दिशा की ओर हैं उन्हें हटाकर नैऋत्य की ओर ले जाने की आसान सी तरकीब शासन करे। बंद मिलें पुनः शुरू होगी, पूँजी बढ़ती रहेगी, मजदूरों को रोजी-रोटी मिलेगी, इस प्रकार का प्रयोग क्यों न किया जाए? ऐसा प्रश्न मैं जगह-जगह पर आयोजित सभाओं में पूछता था। वस्तुतः यह प्रयोग करने का काम समिति का न होने की बात भी मैं स्पष्ट करता था। मेरा विवेचन यह रहता कि जो लोग वास्तुशास्त्र को शास्त्र की श्रेणी में आँकने की बात करते हैं, उन्हें इस बात का वस्तुनिष्ठ प्रमाण देना चाहिए।

समिति के अध्ययनशील कार्यकर्ता डॉ. प्रदीप पाटील ने 'भ्रामक वास्तुशास्त्र' नाम से ससंदर्भ किताब लिखी है। इस किताब का विमोचन समारोह पूना के बालगंधर्व नाट्यगृह में डॉ. श्रीराम लागू के हाथों सम्पन्न होनेवाला था। वह तो हुआ, लेकिन उस समय मेरे द्वारा जाहिर की गई एक खबर से हंगामा खड़ा हुआ। इस विमोचन समारोह की भूमिका में मैंने कहा कि पिंपरी-चिंचवड महानगर निगम के आयुक्त प्रवीणसिंग परदेशी जी ने आयुक्तपद की जिम्मेदारी अपनाने के बाद अपने सरकारी निवास में वास्तुशास्त्र के अनुकूल आवश्यक बदलाव कर लिये हैं।

वस्तुत: यह बदलाव महानगर निगम के पैसों से अर्थात् नागरिकों के द्वारा जमा पूँजी से हुए हैं। इसी कारण यह पैसा परदेशी जी महानगर निगम की तिजोरी में जमा करें।

असल में सार्वजनिक तौर पर आरोप-प्रत्यारोप करना मेरी प्रकृति नहीं है। लेकिन इस कार्यक्रम में आने के पूर्व मुझे यह जानकारी उनके पूर्व के आयुक्त द्वारा ही मिली थी। वह बात आपत्तिजनक लगी और मन में ताजा रहने से आंदोलन में गति लाने के उद्देश्य से मैंने जाहिर तौर पर उसका उल्लेख किया।

समारोह के खत्म होते ही पत्रकारों के द्वारा परदेशी जी के घर फोन की खनखनाहट शुरू हुई। उन्होंने इस बात से साफ इनकार करते हुए इसे प्रमाणित करने की चुनौती दी। जिनसे मैंने यह जानकारी प्राप्त की थी, वह प्रत्यक्ष प्रमाणित थी लेकिन जानकारी देनेवाले भी उच्च पद के अधिकारी रहने से उन्होंने सार्वजनिक तौर पर भूमिका लेने से इनकार कर दिया। इससे मेरी अटकलें बढ़ गईं। दूसरी ओर परदेसी जी ने मेरे ऊपर मानहानि का दावा करने की मंशा जाहिर की। दादासाहब नाईकनवरे पूना के प्रसिद्ध निर्माण व्यावसायिक तथा अंधश्रद्धा निर्मूलन आंदोलन के ज्येष्ठ संबंधी भी हैं। उन्होंने परदेशी जी से संपर्क कर हम दोनों की भेंट कराने की इच्छा प्रकट की। इस आधार पर परदेशी जी के घर मुलाकात तय हुई। नाईकनवरे जी के साथ मैं परदेशी जी के प्रासाद सदृश निवास में सुबह 10 बजे पहुँचा। तब वे महानगर निगम में थे। दादासाहब ने फोन पर उनसे संपर्क किया। हमारे सीधे घर पर आने की बात पर उन्होंने नाराजगी जताई। हम थोड़े हड़बड़ाए, क्योंकि भेंट घर में ही तय हुई थी। परदेशी की सूचना से हम उनके घर से निकलकर महानगर निगम के उनके कार्यालय में पहुँचे। वहाँ पर अच्छी चर्चा हुई। उन्होंने अंधश्रद्धा निर्मूलन आंदोलन में रुचि रखने की बात कही। सोलापुर के जिलाधीश होने के कार्यकाल में उत्सवों में की जानेवाली पशुहत्या को बंद करने के लिए किए गए कार्य का ब्यौरा उन्होंने हमें दिया। वास्तुशास्त्र पर विश्वास न रखने की बात भी कही, जिससे मेरी अड़चनें थोड़ी और बढ़ी। इस समय तक मेरे ध्यान में यह भी आया कि एक तो उन्होंने निवासस्थान में प्रवेश करने से पूर्व जो बनावट बदली थी, उसका प्रमाण मिलना कठिन था, क्योंकि काम करनेवाले सभी उनके कनिष्ठ नौकर थे और जिस उच्च अधिकारी ने यह जानकारी दी थी, वे मुँह बंद कर बैठे थे। दूसरी ओर ऐसी बातों पर विश्वास न रखने की बात परदेशी कर रहे थे, जो मेरी दृष्टि से महत्त्वपूर्ण था। निवासस्थान में बदलाव करने की बात वैयक्तिक अभिरुचि की थी और प्राचीन वास्तुशास्त्र को आधार मानकर बदलाव करने की बात अंधविश्वास की थी जिसके बारे में परदेशी जी नकारात्मक भूमिका ले रहे थे। मैंने उनकी इस भूमिका के आधार पर इस विवाद को खत्म करने का मन बनाया। उनके कमरे से हम तीनों बाहर निकले कि पत्रकारों की फौज ने हमें घेर लिया। मैंने साधारण रूप से उपर्युक्त आशय का निवेदन कर इस विवाद के खत्म होने की घोषणा की। परदेशी जी भी

वहाँ थे लेकिन उन्होंने विरोध में कुछ नहीं कहा। बाद में इससे संबंधित मेरी भूमिका का एक पर्चा सभी समाचार-पत्रों को पहुँचाया गया।

दूसरे दिन समाचार-पत्रों में छपी सारी खबरें पूर्णत: परदेशी जी के समर्थन में थीं। मेरे पीछे हटने तथा गलती स्वीकारने की बात लिखी गई थी। परदेशी जी का आयुक्त के रूप में समाचार-पत्रों से रहनेवाला संबंध कारगर साबित हुआ। आज विचार करने पर लगता है, इस मामले में मैंने गलती की। मुझे उस समय पत्रकारों के साथ परदेशी को लेकर उनके घर पर जाना चाहिए था। वहाँ भी घर का दरवाजा उत्तर की ओर है, इसे दिखाना चाहिए था। परदेशी के यहाँ आने के पूर्व घर का दरवाजा पश्चिम की ओर होने की रूपरेखा पेश करनी चाहिए थी। मेरी जानकारी सही थी, संभवत: सत्ता के बल पर उसे झूठ ठहराने का प्रयास किया जाता, फिर भी यह जंग मुझे अंत तक लड़नी चाहिए थी। परदेशी जी ने दरवाजे की दिशा बदली है। लेकिन इसका प्रमाण मिलेगा या नहीं, इस विचार से मैं आशंकित था। साथ ही वास्तुशास्त्र के आधार पर मैंने बदलाव नहीं किए हैं, उनके इस कथन पर मैं विश्वास कर बैठा। इसके कारण मेरे वक्तव्य को और वक्तव्य के कारण आंदोलन को भी हानि हुई। आज ऐसा लगता है कि इसे मैं टाल सकता था। वस्तुत: आंदोलन ने इस अपयश को अपनाया। पूरे महाराष्ट्र में भ्रामक वास्तुशास्त्र के विरोध में सीधे आवाज उठाई और एक सीमा तक इसका लाभ भी हुआ। लेकिन भ्रामक वास्तुशास्त्र के निर्माण में लोगों की गहरी रुचि और वास्तु के लाभदायक होने की कल्पना से भ्रमित होनेवाले लोगों के मन की मर्यादा वस्तुत: इस विरोधी आंदोलन से पूर्णत: समाप्त नहीं हुई है, इसे आज खुले मन से स्वीकारना पड़ेगा। परंतु इसे विचार का पराभव नहीं मानना चाहिए।

शनि-शिंगणापुर

महाराष्ट्र के नगर जिले के नेवासा तहसील के शनि-शिंगणापुर का देवस्थान चमत्कार के लिए प्रसिद्ध है। लाखों भक्तगणों की भीड़ और दूरदर्शन के कारण प्रसिद्धि पानेवाले शनि-शिंगणापुर पर 'चलो शनि-शिंगणापुर में चोरी करने' खबर मेरे नाम पर छपकर आई और सभी ओर एक ही हंगामा खड़ा हुआ। कुछ लोगों को लगा, अंधश्रद्धा निर्मूलन आंदोलन के लोग अब साफ-साफ चोरी करने का उपदेश (!) करने लगे हैं। कुछ लोगों को लगा कि किसी भी प्रकार से हो, लेकिन अंत में ईश्वर की तरफ जा रहे हैं। अधिकतर गुस्साए लोगों ने कहा, 'हमारे ईश्वर या धर्म का मजाक उड़ाने का अधिकार इन अंधश्रद्धा निर्मूलन वालों को किसने दिया? ईश्वर पर उनका विश्वास नहीं होगा लेकिन शनि-शिंगणापुर के सजग देवस्थान पर इस प्रकार की टिप्पणी कर हमारी श्रद्धा को ठेस पहुँचानेवाले ये कौन हैं? शनिदेव तो उन्हें देख लेगा, लेकिन तब तक हम भी चुप नहीं बैठेंगे।'

महाराष्ट्र अंधश्रद्धा निर्मूलन समिति कई सालों से शनि-शिंगणापुर के कथित चमत्कारों के बारे में आवाज उठा रही थी, लेकिन 'दैनिक लोकमत' में छपे मेरे साक्षात्कार का शीर्षक था—'चलो शिंगणापुर में चोरी करने' और हंगामा खड़ा हो गया।

शनि-शिंगणापुर चोरी न होने के लिए विख्यात है। शनि-शिंगणापुर के पुलिस थाने के रजिस्टर की जाँच करने से इसकी सच्चाई स्पष्ट होती है।

'अपराध दि. 29.4.1994, बबन लोखंडे, गाँव—शिंपी टाकळी, तह. निफाड, जि. नासिक के पाँच हजार रु. चोरी हुए। अपराध पंजीयन क्रमांक: सी.आर.49/1995, आई.पी.सी. 379।'

'अपराध दि. 30.4.1995, संजय हरिदास दरदर, गाँव—माका, तहसील नेवासा, जिला अहमदनगर की साइकिल की चोरी हुई। गुनाह पंजीयन क्र. सीआर 52/95, आई.पी.सी. 309 के तहत जाँच की। गुनहगार कुंडलिक मच्छिंद्र फालके के पास साइकिल मिली।'

विवेक वर्ग व संदीप सहानी—ये दो युवा शनिवार 5.8.1995 के दिन शनि-शिंगणापुर गए। दोपहर डेढ़ बजे के आसपास देवस्थान ट्रस्ट के कमरों में उन्होंने

कपड़े और सामान रखकर स्नान करने के लिए गए और उनके दो हजार रुपए चोरी हुए। इस चोरी की चर्चा नहीं की। क्योंकि गाँव की चोरी न होने की मान्यता थी।

2 जून, 1996, इतवार सबह साढ़े सात से आठ के दरमियान शिवाजी नानासाहेब थोरात, गाँव खरवंडी, तह. नेवासे, जि. अहमदनगर की एमएच17/बी-947 नंबर की मोटर साइकिल। वे ईश्वर का दर्शन करने के लिए अंदर गए जिसके बाद चोरी हुई। चोरी होने की फरियाद उन्होंने सोनई पुलिस में दी और यह खबर 7 जून के 'दैनिक सकाल' में प्रकाशित हुई।

एक शहर के महापौर पवित्र वस्त्र पहनकर ईश्वर की पूजा करने मंदिर में गए। वापस आने पर देखा तो सारे कपड़े चोरी हो गए थे। पवित्र वस्त्र पहनकर ही गाँव में जाकर नए कपड़े खरीदकर उन्हें घर लौटना पड़ा।

कुछ स्पष्टवादी (लोग) बताते हैं कि, चोरी तो पहले से ही होती है, लेकिन उसकी चर्चा न करने के लिए लोगों पर दबाव डाला जाता है। गाँव में अधिकतर दुकान बिना दरवाजे के हैं लेकिन रात के समय उन्हें सुव्यवस्थित बंद किया जाता है। दुकानदार खुले डिब्बे में रेजगारी रखते हैं, लेकिन नोटों को मात्र अपनी जेब में तथा सीधे बैंक में जमा करते हैं। स्कूल के अध्यापक महत्त्वपूर्ण रेकॉर्ड बिना ताले के बक्से में रखकर शनि देव के भरोसे नहीं रहते क्योंकि उसके खोने पर शनिदेव थोड़े ही उनकी नौकरी बचाने वाले हैं?

जैसे पूरे नगर-जिले में होती है वैसे ही गाँव और गाँव के आसपास के परिसर में बिजली और पानी की चोरी शनि-शिंगणापुर के प्रभाव क्षेत्र में भी होती है और इसे करनेवाले सुख-चैन से जीवनयापन कर रहे हैं। सभी के लिए महत्त्वपूर्ण गवाह क्या है? चोर को जबरन शासित करनेवाले ईश्वर के सामने पैसों की पिटारी कैसी होनी चाहिए? स्वाभाविक रूप से खुली और बिना ताले की। सच तो यह है कि यह पिटारी या पात्र चाहिए ही क्यों? खुले थाल में ही दान तथा चंदे के हजारों रुपए पड़े रहने में क्या हर्ज है? लेकिन असल में यहाँ के देवस्थान पब्लिक ट्रस्ट की सूचना है कि श्रद्धालु अपने पैसे सीलबंद बक्से में डालें या ऑफिस में जमा करें। बक्से को ताला लगाने से ईश्वर की महिमा पर आँच आती और न लगाए तो पैसे चोरी होने की आफत। इसके कारगर इलाज के रूप में ईश्वर के सामने का बक्सा निचली सतह में बोल्ट लगाकर सीलबंद किया गया है। बक्से की ऊपरी दरार से पैसे अंदर आते हैं, बक्से के कारण वे सुरक्षित रहते हैं और भितरी सतह को खोलकर देवस्थान समिति उसे अपने कब्जे में लेती है। दुबारा नट बोल्ट को घुमाकर ऊपर से दरार रहनेवाला बक्सा शनिदेव का माहात्म्य कायम रखने को तैयार रहता है।

शनि-शिंगणापुर में सबसे ज्यादा अस्वस्थ करनेवाली अंधपरम्परा है—शनिदेव के दरबार में अपनाई जानेवाली स्त्री-पुरुष असमानता। शनिदेव की मूर्ति को स्पर्श करना तो बहुत दूर की बात, शनि का जो चबूतरा बनाया गया है उस पर चढ़ने तक

की मनाही औरतों की है। वहाँ शनिदेव का कुआँ है। महिला उस कुएँ का पानी नहीं ले सकती, साथ ही उसे स्पर्श तक न करने का कड़ा हुक्म रहता है। क्योंकि उस पानी से शनिदेव को नहाया जाता है। स्त्री-स्पर्श से वह पानी और शनिदेव अपवित्र नहीं होंगे? वास्तविक रूप से इस छुआछूत के बारे में स्वामी विवेकानंद पूछते हैं, 'जो दूसरे के सिर्फ स्पर्श से अपवित्र होते हैं, वे दूसरों को कैसे पवित्र बनाएँगे? 'छुआछूत की समस्या एक मानसिक बीमारी है, इससे दूर रहें।' वे आगे कहते हैं, 'परब्रह्म तत्त्व में लिंग-भेद नहीं है। किस शास्त्र में बताया गया है कि महिलाओं को भक्ति और ज्ञान प्राप्त करने का अधिकार नहीं है? महिलाओं को उचित सम्मान देकर ही सारे देश उन्नत हुए हैं। जिस देश या जाति में महिलाओं का उचित सम्मान नहीं होता, वह देश कभी-भी तरक्की नहीं कर सकता। महान शक्ति की इन मूर्तियों का अनादर करना ही आपकी दुर्दशा का मुख्य कारण है।'

स्त्री-पुरुष समानता के इस युग में शनिदेव के दरबार में स्त्री-पुरुष भेदभाव न करने का आग्रह अंधश्रद्धा निर्मूलन समिति करती है। सभी धर्मों में धर्म के नाम पर महिलाओं को जो दोयम स्थान दिया जाता है, अंधश्रद्धा निर्मूलन समिति इसका विरोध करती है।

हमारी इस भूमिका पर कुछ लोग टेढ़े प्रश्न पूछते हैं, जैसे—'देव-धर्म संबंधी 'अंनिस' की भूमिका बड़ी तटस्थ है। फिर आप 'महिलाएँ भी ईश्वर दर्शन करें' की बात क्यों कहते हैं?'

महिलाएँ ईश्वर दर्शन के लिए जाए या न जाएँ, यह हर महिला की स्वतंत्रता है। धर्म का आचरण और प्रार्थना करना यह प्रत्येक भारतीय नागरिक यानी महिलाओं को भी भारतीय संविधान द्वारा दिया गया मौलिक अधिकार है। इसे छीनने का अधिकार किसी भी धर्म के अधिकारी तथा पुरोहित को नहीं है। ईश्वर और धर्म के नाम पर महिलाओं के मौलिक अधिकारों की उपेक्षा नहीं की जाए, यह 'अंनिस' की भूमिका है। सानेगुरुजी द्वारा पंढरपुर के मंदिर में प्रवेश करते समय अपनाई गई भूमिका से अंनिस की भूमिका सुसंगत है।

जिस नगर जिले में संत ज्ञानेश्वर ने 'समानता को बनाए रखने' का संदेश देनेवाली 'ज्ञानेश्वरी' का निर्माण किया और 'विष्णुमय जग वैष्णवांचा धर्म। भेदाभेद भ्रम अमंगळ॥' का संदेश देनेवाले भागवत धर्म की स्थापना की, उसी नगर जिले में महिलाओं को ईश्वर के दरबार में दोयम स्थान देकर अपमानित करने की बात धर्म के साथ मानवता की भी शोकांतिका (ट्रैजेडी) है।

महात्मा फुले द्वारा स्थापित 'सत्यशोधक समाज' का अधिवेशन दिनांक 19, 20 दिसम्बर, 1998 को शनि-शिंगणापुर के नजदीक सोनई में होनेवाला था। सत्यशोधक आंदोलन की सम्पूर्ण विरासत धर्मचिकित्सा की है (चमत्कार विरोध तथा स्त्री-पुरुष असमानता का विरोध करनेवाली)। स्वाभाविक रूप से इस माध्यम

से इस विषय पर फिर एक बार विचार-विमर्श करने हेतु इस प्रश्न को लोगों के सामने रखने का निर्णय लिया। नगर जिले के कार्यकर्ताओं से इस संबंध में चर्चा भी हुई थी। सत्यशोधक समाज के वरिष्ठ कार्यकर्ता किशन हरिदास जी की यह मूल सूचना थी। इसकी पूर्वपीठिका इस प्रकार थी :

इस खबर से शनि-शिंगणापुर में क्रोधपूर्ण प्रतिक्रियाएँ बढ़ गईं। इसके निषेध में तीन दिन शनि-शिंगणापुर में बंद रहा तथा मेरा पुतला फूँकने की बात पत्रकारों ने मुझे बताई। मैं यदि सत्यशोधकों के आंदोलन में उपस्थित रहा तो उसी मंडप में मेरी तेरहवीं (श्राद्ध) मनाने का निर्णय हुआ था। अधिवेशन से पहले मैं नगर में समिति के शिविर में जानेवाला था। मुझे नगर में प्रवेश न करने देने का इशारा बजरंग दल ने दिया। यदि मैं वहाँ आया तो, रास्ता रोककर मुँह पर कालिख पोतने का कार्यक्रम भी घोषित किया गया। नगर में एक शादी के लिए मैं सुबह दाखिल हुआ। मेरे आने का समय पूछकर पुलिस ने शादीवालों को हैरान किया था। वहाँ पुलिस सुरक्षा का पुख्ता इंतजाम था। शादी का कार्य समेटकर मैं शिविर की ओर रवाना हुआ। शिविर के स्थान पर रोककर मार-पीट होने की संभावना पुलिस ने बताई। 'हम सुरक्षा का इंतजाम करेंगे लेकिन हमारी ताकत कम हुई तो' आपके साथ गड़बड़ हो सकती है। इस चिंता में उनकी ईमानदारी झलक रही थी। मैं दोपहर दो बजे शिविर में पहुँचा। कारण मुझे पता नहीं लेकिन विरोध करनेवाले वहाँ नहीं थे। पुलिस ने सुरक्षा का पुख्ता इंतजाम किया था। मेरा भाषण होने पर 'मजदूर भवन' में संवाददाता सम्मेलन हुई। उसे खत्म कर बाहर आते ही 'जय भवानी, जय शिवाजी' का घोष करते 7-8 शिवसैनिक आए। मैं जिस जीप में बैठ रहा था वहाँ वे दौड़े लेकिन पुलिस ने उनकी कोशिश को नाकाम बनाया। उनके हाथ में काली स्याही की बोतलें थीं। इस छीना-झपटी में एक पुलिसवाला घायल हुआ। पुलिस ने प्रदर्शनकारियों को हिरासत में लिया। (बाद में छोड़ दिया।) जिलाधीश ने मुझसे मिलने की इच्छा प्रकट की थी। इसलिए मैं, बाबा आरगडे, कडू-पाटील और विनायक बंगाल जैसे वरिष्ठ कार्यकर्ता जिलाधीश कार्यालय में पहुँचे। वहाँ जिलाधीश के साथ जिला पुलिस प्रमुख भी थे। वहाँ जिलाधीश द्वारा मुझे पूछे गए प्रश्न हैरान करनेवाले थे। उनकी राय थी कि मैं सतारा और उसके नजदीक के कोल्हापुर जैसे जिलों में अंधविश्वास दूर करने के बजाय इतनी दूर नगर जिले में क्यों आए? दूसरा प्रश्न था कि ईश्वर के डर से चोरी न होने की बात अच्छी ही है, उसका अंधविश्वास कहकर विरोध क्यों? एकाध चोर भूत-प्रेत के डर से रात में चोरी नहीं करता, तो फिर भूत का न होना, उसे क्यों बताएँ? इस पर मैंने बहस न कर केवल समिति और उनके विचारों के अंतर को ही समझाया। समिति का आंदोलन अत्यंत समझदारी से चलनेवाला आंदोलन है, इस कारण कानून-व्यवस्था के प्रश्न हमारी ओर से कभी भी खड़े नहीं किए जाएँगे, लेकिन हमारे विचारों को अभिव्यक्त करने का

अधिकार दूसरों की गुंडागर्दी से नकारा न जाए, इसे भी स्पष्ट किया। इसके बाद पुलिस सुरक्षा के तहत मुझे नगर जिले की सीमा तक पहुँचाया गया और आगे बस में बिठाया गया।

शनि-शिंगणापुर में मुझ पर हमला करने की धमकियाँ हमेशा दी जा रही थीं, लेकिन अतिरेक तब नजर आया जब विधि और कानून राज्यमंत्री दिलीप सोपल ने श्रद्धालुओं को ठेस पहुँचानेवाले दाभोलकर को लात-घूँसे लगाकर सीधा करने की बात सरेआम शनि-शिंगणापुर में कही। विधायक शिवाजीराव कार्डेले ने चुनौती दी कि दाभोलकर अपनी पत्नी को लेकर शनि के चबूतरे पर खड़े रहें और शनि के प्रकोप को भुगतें। (इस चुनौती को तुरंत स्वीकार कर समिति के कई कार्यकर्ताओं ने अपनी पत्नी के साथ ईश्वर के चबूतरे पर चढ़कर शनि के प्रकोप को झेलने की तैयारी दर्शाई।)

प्रतिपक्ष की भूमिका यह थी कि यदि दाभोलकर परिषद में उपस्थित रहेंगे तो परिषद में हंगामा किया जाएगा। इसी कारण उन्हें परिषद में न बुलाया जाए। मेरी भूमिका यह थी कि संयोजक मेरे मित्र हैं, यदि उन्हें तकलीफ है और वे मुझे परिषद में न आने की विनती करते हैं तो मैं परिषद नहीं जाऊँगा। मेरे परिषद में न जाने पर भी वहाँ मेरे कई बुद्धिजीवी मित्रों को आमंत्रित किया गया है, जो मेरी गैर मौजूदगी में भी इस विषय को प्रस्तुत करेंगे, इसका मुझे पूरा भरोसा है। (बाबा आढाव, निळू फुले, पुष्पाताई भावे, एन. डी. पाटील, पन्नालाल सुराना, हरी नरके, गोविंद पानसरे, य. दि. फडके आदि।) संयोजकों ने मेरा निमंत्रण वापस लिया। लेकिन इससे कुछ नहीं हुआ। इस अधिवेशन के कारण लोगों की भावनाएँ भड़क सकती हैं और कानून-व्यवस्था का प्रश्न खड़ा हो सकता है—इस आशय का एक प्रतिवेदन जिलाधीश को तहसीलदार द्वारा भेजा गया। इसी कारण कानून व्यवस्था को बाधा न पहुँचाने की जिम्मेदारी जिलाधीश ने संयोजकों के कंधों पर सौंपी। इसका भरोसा दिलाना कठिन था और यदि दिया भी तो ऐन वक्त पर जिलाधीश द्वारा बंदी आदेश लागू करने पर (या दफा 144 की घोषणा करने पर) सारी मेहनत पर पानी फिर जाने के डर से संयोजकों ने अधिवेशन को ही रोक दिया।

बजरंग दल, शिवसेना आदि ने आंदोलन में अंगारे उगलनेवाली घोषणा की। सरकार के लिए यह प्रश्न केवल कानून-व्यवस्था का ही था। उसमें भी इसे अंधविश्वास मानने के लिए जिलाधीश राजी नहीं थे। सत्यशोधक अधिवेशन के मुख्य प्रवर्तक और स्थानीय नेता यशवंतराव गडाख जी ने बहुत नरमी से मेरा निमंत्रण रोककर परिषद को बचाने का प्रयास किया। महाराष्ट्र के सत्यशोधक समाज ने इस संबंध में बिलकुल भी एतराज नहीं जताया। इन सभी का समन्वित परिणाम था क्षोभयुक्त प्रदर्शन।

हमारे इस विवेचन का आकस्मिक विरोध किया सत्यशोधक समाज के उपाध्यक्ष ॲड. वसंतराव फालके और प्राचार्य गजराज माली ने। उनके अनुसार, शनि-शिंगणापुर

की श्रद्धा और परम्पराओं के विपरीत वक्तव्य देकर दाभोलकर ने वातावरण को बिगाड़ दिया है। दाभोलकर 'महिलाओं की गुलामी के लिए धर्म और अंधविश्वास जिम्मेदार है' परिसंवाद के अध्यक्ष थे। उन्हें उसमें अपने विचार व्यक्त करने चाहिए थे, लेकिन उन्होंने अकारण वक्तव्य देकर नाराजगी मोल ली तथा वातावरण को अशांत बनाया।

इसे बड़ी नम्रता से जवाब देते समय मैंने इतना ही कहा कि अंधश्रद्धा निर्मूलन समिति और सत्यशोधक समाज के कार्य में अंतर होकर भी दैवी चमत्कार का विरोध और धर्म पर आधारित स्त्री-पुरुष विषमता को नकारना समान विचार है, क्योंकि वह महात्मा फुले जी का सीधा विचार है।

सत्यशोधक समाज के ज्येष्ठ कार्यकर्ता हरिदास जी ने दाभोलकर जी को खत लिखकर अधिवेशन के माध्यम से शनि-शिंगणापुर के संबंध में सार्वजनिक भूमिका अपनाने की विनती की थी। साथ ही सत्यशोधक समाज के अध्यक्ष व्यंकटअण्णा रणधीर जी ने मेरी और समिति की भूमिका का समर्थन किया था। ऐसा होते हुए भी मेरी उपस्थिति से यदि अड़चनें पैदा होंगी तो अधिवेशन में मैं उपस्थित न रहूँगा, यह बात मैंने पत्रकार परिषद में कबूल की थी। इन सभी को ध्यान में रखकर मुझ पर और समिति पर लगाए गए आरोप ठीक नहीं लगते। अंधविश्वास निर्मूलन के कार्य में सभी दृष्टि से सत्यशोधक समाज बड़े भाई जैसा है। इसी कारण वे शनि-शिंगणापुर के मामले में समिति को खुला समर्थन देंगे, ऐसी समिति की विनम्र धारणा है।

विवेक जागरण : वाद-संवाद

मैं डॉ. श्रीराम लागू जी से पहली बार मिला 'लग्नाची बेडी' (विवाह का बंधन) नाटक के दौरान। सामाजिक कृतज्ञता निधि का मैं सचिव था और डॉ. श्रीराम लागू अध्यक्ष। फिर भी विश्वस्त मंडल की बैठक में उनसे ज्यादा सम्पर्क ही नहीं हो पाया था। निधि संकलन के लिए 'लग्नाची बेडी' नाटक की तीस प्रस्तुतियाँ सुप्रसिद्ध अभिनेताओं के साथ हुईं। उनमें डॉक्टर भी थे। उनके कारण परिचय मित्रता तब्दील हुआ। उसी दरमियान 'तिमिरभेद' शीर्षक अंधविश्वास निर्मूलन पर आधारित किताब पर मेरा काम चल रहा था। इसके लिए 'मैं बुद्धिप्रामाण्यवादी कैसे बना' विषय पर डॉक्टर लागू जी का साक्षात्कार लेने की जिम्मेदारी मुझ पर सौंपी गई। अंतिम प्रस्तुति के समय चिपलून नामक गाँव में मैंने उनका साक्षात्कार लिया। डॉक्टर ने अपनी मुँहतोड़ तथा तर्कपूर्ण शैली में ईश्वर संबंधी अपने विचार रखे। साक्षात्कार के अंत में उन्होंने कहा, 'समय मिलने पर पूरे महाराष्ट्र में ये विचार सार्वजनिक तौर पर रखने की मेरी इच्छा है।'

इसके बाद बेशक कई सारी गालियाँ खाने की तैयारी मैंने की है।

उनकी इच्छा भविष्य में हकीकत बनेगी, ऐसी कोई संभावना मेरे मन में उस समय तो नहीं थी। पर बाद में ऐसी ही साबित हुई।

उस समय मुझे नास्तिक बने कई वर्ष बीत चुके थे। मेरे जीवन में एक समय ऐसा था कि मैं डॉ. लागू के समान ही आस्था और लगन से ईश्वर के न होने पर वाद-प्रतिवाद करता था। बाद में समिति ने ईश्वर और धर्म के संबंध में तटस्थता की भूमिका अपनाई। संगठन में यह निर्णय जिस समय हुआ, उस समय मैंने विरोध जताया लेकिन संगठन में इससे संबंधित मत-प्रदर्शन में मैं अल्पमत में रहा। स्वाभाविक रूप से लोकतांत्रिक पद्धति से बहुमत का कहना स्वीकार किया। लेकिन उस समय मैंने यह भी बताया कि 'भविष्य में मैं लोकतांत्रिक तरीके से संगठन में अपना बहुमत बनाकर यह निर्णय बदल दूँगा'। यह बात आंदोलन के शुरुआती दौर की थी।

बार्शी में समिति के एक कार्यक्रम के लिए डॉ. श्रीराम लागू सोलापुर से आनेवाले थे। सोलापुर में सुबह के वक्त वे खाली थे। उसी समय सोलापुर की एक निजी संस्था ने 'ईश्वर और धर्म' विषय पर एक विचार-गोष्ठी का आयोजन किया था। मैं और

डॉ. लागू के अलावा अन्य दो वक्ता थे। हर एक को पंद्रह मिनट में अपना मंतव्य रखना था। कार्यक्रम के लिए भारी भीड़ थी। लोगों को वह रास भी आया था। समय की कमी हम सभी को बड़ी स्पष्टता से महसूस हो रही थी।

दोपहर के समय डॉ. लागू के साथ बार्शी जाते समय मैंने उनसे विनती की कि इस विषय पर जाहिर वाद-प्रतिवाद के कार्यक्रम के लिए आप मुझे दो महीने में एक दिन मुकर्रर करें। उन्होंने उसे तुरंत स्वीकृति दी और एक महीने में दो दिन दे दिए। उस समय उन्होंने फिल्म जगत का काम धीरे-धीरे कम करने का अपना निर्णय मुझे सूचित किया था और बुद्धिप्रामाण्यवाद का विचार पूरे महाराष्ट्र में पहुँचाने की जिम्मेदारी मन से अपनाई थी। इस कार्यक्रम को नाम मिला—विवेक जागरण : वाद संवाद।

विवेक जागरण : वाद-संवाद

प्रतिभागी

सिनेनाट्य क्षेत्र के प्रसिद्ध बुद्धिवादी अभिनेता

डॉ. श्रीराम लागू

महाराष्ट्र अंधश्रद्धा निर्मूलन समिति के प्रवक्ता

डॉ. नरेंद्र दाभोलकर

ईश्वर का अस्तित्व ही पहला अंधविश्वास है

ईश्वर को रिटायर करो

ईश्वर पर आधारित धर्म की आवश्यकता ही क्या? हमें चाहिए मानवधर्म!

हर श्रद्धा अंधविश्वास ही होती है!

डॉ. श्रीराम लागू

श्रद्धा और अंधश्रद्धा में अंतर है

ईश्वर और धर्म के बारे में भी हम तटस्थ हैं

असली सवाल है अंधश्रद्धा निर्मूलन के कार्य का!

डॉ. नरेंद्र दाभोलकर

ईश्वर का अस्तित्व, धर्म का प्रयोजन, श्रद्धा-अंधश्रद्धा, धर्मांधता, धर्मनिरपेक्षता, अंधविश्वास निर्मूलन जैसे बहुचर्चित विषयों पर जुगलबंदी

अपने सवाल निम्नांकित पते पर भेजें

सभी को हार्दिक निमंत्रण

स्थान :

समय :

लोगों द्वारा लिखित रूप में भेजे गए प्रश्नों पर हम दोनों के सार्वजनिक साक्षात्कार का कार्यक्रम रहता था। साक्षात्कार करनेवाले आवश्यकता के अनुसार एक या दो, और कभी-कभी तीन भी रहते थे। जैसे-जैसे इन कार्यक्रमों को प्रसिद्धि मिलने लगी वैसे-वैसे कई संस्थाओं को इसके आयोजन का मोह हुआ। निश्चित तौर पर सुर्खियों में रहनेवाला तथा चटकीले कार्यक्रमों को आयोजित करने का शौक रखनेवाला एक वर्ग समाज में तैयार होता है, लेकिन उसके द्वारा 'विवेक जागरण' का संयोजन करने में हमें बिलकुल रुचि नहीं थी। इसका संयोजन संबंधित जिला समिति की शाखाओं द्वारा करने पर ही मेरा बल रहता था। इसके चलते समिति के कार्य को विचार क्षेत्र के साथ व्यवहार में भी स्थान मिलता है। कभी-कभी ऐसे संयोजन में स्थानीय शाखाओं को परेशानी का सामना करना पड़ता था, जो उनके लिए संगठनात्मक कार्य का प्रशिक्षण भी रहता था।

डॉ. लागू की गाड़ी से ही हम यह दौरा करते थे। डॉक्टर को मानदेय देना तो दूर उल्टे गाड़ी की यात्रा में पेट्रोल का खर्चा भी हमारी शाखाओं के लिए संभव नहीं होता था। स्थानीय खर्चे के अलावा समिति के पास जो पैसे रहते थे,वह दौरे के अंत में गाड़ी के पेट्रोल की कीमत समझकर मैं उनके हाथ में रखता था। डॉक्टर बिना गिने उसे स्वीकारते थे। साधारणत: रहने की व्यवस्था अच्छी रहती थी, लेकिन कई बार स्थानीय समस्याओं के कारण यह भी संभव नहीं होता था। लेकिन इसके बारे में डॉक्टर के मुँह से शिकायत का एक शब्द भी कभी नहीं निकला।

डॉ. लागू का चहेता वर्ग पूरे महाराष्ट्र में फैला रहता था। इसी कारण हमारा हर कार्यक्रम बड़ी भीड़ में सम्पन्न होता था। ज्येष्ठ कलाकार द्वारा समिति के लिए कार्य करने से समिति के कार्य की इज्जत बढ़ी, साथ ही आकर्षण भी।

डॉ. लागू समय को बड़ी अहमियत देते थे। इसी कारण कार्यक्रम तय समय पर शुरू न होने पर वे बड़े खिन्न हो जाते थे। कार्यक्रम के लिए दूसरे गाँव की यात्रा के लिए निकलते समय वे समय का बड़ा खयाल रखते थे।

कोल्हापुर में हमारा विवेक जागरण कार्यक्रम था। इसके दो दिन पहले ही उनके बेटे की दुर्घटना में मृत्यु हुई थी—जो उनके लिए बहुत बड़ा आघात था। मैं उस समय औरंगाबाद में था। पूना नहीं पहुँच पाया लेकिन ऐसी अवस्था में भी डॉक्टर का मुझे फोन आया, 'कोल्हापुर का कार्यक्रम संभव नहीं होगा, क्षमा करें। उसे कभी आगे करेंगे। अपनी जुबान पर कायम रहना।'

और असंभव रहने पर बड़ी तत्परता से संदेश भेजने जैसे गुण सार्वजनिक जीवन में कितने दुर्लभ होते हैं, इसका परिचय सामाजिक कार्य में हर समय मिलता रहता है। ऐसी पृष्ठभूमि में इसका महत्त्व और अधिक महसूस होता है।

कार्यक्रम डेढ़ घंटे तक ही करने का अलिखित नियम हमने बना रखा था। कार्यक्रम में कितनी भी रौनक क्यों न हो लेकिन डेढ़ घंटा खत्म होने में पाँच-दस

मिनट बाकी रहते वे दूसरों की नजर बचाकर मुझे घड़ी दिखाते। मुझे भी इसका खयाल रहता। डेढ़ घंटे में अलग-अलग प्रश्न पूरे हों, श्रोतावर्ग की अपेक्षा को ध्यान में रखकर इसमें से अधिकतर प्रश्न डॉ. लागू से पूछे जाएँ, ऐसी मेरी योजना रहती थी। वैचारिक प्रश्न डॉ. लागू से और आंदोलन से संबंधित प्रश्न मुझसे पूछे जाएँ इस प्रकार का एक स्थूल विभाजन किया गया था।

'ईश्वर का साक्षात्कार कैसे होता है' जैसे एकाध प्रश्न का उत्तर हम दोनों देते थे। विषय वैचारिक और अलग होने से संभवत: पौन घंटे में श्रोतावर्ग या तो थक जाता, या ऊब जाता है। आंदोलन की दिशा से की गई मेरी प्रस्तुति उनका उचित मनोरंजन करने का कार्य करती थी। लोगों की इस विषय की रुचि को बेलगाँव के एक कार्यक्रम में परखा गया था। डॉक्टर हवाई जहाज से पणजी (गोवा) में उतरकर गाड़ी से बेलगाँव पहुँचनेवाले थे, लेकिन अप्रत्याशित रूप से देरी हुई। कार्यक्रम के लिए भीड़ थी। अंत का मेरा साक्षात्कार पहले और डॉक्टर के आने पर उनका साक्षात्कार अंत में लेना तय हुआ। करीब-करीब घंटे भर तक डटकर मैंने बल्लेबाजी की और बड़ी तल्लीनता से श्रोतागण उसे सुनते रहे।

असल में 'विवेक जागरण : वाद-संवाद' पूर्णत: वैचारिक प्रबोधन का कार्यक्रम होता था, लेकिन विचारों का इस प्रकार से खुला आदान-प्रदान होने का स्वस्थ वातावरण अब महाराष्ट्र में नहीं है। ईश्वर और धर्म के ठेकेदार बनकर अपनी राजनीति करनेवाले लोगों को मनुष्य के दिमाग को इस प्रकार के विचारों की आदत लगाना बिलकुल भी उचित जान नहीं पड़ता था। इसी कारण कई जगहों पर बात मुद्दों से घूसों तक चली गई।

सांगली में हमारा कार्यक्रम हुआ। डॉ. लागू रात दस बजे की गाड़ी से मुम्बई जानेवाले थे। उन्हें विदा करने के लिए स्थानीय संयोजक और मैं रेलवे स्टेशन पर गए थे। गाड़ी आने में थोड़ा समय था। इतने में युवाओं का एक झुंड बड़ी तत्परता से डॉ. लागू की ओर आता दिखाई दिया। पहले हमें लगा कि वे डॉ. लागू के चहेते होंगे लेकिन उनके नजदीक आने पर उनका उद्देश्य हमारी समझ में आया। स्टेशन पर हलकी सी भीड़ थी और हमारे खड़े होने की निश्चित जानकारी उन्हें नहीं थी। इसी कारण 'कहाँ है वह डॉ. लागू' की झगड़ालू भाषा का प्रयोग करते हुए वे डॉक्टर को ढूँढ़ रहे थे।

हम जब नजर आए तो हमारी ओर दौड़कर हमें चारों ओर से घेर लिया और उन्होंने 'जय भवानी, जय शिवाजी', 'सनातन हिंदू धर्म की जय' जैसे नारे लगाने शुरू कर दिए। उन्होंने अपनी पहचान एक पक्के हिंदुत्ववादी संगठन के धर्मनिष्ठ कार्यकर्ता के रूप में कराई। बड़े जोश के साथ वे एक ही सवाल पूछ रहे थे, 'आपने हमारे हिंदू धर्म के बारे में क्या कहा? हमारे भगवान को भला-बुरा क्यों कहा?'

डॉ. लागू बता रहे थे कि 'मैंने जो कहा, उसे यदि आप समझना चाहते हैं तो उस कार्यक्रम की रिकॉर्डिंग सुनिए। मैंने जो कहा, उसे समझ लेने के बाद चर्चा के लिए आएँ।''

स्वभावत: गाली-गलौज के इरादे से आए इन युवाओं की इस स्पष्टीकरण में बिलकुल रुचि नहीं थी। उन्हें कुछ कार्य कर दिखाना था। उनमें से एक ने नया मुद्दा उकेरा कि 'आप जय श्रीराम कहें।'

हमने डॉक्टर की ओर देखा जो इन धमकियों के आगे झुकनेवाले नहीं थे। लेकिन उन्होंने मन ही मन कुछ विचार किया और हँसते-हँसते कहा, 'जय श्रीराम' और एक सेकंड का पॉज लेकर आगे का शब्द कहा—'लागू'। इससे घोषणा हुई—'जय श्रीराम लागू!' उस तनावभरे वातावरण में भी हम जोर-जोर से हँस पड़े।

जोश-खरोश के साथ आए युवा बौखला गए।

बिलकुल उसी समय गाड़ी प्लेटफॉर्म पर आई, डॉक्टर अंदर बैठे और आगे का युद्ध-प्रसंग टल गया।

कुर्डुवाडी में कार्यक्रम-स्थल की ओर जाते समय शिवसैनिकों ने हमें रोका। उन्होंने धमकी दी कि यदि हमारे ईश्वर के बारे में भला-बुरा कहा तो सभा में हंगामा करेंगे। वे सात-आठ ही लोग थे लेकिन उनके कहने से जान पड़ा कि कार्यक्रम में उनके जैसे विचारों के 50-60 लोग तो बैठे ही होंगे और कार्यक्रम में हंगामा करने की उनकी पूर्वनियोजित योजना थी। डॉ. लागू ने बड़ी शांति से अपना विवेचन पूरा किया। मैंने भी अपने उत्तर दिए।

करीब-करीब पौन घंटा होने को आया, हम जो कह रहे थे, उसमें भगवान का अकारण मजाक कब उड़ाया, हमारे कहने में आपत्तिजनक क्या है, यही श्रोतावर्ग में बैठे उनके लोगों को समझ में नहीं आ रहा था। यहाँ के कुल वातावरण से वे भी प्रभावित रहे। हमें रोकनेवाले 7-8 लोगों की टोली से यह सहा न जा रहा था। बिना वजह तालियाँ पीटना, आवाजें निकालना, नारे लगाना जैसे कार्य उन्होंने शुरू कर दिए। लेकिन उन्हें बिलकुल सहयोग न मिला। अंत में वे पंडाल से बाहर मंच के पीछे के रास्ते से गए। पाँच मिनट तक जोर-जोर से चिल्लाए, लेकिन तब-तक कार्यक्रम तकरीबन खत्म होने को आया था। कृतज्ञता ज्ञापित करते हुए डॉ. विलास मेहता जी ने इस मामले पर शिवसेना का नाम लेकर कड़ी टीका-टिप्पणी की।

हम नासिक जिले के दौरे पर थे। नासिक और निफाड़ के कार्यक्रम के बाद हम निफाड़ के सरकारी विश्रामगृह में ठहरे। सुबह जल्दी निकलना था क्योंकि कलवण में सुबह 10 बजे कार्यक्रम था।

मेरे कमरे के दरवाजे पर देर रात डेढ़ बजे दस्तक पड़ी। दरवाजा खोला तो कलवण से जीप-भर कार्यकर्ता आए थे। उनका कहना था—कल का कार्यक्रम गाँव में होना असंभव है। हिंदुत्ववादी संगठनों ने कार्यक्रम में हंगामा करने की धमकी दी

है। कार्यक्रम का हॉल गाँव के चौक में ही है। कल बाजार होने से बहुत भीड़ स्वाभाविक है, जिससे गड़बड़ी पैदा होने की संभावनाएँ ज्यादा हैं। हॉल के नुकसान के डर से हॉल व्यवस्थापक ने भी नकार दिया है। लाउडस्पीकर-माइक नहीं है, पुलिस की मदद भी नहीं मिलेगी, हम मजबूर हैं। कार्यक्रम रोकने के सिवाय दूसरा कोई विकल्प नहीं है।

हमारी कलवण की शाखा संगठन की दृष्टि से बहुत कमजोर थी। वातावरण के तनाव से वे चिंतित थे और मदद करनेवाले अन्य संयोजक घबराए हुए थे।

इसके दो महीने पहले औरंगाबाद में कार्यक्रम के बाद हिंसक तरीके से गड़बड़ी हुई थी। इस समय मैंने पहलेवाले निर्णय को और मजबूत बनाया कि धर्मांध लोगों की दहशत के आगे बिलकुल भी नहीं झुकना है। इस कारण कलवण के कार्यकर्ताओं द्वारा किए गए निवेदन का मुझ पर कोई असर न हुआ। डॉ. लागू से देर रात डेढ़ बजे उन्हें उठाकर विचार-विनिमय करना संभव न था। इसी कारण बड़ी शांति और दृढ़ता से मैंने उन्हें अपना फैसला सुनाया। मैंने कहा, 'ऐसी किसी भी प्रकार की धमकियों से घबराकर कार्यक्रम को न रोकने का निर्णय मैंने पहले ही कर लिया है। इस कारण कल मैं और डॉक्टर तय समय पर कलवण आएँगे। जिस हॉल में भाषण होनेवाला था, उसके आगे बाजार में खड़े होकर, लाउडस्पीकर-माइक न मिलने की संभावनाओं को ध्यान में रखकर, जितना संभव हो सकेगा उतनी ऊँची आवाज में भाषण करेंगे। हमारे मंतव्य में आपत्तिजनक बातें मिलने पर पुलिस हम पर मुकदमा दायर करे। कलवण में आकर हम उसे चलाएँगे। हमारी अपेक्षा है कि पुलिस हमें संरक्षण दे, हमने उनसे विनती भी की है, लेकिन सुरक्षा न मिलने पर भी हमारा कार्यक्रम नहीं होगा। इसके जो भी परिणाम होंगे, भुगतने के लिए हम तैयार हैं। यह मेरा फैसला है। सुबह छह बजे डॉक्टर के जगने पर उनसे चर्चा करेंगे। डॉक्टर जो भी फैसला करेंगे, मुझे मंजूर है। अब आप यहीं पर सो जाइए और डॉक्टर से मिलकर सुबह चले जाइए।'

मेरा यह मंतव्य उनके लिए अनपेक्षित रहा होगा। बाहर से हमारे गाँव में अतिथि बनकर आनेवाले लोग प्राणों की परवाह किए बिना, निश्चित आने की बात करते हैं और हम स्थानीय संयोजक डरपोक बने हैं, इस बात से वे सारे लोग लज्जित हुए।

मेरा मंतव्य समाप्त होते ही परिस्थिति में बदलाव नजर आया। उन सभी में नई उम्मीद जाग गई। उन्होंने कहा, 'हम डॉक्टर साहब से मिलने के लिए रुकेंगे नहीं। मुँह-अँधेरे में ही हम काम में लग जाते हैं। आप कार्यक्रम के लिए अवश्य आएँ।'

सुबह छह बजे डॉक्टर के जगने पर मैंने सारा वृत्तांत उन्हें बताया। अलबत्ता उनका कोई अलग फैसला आनेवाला नहीं था। केवल सावधानी के लिए हमने अपनी गाड़ी कार्यक्रम-स्थल से दूर रखने का निर्णय लिया।

लगभग दस बजे हम कलवण पहुँचे। वातावरण में निश्चित तौर पर बदलाव था। कार्यक्रम का निषेध कर उसका विरोध करनेवाले बोर्ड नजर नहीं आ रहे थे। कार्यक्रम

का स्पष्ट विज्ञापन करनेवाले बोर्ड गाँव के महत्त्वपूर्ण स्थानों पर लगे थे। सभागार में माइक वगैरह भी उपलब्ध हुआ। पुलिस सुरक्षा में कार्यक्रम शुरू हुआ। अपनी इज्जत बचाने हेतु कुछ लोग जुलूस लेकर आए। कुछ समय तक नारेबाजी चलती रही। संयोजकों में से एक ने बताया कि यह पूर्णत: वैचारिक कार्यक्रम है। किसी भी ईश्वर या धर्म पर टीका-टिप्पणी करने से इस कार्यक्रम का कोई संबंध नहीं।

जुलूसकर्ताओं को बदले हुए वातावरण का अंदाजा लग गया था। उन्होंने पीछे हटने का निर्णय लिया। इतना ही नहीं बल्कि कार्यक्रम खत्म कर, बाहर आने से पूर्व ही उनकी विनती का आदर कर हमने ईश्वर तथा धर्म पर टीका-टिप्पणी नहीं की, इसलिए हमारे अभिनंदन का बोर्ड गाँव के मुख्य चौक में नजर आया।

नांदेड के कार्यक्रम में भी यही हुआ। डॉ. लागू हिंदुओं के ईश्वर तथा धर्म पर टीका-टिप्पणी करते हैं, इसलिए उनका कार्यक्रम रोकने की जिम्मेदारी महापौर रहे शिवसेना के नेता ने ली। पुलिस हरकत में आ गई। जिला पुलिस प्रमुख ने समिति के कार्यकर्ताओं और कार्यक्रम के सह-संयोजक रोटरी क्लब के पदाधिकारियों को बुलावा भेजा। शिवसेना की धमकियाँ और दहशत को देखकर अपने-आपको झमेले में फँसा मानकर रोटरी क्लब के पदाधिकारियों ने कार्यक्रम को रोकने की तैयारी दिखाई। हमारी नांदेड शाखा के अध्यक्ष गुणवंत पाटील हंगेरीकर किसान संगठन के जुझारू कार्यकर्ता हैं। उन्होंने डटकर कार्यक्रम जारी रखने की बात दुहराई। उन्होंने ऐलान किया कि यदि पुलिस हमारी सुरक्षा करने में असहाय होने की बात लिखित रूप में देती है, तो वे इस पर पुनर्विचार करेंगे। वस्तुत: पुलिस विभाग द्वारा इस तरह से अपनी इज्जत दाँव पर लगाने की संभावना नहीं थी।

कार्यक्रम शाम छह बजे था, लेकिन पूने का कार्यक्रम खत्म कर नांदेड पहुँचते-पहुँचते कई कारणों से देरी हुई। हमें पहुँचने में साढ़े सात बज गए। दौरा बहुत बड़ा और भागदौड़ भरा रहा, जिससे डॉ. लागू थक गए थे। मुझे ही कार्यक्रम में अधिकतर समय तक बोलने तथा स्वयं आराम करने की मन की इच्छा उन्होंने जाहिर की।

इतने में वरिष्ठ पुलिस अधिकारी ने आकर अनुरोध किया कि 'कार्यक्रम करें लेकिन ईश्वर के बारे में कुछ न कहें।' मैंने कहा, 'जो कुछ बोलना है, हम बोलेंगे (क्या बोलना है इसे हम तय करेंगे।) आपको उसमें से कुछ आपत्तिजनक लगने पर क्या करना है, यह आपका प्रश्न है। लेकिन शांतिमय तथा वैधानिक तरीके से चल रहे वैचारिक कार्यक्रम को गुंडागर्दी से तितर-बितर करने की बात करनेवालों को रोकना आप ही का काम है।'

तनाव को देख डॉक्टर की थकान गायब हो गई। हम कार्यक्रम में पहुँचे। बहुत बड़ा सभागार दो घंटे तक हमारी राह देखते न थका था। वह खचाखच भरा हुआ था। कार्यक्रम बेहतरीन हुआ। लोगों का बढ़िया सहयोग मिला। महापौर हॉल के बाहर अपनी गाड़ी में बैठकर कार्यक्रम देख-सुन रहे थे। विशेष बात यह थी कि इस

कार्यक्रम का सीधा प्रसारण नांदेड केबल टी.वी. से किया गया, जिससे हजारों लोगों तक हमारा विचार पहुँच पाया।

तरडगाँव (तह. फलटण, जिला सतारा) में कुछ अलग ही नाटक हुआ। इस गाँव में वारकरी सम्प्रदाय के लोग संख्या में अधिक रहते हैं। कार्यक्रम में वस्तुतः संतों के चमत्कार प्रदर्शन पर प्रश्न आए जिनके वैचारिक जवाब भी हम दोनों ने दिए।

दोपहर दो बजे के इस समारोह को खत्म कर हम छह बजे फलटण पहुँचे। तब तक वारकरी सम्प्रदाय की ओर से हमारा निषेध करनेवाले बोर्ड कार्यक्रम-स्थल पर लग गए थे। इससे संबंधित जानकारी लेने से पता चला कि गाँव में ज्ञानेश्वरी सप्ताह चल रहा था, जहाँ किसी ने यह खबर फैलाई कि लागू और दाभोलकर के कार्यक्रम में संतों का अपमान किया गया। यह सारी चर्चा जब चल रही थी, तब हमारे कार्यक्रम में उपस्थित रहनेवाले कुछ लोग वहाँ पर थे। उन्होंने हर तरह से समझाने का प्रयास किया कि लागू और दाभोलकर जी ने ऐसा कुछ नहीं कहा है लेकिन इसके पहले ही जनमत पर विचारों के बदले विकारों ने अधिकार जमा लिया था। स्वाभाविक रूप से हमें सबक सिखाने की भाषा का प्रयोग किया गया। फलटण तक संदेश पहुँचे। दूसरे दिन हमें रोकने के लिए 'तरडगाँव बंद' की घोषणा हुई। कार्यक्रम के संयोजक रहे हमारे कार्यकर्ता सुरेंद्र घाडगे के घर पर गाँववालों ने धावा बोला। वातावरण जितना संभव हो सका उतना आक्रोशमय और अशांत बनाने के सारे प्रयास हुए।

हमने दूसरे दिन सुबह दहिवडी के कार्यक्रम में जाने के पूर्व फलटण के विभागीय पुलिस प्रमुख से भेंट की। सुरेंद्र घाडगे और उनके परिवार को पूरी सुरक्षा देने की बात कही। जान-बूझकर लोगों को दिग्भ्रमित किया गया है, जिसे दूर करने के लिए समय आने पर तरडगाँव जाकर लोगों से संवाद करने का भी भरोसा दिया। पुलिस अधिकारी ने ऐसा न करने की सलाह देकर गाँव में शांति बनाने का भरोसा दिलाया। आगे जाकर वातावरण में केवल सुधार ही नहीं हुआ बल्कि सुरेंद्र घाडगे ने इन्हीं ग्रामीणों के सहयोग से परिवर्तन के कई कार्यक्रम गाँव में सम्पन्न किए।

औरंगाबाद का हमला

इन सभी घटनाओं से ज्यादा विस्फोटक अनुभूति मिली—औरंगाबाद में। औरंगाबाद पीस एसोसिएशन, सत्यशोध और समता विचार मंच, 'दैनिक आपलं महानगर' (आपका महानगर) ने विवेक जागरण के कार्यक्रम औरंगाबाद में आयोजित किए थे। पहले दिन का कार्यक्रम दोपहर में विवेकानंद महाविद्यालय के प्रांगण में सम्पन्न हुआ। दूसरे दिन वह सरस्वती भवन सभागार में सुचारु रूप से हुआ। बाधा डालनेवाले कुछ इने-गिने मौकों को छोड़कर इसमें रौनक भी आई। कार्यक्रम की समाप्ति पर हमेशा की तरह डॉ. लागू सभागार से बाहर निकले और मैं हमेशा की तरह कार्यक्रम

स्थल पर रुका। लोगों की आशंकाओं का समाधान, संगठन निर्माण पर चर्चा तथा समिति की पत्रिका (साधना साप्ताहिक) की सदस्यता पंजीकरण जैसे कार्यों के लिए मैं हमेशा ऐसे रुकता आया हूँ। कुछ कार्यकर्ता प्रश्न पूछने आए थे। उन्होंने प्रश्नों की बौछार शुरू की, जिसकी मुझे अब आदत हो चुकी थी। मैंने अच्छी तरह उत्तर देना शुरू किया लेकिन थोड़े ही समय में मेरे ध्यान में आया कि प्रश्न पूछनेवालों का मूड अलग है और मेरी लगन या आस्था से समझाना उनकी दृष्टि से कुछ काम का नहीं है। अपना अनुमान सही साबित होने के लिए मुझे ज्यादा समय तक राह नहीं देखनी पड़ी। प्रश्न पूछनेवालों में से एक आगे आया और उसने मेरे पेट में दो घूँसे लगाए। 'डॉ. दाभोलकर को मारे बगैर हम छोड़ेंगे नहीं और भविष्य में इस प्रकार के कार्यक्रम होने नहीं देंगे।' इस प्रकार की धमकियाँ देते हुए पतितपावन और बजरंग दल के कार्यकर्ताओं ने फायटर चाकू और कमर पट्टा निकालकर श्रोताओं को भी पीटना शुरू कर दिया। इसके साथ 'जय भवानी, जय शिवाजी' तथा 'सनातन हिंदू धर्म की जय' जैसी घोषणाएँ भी चल रही थीं। वहाँ की महिलाएँ, कार्यकर्ता तथा बुजुर्ग लोग इन संतप्त युवाओं को समझा रहे थे लेकिन उन्होंने किसी की एक न सुनी। एडवोकेट प्रवीण वाघ, भास्कर गंगावणे, सुभाष लोमटे, प्रा. विजय दिवाण, जयदेव डोळे, नागनाथ फटाले, सुनीति धारवाडकर, पंडित मुंडे, उद्धव भवाळकर, उपजिलाधीश दिलीप शिंदे आदि ने हमलावरों को समझाने का प्रयास किया, लेकिन वे समझने की मन:स्थिति में नहीं थे।

इतने में मैदान में खड़ी डॉक्टर लागू की गाड़ी निकलने की खबर आई, जिसे सुनते ही 'हिंदू धर्म की जय' का नारा लगाते वे मैदान की ओर दौड़े। डॉ. लागू की गाड़ी को रोका और घमासान वाद-विवाद हुआ। इतने में पुलिस आने की अफवाह फैल गई जिस कारण डॉक्टर की गाड़ी को छोड़ दिया गया। तब तक मैं भी उसी गाड़ी तक पहुँच चुका था। हमारी गाड़ी वहाँ से निकलने पर पुलिस के न आने की बात हमलावरों के ध्यान में आई। उन्होंने आतंक फैलाकर कुछ और श्रोताओं और कार्यकर्ताओं को पिटा। इसमें चार कार्यकर्ता घायल हुए। इनमें से 'स्टुडेंट फेडरेशन ऑफ इंडिया' के बाबासाहब वालवणकर और 'कृषि उत्पन्न बाजार समिति' के संचालक भास्कर गंगावणे का अस्पताल में इलाज किया गया।

फिल्मी अंदाज में सब कुछ समाप्त होने पर पुलिस मौका-ए-वारदात पहुँची। तब तक हमलावर भाग गए थे। हमलावरों के खिलाफ उस रात क्रांति चौक पुलिस थाने में 'औरंगाबाद महानगर दैनिक' के उस समय के सम्पादक निशिकांत भालेराव की फरियाद पर भारतीय दंडविधान के अनुसार दफा 144, 344, 341, 323, 504 के तहत गुनाह दर्ज किया गया।

दो दिन हम औरंगाबाद में रहे, पर किसी को भी हिरासत में नहीं लिया गया। हंगामे की खबर के बाद परिस्थिति पर काबू पाने के लिए राज्य राखीव पुलिस दल

को बुलाया गया था। 'महानगर दैनिक' के कार्यालय के बाहर भी राज्य राखीव पुलिस दल के सशस्त्र जवान तैनात किए गए थे, क्योंकि कार्यक्रम की जगह 'संभाजीनगर में आकर किसी को भी अंधविश्वास और नास्तिकता पर बोलने न देने' की खुली धमकियों के साथ 'हमारे खिलाफ लिखनेवाले पत्रकारों को हम देख लेंगे, उनके लेखन के साथ कार्यालय को भी जला देंगे' की धमकियाँ पतितपावन के कार्यकर्ताओं ने दी थीं। मुझे और डॉ. लागू को सुरक्षा दी गई।

हमने तुरंत इन सारी घटनाओं की निंदा की। घायलों की हालत का जायजा लिया। अलग-अलग प्रगतिशील संगठनों ने भी इस संबंध में तत्काल विरोध जताया।

इस घटना के दूसरे दिन औरंगाबाद के सभी समाचार-पत्रों ने स्पष्टता से फोटो के साथ पहले पन्ने पर खबर छपी। इसमें से 'तरुण भारत' और 'दैनिक सामना' की खबरों का महत्त्वपूर्ण हिस्सा दे रहा हूँ ताकि उनका झूठ स्पष्ट हो सके :

'शिवाजी महाराज के बारे में अनुदार उद्‌गार
डॉ. श्रीराम लागू को भागना मुश्किल हुआ'

संभाजीनगर : छत्रपति शिवाजी महाराज के बारे में अनुदार उद्‌गार निकालनेवाले डॉ. श्रीराम लागू को संतप्त राष्ट्रवादी युवाओं के घेरे से निकलते-निकलते नाक में दम आ गया। किराए के गुंडों के द्वारा उन युवाओं से मारपीट करनेवाले डॉ. नरेंद्र दाभोलकर और उनके गुंडों की अच्छी पिटाई हुई। 'वाद-संवाद' कार्यक्रम की परिपूर्ति 'वाद-विवाद' से हुई। शिवाजी महाराज के बारे में भला-बुरा कहनेवालों को इस तरह अच्छी सबक मिल गई। यह घटना आज रात सरस्वती भुवन परिसर में घटित हुई।

कल शनिवार विवेकानंद महाविद्यालय में आयोजित कार्यक्रम में डॉ. श्रीराम लागू ने शिवाजी महाराज के बारे में अनुदार उद्‌गार व्यक्त किए, 'व्यास द्वारा महाभारत में लिखी राम कहानियाँ थोड़ी कम हैं, शिवाजी की तो बहुत ज्यादा हैं। उनका चरित्र ही नहीं है। शिवाजी द्वारा गाय को कसाई से बचाने का उल्लेख मिलता है, उन्हें गो, ब्राह्मणों का रक्षक बताया जाता है, लेकिन शिवाजी की झूठ बोलने की बात बताई नहीं जाती।' इस प्रकार के अन्य कुछ वाक्य डॉ. श्रीराम लागू ने शिवाजी महाराज के बारे में कहे थे।

शिवाजी महाराज के बारे में इस प्रकार के विचार प्रकट करने के कारण डॉ. लागू और दाभोलकर से जवाब माँगने हेतु कुछ युवा आज सरस्वती भवन सभागार में इकट्ठे हुए। अलग-अलग पाँच संस्थाओं द्वारा आयोजित 'वाद-प्रतिवाद' का कार्यक्रम उन्होंने बड़ी शांति से होने दिया। कार्यक्रम के अंत में श्रोताओं को अपनी जिज्ञासाएँ तथा प्रश्न पूछने की अनुमति दी गई। नियोजित कार्यक्रम की समाप्ति के बाद कृतज्ञता ज्ञापित की गई। इसी कारण अपने प्रश्न पूछने के लिए जिज्ञासु युवाओं ने डॉ. लागू और दाभोलकर को घेर कर प्रश्नों की बौछार कर दी। डॉ. लागू द्वारा शिवाजी महाराज के बारे में निकाले गए अनुदार उद्‌गार के बारे में

डॉ. दाभोलकर से बार-बार पूछने पर उन्होंने कहा, 'मैं और डॉ. लागू इकट्टे कार्य करते हैं, पर इस संबंध में आप मुझसे कुछ न पूछें, आप डॉ. लागू से ही पूछें।'

युवा लोग जब लागू की ओर बढ़े तब दाभोलकर के साथ रहनेवाले किराए के गुंडों ने उन युवाओं पर हमला बोला। इस हमले का प्रत्युत्तर देने हेतु वे सभी दाभोलकर और उनके कार्यकर्ताओं की ओर दौड़े और दोनों गुटों में मारपीट शुरू हो गई। इसी बीच डॉ. लागू भाग निकले और डॉ. दाभोलकर घेरे में फँस गए। उन्हें खाली मार खानी पड़ी। भास्कर गंगावणे नामक कार्यकर्ता की भी पिटाई की गई।

संयोजकों में से एक ने क्रांति पुलिस चौकी से संपर्क किया। मौका-ए-वारदात पर पुलिस के आने पर सरस्वती भवन परिसर में किसी के न होने की बात क्रांति चौक पुलिस थाने के पुलिस निरीक्षक श्रीकांत महाजन ने हमारे प्रतिनिधि से कही। सरस्वती परिसर में शांति होने की बात को उन्होंने स्वीकति दी।

यानी शिवाजी ने झूठ कहा...हिंदू धर्म का भी आदर-सम्मान किया!

संभाजीनगर : 'छत्रपति शिवाजी ने झूठ कहा', ऐसे शब्दों में शिवाजी का मान-सम्मान करनेवाले डॉ. लागू और हिंदू धर्म पर टीका-टिप्पणी करनेवाले डॉ. दाभोलकर पर संतप्त युवाओं ने प्रश्नों की बौछार कर दी, लेकिन इन प्रश्नों का जवाब देने से संयोजकों के इनकार पर वहाँ गड़बड़ी हुई।

कार्यक्रम के बाद सभागार से बाहर जा रहे डॉ. लागू और डॉ. दाभोलकर को युवाओं द्वारा रोकने का प्रयास करने पर वहाँ हाथापाई होकर कुछ लोग घायल हुए। इस संबंध में 'सामना' के प्रतिनिधि ने मौके पर उपस्थित लोगों से बातचीत की जिससे यह पता चला कि शनिवार की दोपहर चार बजे विवेकानंद महाविद्यालय के मैदान में हुए कार्यक्रम में डॉ. लागू ने शिवाजी महाराज के बारे में अनुचित उद्‍गार निकाले थे। 'मौका देखकर शिवाजी महाराज भी झूठ बोले' जैसा वाक्य उन्होंने कार्यक्रम में कहा था। साथ ही सरस्वती भवन सभागार में इतवार के कार्यक्रम में दाभोलकर ने संतों के ईश्वरीय साक्षात्कार पर आशंका करनेवाली बात कही थी। डॉ. दाभोलकर ने ऐसा कहा कि 'ईश्वरीय साक्षात्कार वाला मनुष्य पागल होना चाहिए, वह झूठ बोलता होगा। वह सम्मोहन विद्या से वशीभूत होना चाहिए।' डॉ. लागू और दाभोलकर के उपर्युक्त कथन से वे युवा संतप्त हुए। उन्होंने कार्यक्रम के बीच में ही प्रश्न पूछने का प्रयास किया। उनके प्रश्नों को नकारा गया। इसी कारण कार्यक्रम खत्म होने पर उन्होंने अपने प्रश्न रखने का प्रयास किया। उस समय भी जब उन्हें नजर अंदाज किया गया तब संतप्त युवाओं ने हमला करने का प्रयास किया।

दूसरे दिन इस पूरे मामले पर डॉ. लागू और मेरा संवाददाता सम्मेलन 'महानगर' के कार्यालय में हुआ। इसमें बड़े विस्तार से हमारी भूमिका हमने रखी। वह संक्षेप में इस प्रकार थी :

समाज में आजकल असहिष्णु और विद्वेषक वातावरण तैयार करने के प्रयास संगठित रूप से चल रहे हैं। इस वातावरण को स्वस्थ, निर्भय और विवेकी बनाने के लिए हम विवेक जागरण की मुहिम चला रहे हैं। हमारे ऊपर औरंगाबाद में धर्मांध लोगों द्वारा जिस हिंसात्मक हमले का प्रयत्न किया गया, इससे हम यह मुहिम बिलकुल भी रोकनेवाले नहीं हैं। लेकिन विवेक जागरण के प्रयासों के बारे में सहिष्णुता दिखाने के बदले इसका सुनियोजित विरोध करने की साजिश सत्ता के आशीर्वाद से चलनेवाले संगठनों से की जाने की बात बड़ी चिंताजनक है। जिस मूल बात पर झूठ फैलाया गया था, उस पर मैंने ठीक-ठीक क्या कहा था, इसे डॉक्टर लागू ने विस्तार से बताया है। उनसे यह प्रश्न पूछा गया था कि साधारणत: पौराणिक, ऐतिहासिक किंवदंतियों का उद्देश्य व्यक्ति को नैतिकता का प्रमाण देना होता है, क्या आपको ऐसा नहीं लगता? उन्होंने कहा था कि इससे कुछ प्रश्न निकलते हैं। बाल शिवाजी की एक कथा हमारे पाठ्यक्रम में थी। बाल शिवाजी अपने दोस्तों के साथ खेल रहे थे कि एक डरी हुई गाय दौड़ती हुई आई। उसके पीछे यवन आया। उसने पूछा, 'बच्चो, गाय कहाँ गई?' उस समय बाल शिवाजी ने उलटी दिशा बतलाकर गाय के प्राण बचाए। गाय के प्राण बचाकर शिवाजी ने बड़ा नैतिक कार्य किया लेकिन इसके लिए कुछ समय के लिए तो उन्होंने झूठ बोलने की अनैतिकता को अपनाया। बाल शिवाजी राजे सच बोलते तो गाय के प्राण नहीं बच पाते। इस कथित किंवदंती में शिवाजी महाराज के बारे में किसी भी प्रकार के अनुदार उद्गार व्यक्त नहीं किए। लेकिन कुछ समाचार-पत्रों ने उसे विकृत बनाकर प्रस्तुत किया। लेकिन ऐसी दहशत से मैं रुकनेवाला नहीं हूँ।'

प्रेस कौंसिल से मिला इंसाफ

औरंगाबाद की हिंसक घटना के बारे में 'दैनिक देवगिरि तरुण भारत' और 'सामना' औरंगाबाद ने जो झूठी खबर प्रकाशित की, उस संबंध में हमने प्रेस कौंसिल में जाने का निर्णय लिया। वस्तुत: इस प्रकार की बातों की तह तक जाना हम जरूरी समझते हैं। लेकिन इसके लिए कोई विकल्प भी न था। हमला होने की झूठी खबर के छपने से समिति के साथ अन्याय हुआ है, इसलिए सच्चाई बताने वाली स्पष्टीकरण तुरंत भेजा।

उसे कूड़ादानी में जगह मिली। उसके तीन महीने बाद और पुन: एक रजिस्टर्ड पत्र भेजकर प्रेस कौंसिल के पास विधिवत् अंग्रेजी में शिकायत दर्ज कराई। इस मामले में हरि नरके जी ने काफी मदद की। इसके बाद प्रेस कौंसिल ने इस मामले से जुड़े दोनों समाचार-पत्रों को पत्र भेजकर जानकारी माँगी। 'दैनिक सामना' ने इसके जवाब में लिखा कि 'हमारी खबर वस्तुस्थिति पर आधारित थी और संबंधित पक्ष को दूसरे दिन के संवाददाता सम्मेलन को हमने अच्छी तरह से प्रकाशित कर

दिया है। इसी कारण दाभोलकर प्रेस कौंसिल को जान-बूझकर दिग्भ्रमित करने का काम कर रहे हैं और हमने किसी भी प्रकार से झूठी खबर नहीं छापी है।'

'तरुण भारत' ने तो प्रेस कौंसिल को उत्तर तक नहीं भेजा।

स्पष्टीकरण-प्रति स्पष्टीकरण के बाद अंत में प्रेस कौंसिल की मुम्बई की बैठक में हमारा मामला पहुँचा। प्रेस कौंसिल के चेयरमैन न्यायमूर्ति पी.बी. सावंत अपने सहकारियों के साथ सुनवाई के समय मौजूद थे। डॉ. लागू उस दिन किसी अन्य कार्यक्रम में व्यस्त रहने के कारण उपस्थित न हो सके। सुनवाई दोपहर में थी इसलिए हमारा वकील सुबह का काम पूरा कर दोपहर तक आने वाला था, लेकिन वह समय पर नहीं पहुँच सका। अत: हमारा केस मैंने ही चलाने का निर्णय लिया। न्या. सावंत महाराष्ट्री थे। इस कारण केस की पेशी मराठी में हुई, जिससे बड़ा लाभ मिला।

प्रेस कौंसिल की कोशिश रहती है कि मामले को कानून के दायरे से बाहर दोनों पक्षों को समझा-बुझाकर आपसी सहयोग से न्यायपूर्वक सुलझा दें। इसके चलते न्यायमूर्ति सावंत जी ने दोनों समाचार-पत्रों के प्रतिनिधियों को कुछ बातें समझाईं। उन्होंने पहली बात बताई कि अंधश्रद्धा निर्मूलन समिति पिछले कई सालों से इस क्षेत्र में ईमानदारी से काम कर रही है जो आप जानते हैं। उस समय आपने उपस्थित छात्रों से हंगामे का कारण पूछा और पहलेवाले दिन से संबंधित वारदात को समझ लिया। इसे छपवाने से पूर्व डॉ. लागू और दाभोलकर से भी उनकी राय पूछनी चाहिए थी।

न्यायमूर्ति सावंत जी ने दोनों समाचार-पत्रों से यह भी पूछा कि क्या आपको नहीं लगता कि अंधविश्वास निर्मूलन का कार्य आवश्यक और अच्छा है? इसके उत्तर में दोनों समाचार-पत्रों ने माना कि 'यह कार्य अच्छा है'। न्यायमूर्ति सावंत जी ने उन्हें सलाह दी कि समाचार-पत्र के नाते आपको इस कार्य में मदद करनी होगी। उनकी चुपचाप सलाह सुन ली।

'तरुण भारत' का आक्षेप था कि 'दैवी साक्षात्कार के बारे में दाभोलकर ने जो कहा, उससे हिंदू धर्म पर टीका-टिप्पणी हुई। न्यायमूर्ति सावंत जी ने बड़ी स्पष्टता से समझाया कि अपनी धर्म की समझ बढ़ाइए। साक्षात्कार का प्रसंग सभी धर्मों में है और उसकी समीक्षा करना धर्म पर गैरवाजिब टिप्पणी नहीं होता। किसी भी धर्म से 'विवेक' श्रेष्ठ है। शिवाजी महाराज ने इसे निभाया, यही डॉ. लागू द्वारा बताई गई किंवदंती का अर्थ है।

अंधश्रद्धा निर्मूलन समिति का कार्य विवेकपूर्ण धर्म का पोषण करनेवाला है। फिर भी कुल परिस्थिति के बारे में न्यायमूर्ति जी को गुमराह करने का जो प्रयास चल रहा था, उससे सतर्क रहकर मैंने सप्रमाण उन्हें खारिज किया, जिसके चलते उचित वस्तुस्थिति सामने आई।

प्रेस कौंसिल ने फैसला सुनाया कि विवेक जागरण कार्यक्रम के बारे में जो खबर दोनों समाचार-पत्रों ने छापी है, उससे संबंधित डॉ. लागू और दाभोलकर जी

का स्पष्टीकरण स्पष्ट रूप से प्रकाशित किया जाए। साथ ही इस संबंध में खेद जताया जाए।

स्पष्टीकरण भेजने की जिम्मेदारी हमारी थी।

संबंधित समाचार-पत्रों को यह स्पष्टीकरण भेजने से पूर्व प्रेस कौंसिल के नतीजे की खबर हमने सभी समाचार-पत्रों को दी। वह स्पष्ट रूप से सभी जगह छपी। स्वाभाविक रूप से इस बात से 'तरुण भारत' के सम्पादक नाराज हुए। उन्होंने छापे गए स्पष्टीकरण का जो अंक मुझे भेजा, उसके साथ जो खत रवाना किया, उसमें यह नाराजगी स्पष्ट रूप से झलकती है। खत में लिखा है कि 'प्रेस कौंसिल के आदेश के अनुसार, देवगिरि 'तरुण भारत' के सभी संस्करणों में आप द्वारा भेजा गया स्पष्टीकरण छपवाया गया है। प्रेस कौंसिल के आदेश से सभी समाचार-पत्रों में उससे संबंधित खबरें आपने छपवाईं और बाद में अपनी सफाई हमारे पास भेजी। इसके बदले यदि पहले सफाई भेजी होती और उसके छपकर आने के बाद बाकी समाचार-पत्रों को खबर भेजी होती, तो अच्छा रहता। आप जैसे बुद्धिप्रामाण्यवादी को यह शोभा नहीं देता।'

'एक तो चोरी, दूसरी सीनाजोरी'—यह मुहावरा संभवतः इसी प्रकार के बरताव से चलन में हुआ होगा। 'तरुण भारत' और 'सामना' द्वारा छपवाया गया स्पष्टीकरण का खुलासा इस प्रकार था :

डॉ. श्रीराम लागू और डॉ. नरेंद्र दाभोलकर के बारे में प्रकाशित खबरों के बारे में खेद

''देवगिरि', 'तरुण भारत', 'औरंगाबाद, 'सामना' के 1 अप्रैल, 1996 के अंक में 'शिवाजी महाराज के बारे में अनुद्गार, डॉ. श्रीराम लागू का भागना मुश्किल हुआ' शीर्षक से जो खबर छपी, उससे डॉ. लागू और डॉ. नरेंद्र दाभोलकर के साथ उनके विवेक जागरण कार्यक्रम को जो हानि पहुँची है उसके लिए 'दैनिक देवगिरि, तरुण भारत' खेद प्रकट करता है। उस खबर के बारे में डॉ. श्रीराम लागू और नरेंद्र दाभोलकर जी ने जो सफाई दी है, वह इस प्रकार है :

'यह आरोप बेबुनियाद है कि युवाओं को किराए के गुंडों के द्वारा मारपीट करवाने का प्रयत्न डॉ. दाभोलकर ने किया। इसका हम कड़े शब्दों में निषेध करते हैं। हमारे उपक्रम हमेशा से ही वैचारिक स्तर पर चलाए जाते हैं। इसी खबर में 'शिवाजी की बहुत सारी रामकथाएँ हैं, उनका कोई चरित्र नहीं है, शिवाजी कितने झूठ बोलते थे, यह बात बताई नहीं जाती' जैसे वाक्य डॉ. श्रीराम लागू के नाम से प्रकाशित किए हैं। डॉ. लागू शिवाजी महाराज का अत्यंत सम्मान करते हैं, इसके चलते इस प्रकार की बातें करना बिलकुल संभव नहीं लगता। इस प्रकार के उद्गार उनके नाम पर प्रकाशित करना केवल एक षड्यंत्र है। यह षड्यंत्र 'तरुण भारत' में कैसे छपा, इस समाचार-पत्र के सम्पादक को खोजने की आवश्यकता है। औरंगाबाद

के विवेक जागरण के कार्यक्रम में बाल शिवाजी द्वारा कसाई से गाय के प्राण बचाने की कथा का संदर्भ लेकर डॉ. लागू ने यह विवेचना की थी कि नैतिक समस्या विवेक और सार्थक बुद्धि के आधार पर कैसे सुलझाई जा सकती है। 22 मार्च, 1997 को प्रेस कौंसिल के अध्यक्ष न्यायमूर्ति पी.बी. सावंत के सामने इससे संबंधित विवेचन डॉ. नरेंद्र दाभोलकर ने किया। उन्होंने नैतिकता की बुनियाद विवेक पर आधारित होने के विवेचन से असंदिग्ध रूप से सहमति जताई। 'देवगिरि तरुण भारत' द्वारा छापी गई उपर्युक्त खबरें अच्छे सामाजिक कार्य को हानि पहुँचाती हैं। इस बात की ओर भी न्यायमूर्ति जी ने संबंधित पक्षों का ध्यान आकर्षित किया। क्या ऐसी खबरें अपने से असहमत रहनेवालों और उनके विचारों को जान-बूझकर बदनाम करने के लिए फैलाई जाती हैं? सम्पादकों द्वारा इसकी खोज कर इस पर प्रतिबंध लगाना आवश्यक है। सम्पादक के रूप में यह उनकी नैतिक जिम्मेदारी है, ऐसी राय डॉ. श्रीराम लागू और डॉ. नरेंद्र दाभोलकर द्वारा निकाले गए पत्र में स्पष्ट की गई है।'

सभी बाधाओं पर विजय प्राप्त करते और सभी चुनौतियों का सामना करते हुए विवेक जागरण वाद-संवाद ही नहीं, अंधश्रद्धा निर्मूलन का विवेकवादी सम्पूर्ण आंदोलन अलग-अलग स्तर पर समाज के अलग-अलग घटकों तक उत्साह और दृढ़तापूर्वक चल रहा है। हम उम्मीद रखते हैं कि 'संघर्ष हमारा नारा है। भावी इतिहास हमारा है।'

यह रास्ता अटल है

वैज्ञानिक दृष्टिकोण और अंधविश्वास निर्मूलन का शैक्षिक घोषणापत्र तैयार करने के लिए पूना में रयत शिक्षा संस्था की मदद से राज्यस्तरीय विचार-गोष्ठी का आयोजन किया गया था, जिसमें घोषणापत्र का मसौदा बनाया गया। यह मसौदा महाराष्ट्र की शिक्षा संस्थाओं के पास विचार-विमर्श के जिए भेजा गया। इसके बाद इस घोषणापत्र को शिक्षा संस्थाओं द्वारा अपनाने का 'स्वीकृति सम्मेलन' 27, 28 नवंबर, 2008 को जलगाँव में करना तय हुआ। इस सम्मेलन के विरोध में अपने-आपको धर्म के रक्षक कहलानेवाले संगठनों ने खूब हंगामा मचाया और बिलकुल झूठा प्रचार किया। अंधश्रद्धा निर्मूलन समिति और नरेंद्र दाभोलकर के ऊपर अनर्गल और द्वेषपूर्ण टीका-टिप्पणी की गई। इस प्रकार के एक पर्चे का मजमून इस प्रकार था :

'संत ज्ञानेश्वर माउली, संत तुकाराम महाराज के पवित्र महाराष्ट्र में अंधश्रद्धा निर्मूलन समिति नाम के नास्तिकतावादी संगठन ने विज्ञानवाद के नाम पर हंगामा खड़ा कर दिया है। सरकार की विज्ञान प्रसार नीति का गलत उपयोग कर अपने नास्तिक विचार जमाने तथा हिंदू धर्म को उखाड़ फेंकने का प्रयास चल रहा है। जनता की विवेकबुद्धि को नष्ट करनेवाले और समाज को विभाजित करनेवाले 'अंनिस' की 27, 28 सितम्बर, 2008 को जलगाँव में राज्यस्तरीय सम्मेलन हो रही है। उनके घोषणापत्र में कर्मकांड को अप्रासंगिक बताकर इससे श्रम, समय और पैसा खर्च होने की बात बताई गई है। हिंदुओं के धार्मिक कार्य में अभिमंत्रित चावल का प्रयोग करना तथा पिंड को काक द्वारा स्पर्श करने जैसी बातों को अंधविश्वास ठहराया गया है। उपर्युक्त धार्मिक कार्यों को धर्मशास्त्र में महत्त्वपूर्ण स्थान प्राप्त है। हिंदुओं के धार्मिक कार्यों के बारे में अब अमेरिका, जापान आदि पाश्चात्य देशों में अनुसंधान चल रहा है और इसमें से कई बातों को स्वीकृति देकर उन्होंने अपनाई भी है। भारत में डॉ. बाबासाहब आम्बेडकर द्वारा तैयार किए गए संविधान में सभी नागरिकों को धार्मिक आचरण करने की आजादी है। 'अंनिस' इन कर्मकांडों को 'अंधविश्वास' कहकर खिजाते हुए उनकी खिल्ली उड़ाकर धार्मिक भावनाओं को ठेस पहुँचा रही है, जो अत्यंत गंभीर तथा घातक है। इस कारण 'अंनिस' का समाज

का विभाजन करनेवाला यह सम्मेलन रोकना तथा उसमें शामिल होनेवाले कार्यकर्ताओं पर दफा 295 अ के तहत धार्मिक भावनाओं को ठेस पहुँचाने के लिए फरियाद दाखिल करने के लिए सरकार से आग्रह करना हम सभी नागरिकों का कर्तव्य है। हिंदू धर्म पर धावा बोलने वाला, अंधश्रद्धा निर्मूलन कानून पारित करने के लिए 'अंनिस' यह मक्कारी कर रही है। समाज से इस कानून का निषेध करनेवाले हजारों पत्र सरकार के पास जाने पर भी डॉ. दाभोलकर ने इस समाज विरोधी कानून को लाने के लिए संबंधित पत्र के मसौदे पर छात्रों से हस्ताक्षर लेकर उसे सरकार को भेजने का निंदनीय कार्य किया था, इसलिए हिंदुओ, 'अंनिस' की चालबाजी को समझकर उसे निर्वासित कर दें।'

24 सितम्बर को सत्यशोधक समाज के स्थापना दिवस के अवसर पर जलगाँव में मेरा भाषण था। उसमें हंगामा करने की धमकी हिंदुत्ववादी कहलानेवाले संगठनों ने दी थी। मेरे पूरे भाषण में आपत्तियोग्य एक भी शब्द उन्हें नहीं मिला, इसलिए भाषण की समाप्ति के अंतिम पल में सभागार में उपस्थित भाजपा और शिवसेना के शहर प्रमुख ने नारा लगाना शुरू किया। इसके बाद मेरी ओर कुर्सियाँ फेंकी गईं। इससे सभा पर कोई असर नहीं हुआ लेकिन दूसरे दिन के समाचार-पत्र में भाषण के मजमून की खबर आने की बजाय 'कुर्सियों की फेंकाफेंकी' की खबर के साथ फोटो छपा। यह बात इतने में खत्म होनेवाली नहीं थी। मेरे भाषण में विपरीत शब्द मेरे नाम पर डालकर, मेरा निषेध करनेवाले पर्चे बड़ी तेजी से निकाले गए।

मैं अपने भाषण में कई बार गाडगेबाबा का उदाहरण बड़े विस्तार से बताता हूँ। गाडगेबाबा पंढरपुर में कीर्तन में बताते थे कि आपका भगवान खाना नहीं खाता, नहीं नहाता। उसे खाना, नहाना और कपड़ा आप ही देते हैं। ऐसा भगवान आपका भला नहीं कर सकता। भगवान मंदिर में नहीं, मन में रहता है और मंदिर में केवल पुरोहित का पेट ही भरता रहता है। पंढरपुर के कीर्तन में स्वाभाविक रूप से विट्ठल का जिक्र आता रहता है। मेरी इस प्रस्तुति पर कुतर्क खड़े किए गए। उसके जहरीले रूप की बानगी जलगाँव के 'सायं दैनिक साईंमत' में प्रकाशित इस मजमून को पढ़कर आप ले सकते हैं :

' 'पंढरीका पांडुरंग विट्ठल ईश्वर न होकर पत्थर है'—इस प्रकार का खतरनाक मंतव्य देनेवाले डॉ. नरेंद्र दाभोलकर के विरोध में गुस्से की लहर दौड़ी और 'दैनिक साईंमत' पर पाठकों की भीड़ उमड़ पड़ी है। दाभोलकर के धर्म तथा ईश्वरद्रोही विचार पढ़ने पर गुस्साए लोगों ने गालियाँ दीं। लोग चप्पल उठाने की बात कर रहे थे। विट्ठल को 'पत्थर' कहने की नादानी करनेवाले दाभोलकर को बताने की इच्छा होती है कि दाभोलकर, तू पत्थर, तेरा बाप पत्थर, तेरा पूरा खानदान पत्थर है।

' 'अंनिस' के सर्वेसर्वा डॉ. नरेंद्र दाभोलकर के सभी विचारों से सहमत न होने पर भी मेरे मन में उनके प्रति आदर था, लेकिन मैंने इस हद तक किसी नास्तिक को

नहीं देखा। उनके आदर की जगह अब, संताप ने ली है। महाराष्ट्र के लोक दैवत, पंढरी के पांडुरंग विट्ठल को वे 'ईश्वर' नहीं, 'पत्थर' कहते हैं, इसलिए मैं उन्हें कहता हूँ—दाभोलकर, तू पत्थर, तेरा बाप पत्थर, तेरा पूरा खानदान पत्थर!

'लाखों-करोड़ों मराठी भक्तगनों के देवता रहे विठू माऊली को पत्थर ठहराने की नादानी दाभोलकर ने की है जिस पर बहुत क्रोध आता है। हाथ जूते की ओर जाते हैं और इच्छा होती है, ऐसे इनसान को गिनकर जूते लगाने चाहिए।'

'साईंमत' में डॉ. दाभोलकर जी के भाषण का आशय पढ़कर एक पाठक ने लिखा है, 'डॉ. दाभोलकर का सिर चकराया है। वे कहते हैं—विट्ठल के आगे रखा नैवेद्य वह खा नहीं पाता, उसे कुत्ते-बिल्लियाँ ले जाते हैं।—ऐसे विचारों के कारण दाभोलकर जी को कोई कौड़ी के भाव भी नहीं पूछेगा। डॉ. दाभोलकर हमेशा ही क्रांतिकारियों जैसे जोश में सनसनीखेज बातें करते हैं। इस प्रयास में लोगों के मान-सम्मान पर कीचड़ उछालने की इच्छा रखते हैं। उन्हें भी लोग 'गुबरैला' कहते हैं। उन्हें और उनके अशिष्ट साथियों को अदालत में घसीटा जाएगा। मंच पर उपस्थित उनके सहकारियों को आरोपी बनाए जाने की तैयारी चल रही है।'

इसके साथ कुछ और लोगों की प्रतिक्रियाएँ अखबार में छपी थीं। धोबी समाज के अध्यक्ष एकनाथराव बोरसे की प्रतिक्रिया इस प्रकार की थी, "डॉ. दाभोलकर नादान हैं, इनके वक्तव्य का विरोध करने की बात महाराष्ट्र राज्य धोबी संघ की इकाइयों को बताई गई है। डॉ. दाभोलकर ने गाडगेबाबा के बारे में आपत्तिजनक बात कही है, इसके लिए सरकार तुरंत उनके ऊपर मामला दर्ज करे। डॉ. दाभोलकर समाज से सरेआम माफी माँगें, नहीं तो पूरे महाराष्ट्र में धोबी समाज आंदोलन खड़ा कर देगा।'

इसके साथ ग्रामीण पत्रकार संघ के संस्थापक अध्यक्ष पी.एल. शिरसाठ की अकोला से मोबाइल से भेजी गई प्रतिक्रिया छपी थी, 'डॉ. दाभोलकर, होश ठिकाने पर रखकर बात करें। इस बेलगाम मनुष्य पर सरकार पाबंदी लगाए अन्यथा ग्रामीण पत्रकार संघ आंदोलन करेगा। गाडगेबाबा जैसे महापुरुष का अवमान राष्ट्र का अपमान है। यह अपमान महाराष्ट्र राज्य ग्रामीण पत्रकार संघ कतई बर्दाश्त नहीं करेगा।'

इसके बाद श्रद्धावर्धन और धर्मरक्षा समिति की ओर से शहर में विरोध में मोर्चा निकाला गया। 'अंनिस' की ओर से होनेवाले सम्मेलन का विरोध जताकर उसमें हंगामा करने की बात कही गई। साथ ही सम्मेलन के दिन, 27 सितम्बर को 'जलगाँव बंद' का आह्वान किया गया। इसमें और इजाफा करने के उद्देश्य से शिवसेना प्रमुख के बारे में मेरे नाम से दो भड़काऊ वाक्य डालकर जलगाँव के 'दैनिक सामना' ने खबर छापी जबकि मेरे भाषण में शिवसेना प्रमुख के बारे में एक भी शब्द नहीं था। दूसरे दिन स्थानीय 'सामना' आवृत्ति के स्थापना-दिवस के लिए विज्ञापन प्राप्त करने हेतु परिषद के स्वागताध्यक्ष और मराठा शिक्षा प्रसारक मंडल

के सचिव तानाजीराव भोईटे के पास स्थानीय संवाददाता आया था। तानाजीराव भोईटे ही मेरे भाषण के अध्यक्ष थे। उन्होंने उस प्रतिनिधि से पूछा कि उसने ऐसी 'झूठी खबर क्यों छापी'? उसके पास 'मौन' का ही उत्तर था, लेकिन इन दोनों झूठी खबरों का असर हुआ। कुछ गुमनाम फोन आए।

'शिवसेना प्रमुख के बारे में बोलते हो! याद रखो, आदेश नहीं मिला इसलिए रुके हैं, यदि मिला तो ठोक देंगे।' इस प्रकार की धमकियाँ दी गईं।

इसके साथ दूसरी ओर पुलिस की ओर से मुझे नोटिस दी गई, 'आपने 27/9/2008 और 28/9/2008 को महाराष्ट्र राज्य शिक्षा संस्था महामंडल और महाराष्ट्र राज्य अंधश्रद्धा निर्मूलन के संयुक्त तत्त्वावधान में वैज्ञानिक दृष्टिकोण और अंधश्रद्धा निर्मूलन शैक्षिक घोषणापत्र को राज्यस्तरीय स्वीकृति सम्मेलन का आयोजन किया है। 26 सितम्बर, 2008 के दिन जलगाँव शहर के हिंदुत्ववादी संगठनों ने जुलूस निकालकर 'अंनिस' के कार्यकर्ताओं से धार्मिक भावनाओं को ठेस पहुँचाने की संभावनाओं का निवेदन मा. जिलाधीश महोदय, जलगाँव को सौंपा। इस परिषद में सहभागी वक्ताओं में से कोई भी व्यक्ति दूसरों की वैयक्तिक तथा धार्मिक भावनाओं को ठेस न पहुँचाए, इस बारे में संबंधित पक्षों को सूचित किया जाता है। किसी भी धर्म के बारे में अपमानजनक बात करने से जलगाँव शहर तथा परिसर में कानून-व्यवस्था संबंधी प्रश्न खड़ा होगा तो आपको जिम्मेदार ठहराकर, वक्तव्य करनेवाले व्यक्ति और आप के खिलाफ प्रचलित कानून के तहत कार्रवाई की जाएगी, इस पर गौर करें।'

इस पृष्ठभूमि में कड़ी सुरक्षा व्यवस्था में लेकिन बिलकुल अनुशासित तथा सार्थक तरीके से सम्मेलन संपन्न हुआ।

किसी न किसी रूप में मुझे निशाना बनाने और इसके लिए लोगों का इस्तेमाल करने का हथकंडा हमेशा चल रहा है। नरेंद्र महाराज का मुझ पर विशेष क्रोधित रहना स्वाभाविक ही था। उनके एक साक्षात्कार का अंश इस प्रकार था : 'अंधश्रद्धा निर्मूलन का कार्य डॉ. नरेंद्र दाभोलकर और एन.डी. पाटील जैसे विदेशी पुस्तकीय ज्ञानवालों का काम नहीं है, क्योंकि इन महाशयों ने अंधश्रद्धा निर्मूलन के नाम पर समाज से भारतीय संस्कृति को ही खारिज करने का उद्योग चलाया है। वे केवल हिंदू धर्म का ही विरोध करते हैं। इन्होंने भारतीय संस्कृति से उच्च धार्मिकता को नकारने की योजना बनाई है। अंधश्रद्धा निर्मूलन के नाम पर नरेंद्र दाभोलकर जो कुछ भी कर रहे हैं, वह लोगों की धार्मिकता का विरोधी है। लोग यदि दाभोलकर के पीछे चलेंगे तो अधार्मिकता के साथ स्वच्छंता बढ़ जाएगी। समाज को भ्रष्ट करने का कार्य नरेंद्र दाभोलकर चला रहे हैं।'

इतने पर भी यह मामला नहीं सिमट पाया। विटा में अपने ही प्रवचन में नरेंद्र महाराज ने आह्वान किया, 'नरेंद्र दाभोलकर और एन. डी. पाटील के हाथ-पैर तोड़ डालो।'

शिराला में आरोप लगाया कि 'अंधश्रद्धा निर्मूलन समिति ने ईसाई मिशनरियों से हिंदू धर्म को नकारने का बीड़ा उठाया है। नरेंद्र दाभोलकर के साथ उनके अन्य लोग ईसाई मिशनरियों के ठेकेदार हैं। इसके साथ ही दाभोलकर अंधश्रद्धा का नहीं बल्कि श्रद्धा का निर्मूलन कर रहे हैं। उन पर हमेशा ऐसे आरोप लगते आए हैं।'

इस संबंध में स्वाभाविक रूप से पत्रकारों ने मुझसे मेरी भूमिका पूछी तो मैंने केवल इतना ही कहा कि 'हे नरेंद्र महाराज के देवता, तू उन्हें माफ कर, क्योंकि उन्हें पता नहीं कि वे क्या बोल रहे हैं। हाथ-पाँव तोड़ने की धमकी मिलने पर मुझे दो सलाहें मिली हैं। एक तो मैं बस से रात-बेरात कहीं भी अकेला घूमता रहता हूँ, इस कारण मैं पुलिस की सुरक्षा ले लूँ और दूसरी सलाह कि मैं पिस्तौल रखने का आज्ञापत्र (लाइसेंस) ले लूँ। ये दोनों बातें मुझे उचित नहीं लगीं। इनको नकारने का कारण यह है कि इसमें विवेकवादी आंदोलन का मूलतत्त्व ही खत्म हो जाता है, मेरी ऐसी धारणा थी और आज भी है।

जादूटोना विरोधी कानून बनाने के प्रयासों में बिलकुल प्रारम्भ से अंत तक मेरा योगदान रहा। इस प्रक्रिया की एक पायदान पर शाम मानव ने कानून के प्रारूप पर आपत्ति प्रकट की। उनका आधार लेकर हिंदू जनजागरण समिति द्वारा सभी समाचार-पत्रों को भेजी गई खबर में कहा गया था कि 'जनता और सरकार को बड़ा धोखा देनेवाले पाखंडी डॉ. दाभोलकर को अंधश्रद्धा निर्मूलन कानून की बैठक से निकाल देना चाहिए। महाराष्ट्र 'अंनिस' के सचिव डॉ. नरेंद्र दाभोलकर द्वारा पहले बनाए गए और तत्कालीन राज्यपाल महोदय की सम्मति के लिए भेजे गए अंधश्रद्धा निर्मूलन विधेयक में सत्यनारायण की पूजा, उपवास तथा सभी प्रथा-परम्पराओं को गुनाह का रूप दिया गया था, यह बात सर्वोच्य न्यायालय के पूर्व न्यायाधीश श्री.बी. सावंत जी द्वारा बताई गई जिसका खुलासा प्रा. शाम मानव ने उद्धव ठाकरे से इस विषय पर बातचीत करते समय किया। इस कारण 'यह विधेयक धर्म से संबंधित नहीं है, यह किसी भी धर्म के लिए घातक नहीं है'—ऐसा झूठा दावा कर डॉ. दाभोलकर जी ने सरकार के साथ पूरे महाराष्ट्र की जनता को धोखा दिया है। ऐसी परिस्थिति में डॉ. दाभोलकर को इस बैठक के लिए बुलाना गलत होगा। साथ ही इसकी पूरी जाँच होनी आवश्यक है।'

साथ ही उन्हें 'किसी भी बैठक में न बुलाया जाए', इस आशय का निवेदन हिंदू जन जागरण समिति ने सरकार को 28 नवंबर को दिया था और अपील की थी— 'डॉ. दाभोलकर का असली रूप सामने आ जाए, इसके लिए आप इस निवेदन को प्रकाशित करें।'

वर्ष 2006 में मुझे अमेरिका के महाराष्ट्र फाउंडेशन का 'दशक के सर्वश्रेष्ठ कार्यकर्ता' का 10 लाख रुपये का पुरस्कार मिला। उसे ग्रहण करने के लिए मैं अमेरिका गया। सनातन संस्था के 'सनातन प्रभात' दैनिक ने इस संबंध में अपने

पहले पन्ने पर आठ कॉलम की सुर्खी लगाई : 'धर्मद्रोही डॉ. दाभोलकर को पुरस्कार देनेवाले अमरिका के महाराष्ट्र फाउंडेशन का निषेध'। पहले पन्ने पर स्पष्ट रूप से विवेचना थी : 'हिंदुओं की धार्मिक भावनाओं को कुचलनेवाले अमेरिका के महाराष्ट्र फाउंडेशन से धर्मद्रोही डॉ. नरेंद्र दाभोलकर को दशक के सर्वश्रेष्ठ सामाजिक कार्यकर्ता का पुरस्कार घोषित। 4 नवंबर के दिन अमेरिका के न्यू जर्सी में होनेवाले महाराष्ट्र फाउंडेशन के वार्षिक सम्मलेन में डॉ. दाभोलकर को यह पुरस्कार प्रदान किया जाएगा।' इसके बाद बड़े अक्षरों में कोक में आगे का मजमून छापा गया है : 'हिंदुओं के धर्म-पालन पर रोक लगानेवाला धर्मद्रोही, अंधविश्वास विरोधी कानून लाने की इच्छा रखनेवाले डॉ. नरेंद्र दाभोलकर को अमेरिका के महाराष्ट्र फाउंडेशन द्वारा घोषित यह पुरस्कार यानी हिंदुओं के जख्म पर नमक छिड़कने जैसा है। संतों की परम्परा वाले महाराष्ट्र में हिंदू धर्म और संतों पर दाभोलकर और उनकी 'अंनिस' कीचड़ उछालते हैं। हिंदुओ! आपके श्रद्धास्थान पर हमला करनेवाले डॉ. दाभोलकर को दिए जानेवाले इस पुरस्कार को रोकने के लिए अमेरिका के महाराष्ट्र फाउंडेशन का विरोध करो।'

इसके नीचे चौखट में महाराष्ट्र फाउंडेशन की अध्यक्ष सुनीता मधाले और पुरस्कार के प्रमुख सुनील देशमुख के साथ फाउंडेशन के युवा गुट के ई-मेल पते के साथ ही पोस्ट के पते भी छपे थे।

मैं अमेरिका में पुरस्कार लेने पहुँचा तब तक मुझे पुरस्कार देने का विरोध करनेवाले ई.मेल भी पहुँच चुके थे। लेकिन हर क्रिया की एक प्रतिक्रिया भी होती है। इस बात पर क्रिया करनेवालों ने ध्यान न दिया। इस कारण मुझे पुरस्कार देने का विरोध करनेवाले ई-मेल से ज्यादा पुरस्कार दिए जाने पर आनंद व्यक्त करनेवाले ई-मेल पहुँचे। पुरस्कार-समारोह योजना के अनुसार सुचारु रूप से सम्पन्न हुआ।

अंबेजोगाई में अध्यापकों के लिए एक प्रशिक्षण शिविर का आयोजन समिति के कार्यकर्ताओं ने किया। उसमें कुछ कथित मंतव्य पर अपने-आपको हिंदू धर्म के रक्षक समझनेवालों ने हंगामा किया और समिति के कार्यकर्ता पर मामला दर्ज करवाया। यह मामला आगे औरंगाबाद उच्च न्यायालय तक पहुँचा। मुकदमा अवैध ठहराने की सुनवाई इस न्यायालय में लम्बित है, लेकिन इस इतने से मामले का आधार लेकर संबंधित संगठनों ने बात का बतंगड़ बनाने का प्रयास किया। अंबेजोगाई में, साथ ही अंबेजोगाई जिस बीड जिले में है, वहाँ कुछ विरोध, प्रदर्शन आदि होने की बात समझी जा सकती है, लेकिन इन संगठनों ने शिवसेना और भाजपा के कुछ विधायकों को आगे कर विधानसभा के प्रांगण में धरने का आयोजन कराया। इन विधायकों के पीछे लगे बोर्ड पर लिखा था, 'अंनिसवाले हिंदू धर्म और संतों से माफी माँगें।' दूसरी माँग उससे भी आगे की थी, 'नरेंद्र दाभोलकर और उनके सभी पदाधिकारियों को महाराष्ट्र से निकाल दिया जाए।' धरना लगभग दो घंटे तक

चला। संसदीय कार्य मंत्री की विनती से वह दो घंटे के बाद समाप्त हुआ। दूसरे दिन 'दैनिक लोकमत' के सभी संस्करणों में स्पष्ट रूप से यह खबर छपी।

एक समय मुझे लगा कि मैं स्पष्टीकरण दे दूँ, लेकिन पूरा विचार करने पर ध्यान में आया कि और किसी भी समाचार-पत्र तथा इलेक्ट्रॉनिक माध्यम ने इसकी ओर ध्यान ही नहीं दिया है। विधान मंडळ में इस पर एक अक्षर की भी चर्चा न हुई। इस कारण मैंने भी कुछ नहीं किया। मुझे घेरने का यह रास्ता भी नाकाम रहा।

जादूटोना विरोधी कानून बनाने का स्पष्ट तथा लिखित आश्वासन सरकार ने दिया था। इसके चलते विधिमंडल के हर अधिवेशन में कानून पारित होने की हमें आशा रहती थी। कुछ न कुछ बहाने बताकर कानून पारित होने की बात हर बार अगले अधिवेशन तक टाली जाती। इसके चलते एक अधिवेशन की समाप्ति के बाद एक समाचार-पत्र में मैंने लेख लिखा कि विधिमंडल में चल रहे कानून विषयक कार्य में धोखा हुआ है, ऐसी हमारी भावना है। इस प्रकार का विवेचन वहाँ चल रहे घटनाक्रम को आधार बनाकर मैंने किया था। इस लेख को विधानमंडल का विशेषाधिकार भंग करनेवाला बताते हुए शिवसेना के एक विधायक ने विधानसभा अध्यक्ष को मेरे खिलाफ विशेषाधिकार भंग की नोटिस दी, जो मेरे ऊपर कार्यान्वित की गई। मैंने वस्तुस्थिति बतानेवाला और मेरी प्रस्तुति के पीछे के तर्कशास्त्र को स्पष्ट करनेवाला जवाब किसी से बिना पूछे सभापति को भेजा। इससे वे सहमत हुए, जिससे स्वाभाविक रूप से आगे की कार्रवाई का प्रश्न ही उपस्थित नहीं हुआ।

राहुरी (जि. नगर) के रहनेवाले भानुदास कानोजी आडभाई की बेटी डॉक्टर बनते ही उन्हें छोड़कर सनातन संस्था, पनवेल के आश्रम में चली गई। अपने पिता से मिलने से भी उसने इनकार कर दिया। वह लड़की और उसके पिता सनातन संस्था के साधक थे लेकिन बेटी इस हद तक जा सकती है, ऐसा उन्हें कभी नहीं लगा था। इससे व्यथित हुए आडभाई 'अंनिस' के पास आए। उनका 'एक पिता का आक्रोश' शीर्षक से एक लेख समिति की पत्रिका ('साधना' साप्ताहिक) में छपवाया। इस मामले में उनके साथ मैंने भी संवाददाता सम्मेलन किया, जिसकी खबर लोकसत्ता, महाराष्ट्र टाइम्स और बेलगाम तरुण भारत के सतारा संस्करण में छपा। लोकसत्ता और महाराष्ट्र टाइम्स की खबरों का आधार लेकर मेरे ऊपर मुम्बई में दो फौजदारी और दो दीवानी मुकदमे दर्ज किए गए। 'तरुण भारत' की खबर पर गोवा में एक दीवानी और एक फौजदारी मुकदमा दर्ज किया गया। इसमें मानहानि का दीवानी एक करोड़ रुपये का था। गोवा में मुकदमे दायर किए थे वहाँ की सनातन संस्था ने और मेरा कथन था पनवेल की सनातन संस्था के बारे में। ये दोनों स्वायत्त न्यास है। 'दैनिक तरुण भारत' के सतारा संस्करण की खबर से गोवा का संबंध ही क्या था? लेकिन मुझे परेशान करने के उद्देश्य से मुकदमे दायर करने के कारण इस प्रकार के प्रश्न उन लोगों के मन में आने का सवाल ही नहीं उठा।

निर्मला माताजी पर 'लोकप्रभा' में एक लेख लिखने के कारण मुझ पर दिल्ली कोर्ट में इसी प्रकार का मुकदमा दर्ज किया गया था जिसमें आठ साल बाद मेरी जीत हुई थी। मजे की बात यह है कि मैंने संबंधित समाचार-पत्रों पर कभी भी मुकदमा दायर नहीं किया।

पनवेल सनातन संस्था के दो साधक ठाणे में हुए बम विस्फोट में पकड़े गए। आतंकी वारदात में हिस्सा लेने के आरोप में उनपर मुकदमा दर्ज हुआ। इस पर 'साप्ताहिक चित्रलेखा' ने कवर-स्टोरी बनाई, जिसमें मेरा प्रतिपादन था। वस्तुतः वह लेख पनवेल की सनातन संस्था के बारे में था, लेकिन इस बार भी पोंडा (गोवा) की सनातन संस्था ने मेरे (और चित्रलेखा साप्ताहिक पर भी) ऊपर एक करोड़ रुपये का मानहानि का एक दीवानी मुकदमा और साथ ही इसी कारण पर फौजदारी दावा भी दर्ज किया। साथ ही अंधश्रद्धा निर्मूलन वार्तापत्र द्वारा आडभाई के निवेदन को छापने पर वार्तापत्र के साथ-साथ मेरे ऊपर भी मुम्बई में एक दीवानी और एक फौजदारी मुकदमा दर्ज किया। गोवा में सनातन विरोधी एक वैचारिक कार्यक्रम की खबर को समिति के मासिक में जगह देने के विरोध में वार्तापत्र के साथ मुझ पर भी फौजदारी और दीवानी मुकदमे दर्ज हुए। सनातन के साधक के आतंकी गतिविधि में शामिल होने की कवर-स्टोरी समिति की मासिक पत्रिका ने बनाई थी। इस संबंध में भी मेरे ऊपर दीवानी के साथ फौजदारी मुकदमा दर्ज किया गया यानी मेरे ऊपर दर्ज मुकदमों की कुल संख्या 14 हुई, साथ ही 4 करोड़ रुपए मानहानि की रकम बनी। यह कम था कि एक और मुकदमा दर्ज कराने की नोटिस उन्होंने दी है!

गोवा में बम धमाका करने के प्रयास में सनातन के दो साधक ढेर हुए। इस आतंकी गतिविधि के विरोध में गोवा में अंधश्रद्धा निर्मूलन समिति द्वारा धर्मनिरपेक्षता निर्धार परिषद का आयोजन किया गया। इस परिषद के समाचार-पत्रों में आए वृत्तांतों से संगठन की हुई बदनामी के विरोध में दस करोड़ रुपये की मानहानि के दीवानी मुकदमे की नोटिस मुझे मिली। इसमें से बंबई के दो दीवानी मुकदमों और गोवा के 'तरुण भारत' की खबर को लेकर दर्ज मुकदमे का फैसला मेरे पक्ष में आया। बाकी सारे मुकदमे चल रहे हैं।

इन मुकदमों से बिलकुल विचलित न होते हुए मैंने एक नीति अपनाई है। पहली बात यह कि इस प्रकार के मुकदमे दर्ज होने की बात स्वीकार कर लेना और इससे बिलकुल भी विचलित न होना। फिर शांत दिमाग से और पूरी शक्ति लगाकर ये मुकदमे लड़ना। लापरवाही न बरतना, साथ ही परेशान न होना। अच्छे वकील लेकर आवश्यकता पड़ने पर पैसों का इंतजाम करना। अलबत्ता एडवोकेट डी.वी. पाटील, एडवोकेट दत्ताजीराव माने जैसे कई ख्यातिप्राप्त वकीलों ने मेरे लिए, समिति के लिए बिना मूल्य कानून विषयक मदद की है। इस सभी के चलते आपत्ति अवसर में परिवर्तित होती है। अपने साथ आंदोलन का हौसला बुलंद होता है। मुकदमे दर्ज

करनेवालों को इस बात का अहसास होता है कि इस मार्ग से वे हमें नहीं रोक सकते। हमारा पक्ष सत्य पर टिका रहता है। जान-बूझकर बदनामी करनेवाली कोई भी बात समिति नहीं लिखती। स्वाभाविक रूप से मुकदमे का फैसला हमारे पक्ष में रहता है। बाइज्जत बरी किया जाता है। आज तक का यही अनुभव है।

एक महत्त्वपूर्ण बात यह है कि इन हमलों का कभी भी 'जैसे को तैसा' उत्तर देने पर मैंने विश्वास नहीं किया। हमारे विरोधी इस प्रकार की कई खबरें फैलाते हैं, जिनके मजमून से उन पर सहजता से मुकदमे चलाए जा सकते हैं, लेकिन आंदोलन का रास्ता जन-प्रबोधन के साथ कार्य का है। मेरी मान्यता है कि कोर्ट-कचहरी में 'सबक सिखाने की भावना से' जैसे को तैसा वाले अंदाज में विरोधी पर मुकदमा दाखिल करने में वैचारिकता के साथ व्यावहारिक समझदारी भी नहीं रहती। आज तक के अनुभव के आधार पर यह बात सही साबित हुई है।

अंधश्रद्धा निर्मूलन समिति और ब्राह्मणी कर्मकांड

वर्ष 2000 के दरमियान समिति के विरोध में एक नई रट शुरू हुई। बामसेफ संगठन ने सबसे पहले इसे शुरू किया। समिति ब्राह्मणी कर्मकांड, अंधविश्वास तथा ब्राह्मण बाबा-बुवा के बारे में आवाज नहीं उठाती, आंदोलन नहीं छेड़ती, इस प्रकार के आरोप लगाए जाने लगे। मराठ सेवा संघ के कार्यकर्ताओं ने जाहिर तौर पर इसी प्रकार का हमला कई जगहों पर किया। यह हमला पूर्णत: गलत तो है ही, साथ ही परिवर्तन के आंदोलन की दृष्टि से पीड़ादायी तथा हानिकारक भी है। उस वक्त स्पष्ट रूप से दिग्भ्रमित करनेवाले इन आरोपों का उत्तर देना समिति के कार्यकर्ताओं ने संयमपूर्वक और आंदोलन का व्यापक हित ध्यान में रखते हुए टाल दिया। लेकिन इस संबंध में सच्चाई को जान लेना आवश्यक है।

आरोप क्या है?

आरो लगानेवाले संगठनों को लगता है कि वैदिक ब्राह्मणी धर्म के नाम पर खड़ा मायाजाल ही यहाँ की शोषण-व्यवस्था का मुख्य स्वरूप है। उसका दृश्य-स्वरूप ब्राह्मणों द्वारा व्यक्त होता है। कुछ लोग अपना विरोध ब्राह्मणवाद से जताते हैं, ब्राह्मण से नहीं। फिर भी अधिकतर लोग स्पष्ट रूप से जन्म से ब्राह्मण रहनेवालों का ही विरोध करते हैं। उनका मानना है कि ब्राह्मणवाद से ग्रस्त न रहनेवाले ब्राह्मण शायद ही रहेंगे। लेकिन वे हमें न मिलते हैं और न मिले हैं। बाकी लोगों को तो इस शब्दजाल की आवश्यकता भी महसूस नहीं होती।

राष्ट्रीय स्वयंसेवक संघ के मुखपत्र 'विवेक' में मुसलमानों से संबंधित निरूपण इस प्रकार का रहता है कि 'हर मुसलमान राष्ट्रद्रोही रहता है, ऐसा नहीं है, लेकिन जो भी राष्ट्रद्रोही मिला है वह मुसलमान ही रहता है।' इस वाक्य में थोड़ा बदलाव कर इन लोगों की बात को इस प्रकार से प्रस्तुत किया जा सकता है, जैसे— ब्राह्मणवाद से ग्रस्त हर व्यक्ति ब्राह्मण ही रहता है, ऐसा नहीं है, लेकिन जो भी ब्राह्मणवादी मिलता है, वह ब्राह्मण ही रहता है।'

अंधश्रद्धा निर्मूलन समिति महाराष्ट्र का एक सशक्त संगठन है और वह एक ही धर्म की अंधश्रद्धाओं का निर्मूलन करता है। इस आक्षेप के बारे में समिति को कुछ

कहने की आवश्यकता नहीं है। इसी तरह किसी एक जाति के कर्मकांड, बाबा-बुवा के बारे में भी समिति कुछ नहीं कहती। इन आरोपों के भी उत्तर देने की आवश्यकता नहीं है। आरोप लगानेवाले भी इस सच्चाई से वाकिफ रहते हैं। वास्तविक स्थिति स्पष्ट है। फिर भी इस प्रकार के आरोप लगाए जाने के कारण अलग ही हैं और उन्हें स्पष्ट रूप से जान लेना चाहिए।

समिति का कार्य मुख्यत: अंधश्रद्धा निर्मूलन करना ही है और अपनी 180 शाखाओं के माध्यम से पूरे महाराष्ट्र में वह यही काम कर रही है। 20 सालों में पूरे महाराष्ट्र में फैले इस संगठन ने अंधश्रद्धा निर्मूलन का कार्य कितनी मात्रा में किया, यह मुद्दा कुछ समय के लिए दूर रखेंगे। लेकिन इतना तो स्पष्ट है कि इससे एक अलग ही सामाजिक यथार्थ महाराष्ट्र में स्थापित हुआ है। समिति की स्थापना और उसकी यात्रा का कालखंड ही मंडल आयोग आंदोलन, उसका अमल और सत्ताप्राप्ति में उसका प्रभावी प्रतिबिंब नजर आने का है। स्वाभाविक रूप से इस अवधि में बने अधिकतर संगठन, अधिकतर प्रत्यक्ष रूप से या कभी-कभार अप्रत्यक्ष रूप से, लेकिन व्यवहार में जाति का आधार लेकर खड़े रहते नजर आते हैं। जाति के नाम पर किया जानेवाला शोषण और उसके लिए जाति उन्मूलन की बात इन संगठनों में सभी लोग करते हैं, लेकिन प्रत्यक्ष रूप से वे जाति के संगठन के आधार पर जाति को अधिक मजबूत बनाते हैं।

हमारी समिति की विशेषता यह है कि समिति ने अपने निर्माण में बिलकुल सहजता से जाति को पीछे छोड़ा है। एक ओर समिति के कार्यकर्ताओं में अनगिनत जातियों के लोग हैं। समिति की शाखाओं की कार्यकारिणी, जिला कार्यकारिणी तथा राज्य कार्यकारिणी में अधिकतर बहुजन ही हैं। कभी भी इसमें किसी एक स्तर की कार्यकारिणी का किसी वर्ष का चयन जाति के आधार पर नहीं हुआ है। इसी कारण समिति के रूप में प्रत्यक्ष रूप से एक जाति निरपेक्ष सशक्त संगठन महाराष्ट्र में खड़ा रहा है। महाराष्ट्र के आज के सामाजिक यथार्थ में यह बहुत महत्त्वपूर्ण उपलब्धि रही है।

इसके भी आगे की महत्त्वपूर्ण बात है कि सम्पूर्ण संगठन में गुटबाजी और झगड़े नहीं हैं। इसकी जाँच कोई भी तटस्थ निरीक्षक कर सकता है। प्रत्यक्ष रूप से जाति तथा धर्म के आगे जाकर और एकता को अपनाकर कार्यरत रहनेवाला महाराष्ट्र भर में फैला यह संगठन मानवीय स्वभाव की स्वाभाविक ईर्ष्या से टीका-टिप्पणी का विषय न बनता तो ही आश्चर्य होता।

कार्य की ओर अग्रसर

किसी भी आंदोलन का रचना-सामर्थ्य केवल वैचारिक माथापच्ची करने से नहीं बनता बल्कि जो विचारदर्शन प्रस्तुत किया जाता है, उसके लिए आंदोलन के कार्यकर्ता प्रतिकूल परिस्थिति में भी कितनी मात्रा में प्रत्यक्ष रूप से अखाड़े में उतरते

है, इस पर निर्भर होता है। इस संबंध में समिति के कार्य का इतिहास अनुकरणीय रहा है। समिति का अंधविश्वास विरोधी संघर्ष चौतरफा है। इसी कारण उसके अन्य कई पहलुओं के साथ, जिसे ब्राह्मणी स्वरूप के कर्मकांड कहते हैं, उसके विरोध में भी समिति ने स्वाभाविक रूप से हमेशा संघर्ष किया है। साधुत्व का ढोंग करनेवाले महाराज मानसिक गुलामी पैदा करनेवाले शोषक होते हैं। उनके विरोध में पिछले 20 वर्षों में समिति ने जितना संघर्ष किया, उतना महाराष्ट्र में शायद ही किसी ने किया हो। यह संघर्ष करते समय समिति ने कभी भी कथित साधु की जाति या धर्म नहीं देखा। लेकिन स्वाभाविक रूप से ब्राह्मणी कर्मकांड और उसे अग्रस्थान देनेवाले बाबा-बुवा उसमें आते ही हैं। ये सभी बातें आगे विस्तार से प्रस्तुत हैं :

1. पूने शहर की एक ख्यात पाठशाला ने अपने साठ साल पूरे होने के अवसर पर एक ही समय पर सत्यनारायण की साठ महापूजाओं का आयोजन किया था। इसके विरोध में समिति की पूना शाखा ने पूरे दिनभर धरना दिया। विस्फोटक वातावरण में इस प्रकार के कार्यक्रम का आयोजन करने से लोगों के क्रोध का शिकार बनने की संभावना रहती है। इस खतरे को भाँपकर समिति के कार्यकर्ता केवल बैठे ही नहीं, बल्कि उन्होंने वहाँ एक बंद संदूक रख ली थी जिसपर लिखा था—'अपनी प्रतिक्रिया दें।' बड़ी संख्या में धरने से संबंधित प्रतिक्रियाएँ संदूक में इकट्ठी हुईं। संदूक खोलने पर ध्यान में आया कि उसमें से आधी प्रतिक्रियाएँ तो समिति की गतिविधियों को समर्थन देनेवाली थीं। यह समर्थन निश्चित ही आश्वासन देनेवाला था। विशेष बात यह है कि इसके बाद पूना में किसी भी शिक्षा संस्था ने अपना रजत, सुवर्ण तथा हीरक महोत्सव मनाते समय सत्यनारायण की पूजा का सार्वजनिक प्रदर्शन करने की हिम्मत नहीं दिखाई।

2. वेद ब्राह्मणी संस्कृति का आधार है। ज्योतिष को वेदों का छोटा अंग माना जाता है। इस कथित ज्योतिषशास्त्र का जिस हद तक और जिस तीव्रता से समिति ने विरोध किया, उतना महाराष्ट्र में किसी ने भी नहीं किया। 'ज्योतिष विज्ञान क्यों नहीं और पाखंड कैसे है?' विषय पर पूरे महाराष्ट्र में समिति के कार्यकर्ताओं ने सैकड़ों व्याख्यान दिए। इसके साथ ही समिति पिछले कई वर्षों से अध्यापक तथा प्राध्यापकों के लिए वैज्ञानिक जागृति के प्रकल्पों का आयोजन करती है। इसके तहत अब तक लगभग 15 हजार अध्यापकों तथा प्राध्यापकों के लिए अंधश्रद्धा निर्मूलन विषय का प्रशिक्षण दिया गया है। इन सभी को 'ज्योतिष और विज्ञान' विषय का स्पष्टता से प्रशिक्षण, प्रबोधन किया गया है। इस कारण संगठन बड़ी आसानी से छात्रों तक पहुँच पाया है। चुनाव के समय महाराष्ट्र के प्रमुख ज्योतिषियों को खत भेजकर संभाव्य परिणामों का अंदाजा ज्योतिषशास्त्र के आधार पर देने की चुनौती दी गई थी। उसके लिए समिति की 21 लाख की चुनौती राशि दाँव पर लगाई गई थी। महाराष्ट्र के एक भी ज्योतिषी ने यह चुनौती स्वीकारने की हिम्मत नहीं दिखाई।

सतारा में अखिल भारतीय ज्योतिष महामंडल का सम्मेलन हुआ। अधिवेशन के पहले 21 दिन तक हर रोज समाचार-पत्रों के जरिए इन संयोजकों से एक प्रश्न पूछा गया। इनमें से एक भी प्रश्न का उत्तर वे लोग नहीं दे पाए। इस अधिवेशन के सामने समिति के कार्यकर्ताओं ने शहर के युवकों तथा युवतियों को साथ लेकर दैवकुंडली को दैववाद का मानपत्र मानकर उसकी होली जलाने की घोषणा की। इससे आक्रोश पैदा हुआ। कार्यक्रम करने पर गिरफ्तार करने की धमकी मिली। यह कार्यक्रम करनेवाले दाभोलकर को अपमानित करने के लिए एक गधे पर उनका नाम लिखकर गाँव में उसकी शोभायात्रा निकाली गई। फिर भी 'कुंडली की होली' का कार्यक्रम जोर-शोर से सम्पन्न हुआ। एन.डी. पाटील, आ.ह. सालुंखे जी का उसमें सहयोग रहा।

विश्वविद्यालय अनुदान आयोग ने ज्योतिष विषय को विश्वविद्यालयों में पढ़ाने की सिफारिश की। इसके विरोध में समिति ने आकाश-पाताल एक किया। महाराष्ट्र के सभी कुलपतियों को समिति ने पत्र लिखकर उनके विश्वविद्यालयों में यह विषय न पढ़ाने का आह्वान किया, जिसे अच्छा प्रतिफल मिला। महाराष्ट्र के तत्कालीन उच्च शिक्षा मंत्री ना. दिलीप वळसे पाटील ने समिति की माँग का समर्थन किया और विश्वविद्यालय अनुदान आयोग को सूचित किया कि वे ज्योतिष विषय के बदले 'जलसंवर्धन' विषय का पाठ्यक्रम तैयार करें। समिति ने मुम्बई उच्च न्यायालय के औरंगाबाद खंडपीठ में इस संबंध में याचिका भी दायर की। इसके बाद थोड़ी ही अवधि में सर्वोच्च न्यायालय ने ज्योतिष विषय को पढ़ाने के निर्णय का समर्थन किया। समिति ने सर्वोच्च न्यायालय के फैसले का अच्छी तरह से अध्ययन करने के पश्चात् पाया कि विश्वविद्यालय अनुदान आयोग द्वारा गठित विशेषज्ञों की समिति के प्रतिवेदन पर टिप्पणी न करने के संकेत के रूप में सर्वोच्च न्यायालय ने यथास्थिति कायम की है। इसका अर्थ यह है कि विश्वविद्यालय अनुदान आयोग ने नए विशेषज्ञों की समिति का गठन किया और इसके पहले के निर्णय पर रोक लगाने को लेकर सर्वोच्य न्यायालय ने इसके बीच न आने की भूमिका अपनायी।

बीच के कालखंड में केंद्रीय सरकार में बदलाव आया। उन्होंने चुनाव में वादा किया था कि यह सरकार शिक्षा के भगवाकरण को पूर्ण रूप से बंद करेगी। अत: मानव संसाधन विकास मंत्रालय नई समिति नियुक्त करें और शिक्षा से ज्योतिष को निकाल दे, इसके लिए समिति प्रयत्नशील रहेगी। इसी अवधि में 'ज्योतिषशास्त्र क्या है?' विषय पर सार्वजनिक वाद-विवाद महाराष्ट्र के किसी भी ज्योतिषी से, किसी भी मँच पर करने की चुनौती समिति ने पेश की। इस चुनौती को किसी ने स्वीकार नहीं किया। ज्योतिष शास्त्र की कसौटी पर खरा नहीं उतरता, इस संबंध में विदेशों में कई प्रकार से अनुसंधान किये गए हैं। लेकिन भारत में इस प्रकार के अनुसंधान को न होते देख समिति द्वारा एक परीक्षण हाथ में लिया गया। मंदबुद्धि बच्चे और

हमेशा अच्छे गुणों से उत्तीर्ण होनेवाले छात्रों की निश्चित जन्म-तिथियाँ, समय और ठिकाने की जानकारी इकट्ठी की गईं। कोई भी ज्योतिषी उनकी कुंडलियाँ बनाए और इस आधार पर इनमें से किस कुंडली में ग्रहयोग से मतिमंदत्व दिखता है और कौन से ग्रहयोग उच्च स्तर की बुद्धिमत्ता दिखाते हैं, इसका निश्चित निदान करने का आह्वान किया गया।

सुप्रसिद्ध खगोलशास्त्री डॉ. जयंत नारलीकर जी का मुझे मार्गदर्शन मिला। सांख्यिकीय विश्लेषण में पुणे विश्वविद्यालय ने मदद की। इन सभी पर गौर करने से समझ में आता है कि समिति ने ज्योतिष के विरोध में कितनी व्यापक मुहिम चलाई थी।

3. ज्योतिष जैसी ही दूसरी ब्राह्मणी विद्या है—वास्तुशास्त्र। असल में यह वास्तुश्रद्धाशास्त्र या भ्रामक वास्तुशास्त्र है। वैज्ञानिक तरीके से पढ़ाए जानेवाले वास्तुशास्त्र से यह भ्रामक वास्तुशास्त्र पूरी तरह अलग है। साथ ही यह मनुष्य को दिग्भ्रमित करनेवाला है। मनुष्य किसी भी प्रकार की वास्तु का निर्माण करते समय स्वाभाविक रूप से सुखकारक, सुविधाजनक और सुरक्षित बनाने का प्रयास करता है। लेकिन भ्रामक वास्तुशास्त्र का विचार वास्तु के लाभ तक ही सीमित रहता है। वास्तु के दरवाजे, खिड़कियाँ, पानी की जगह, रसोईघर, बँगले का फाटक जैसी चीजों के स्थान व दिशा से उसमें रहनेवाले व्यक्ति की उन्नति होती है और स्थान व दिशा गलत रहने पर उसका बुरा होता है। यही कथित शास्त्र (!) वास्तुश्रद्धाशास्त्र है। यह खुले रूप में दैववाद और भाग्य को बढ़ावा देनेवाला कथित शास्त्र है।

सात-आठ वर्ष पूर्व नजदीक के आंध्रप्रदेश से बड़े जोर-शोर के साथ इस शास्त्र का महाराष्ट्र में आगमन हुआ। एक नए अंधविश्वास ने वास्तु निर्माता, निर्माण व्यवसायी और ग्राहकों पर कब्जा जमा लिया। अच्छी तरह से निर्माण की गई वास्तुओं की तोड़-फोड़ शुरू हुई। समिति ने इसके विरोध में वास्तुशास्त्र का वैज्ञानिक घोषणापत्र प्रस्तुत करने हेतु एक राज्यस्तरीय सम्मेलन का आयोजन पूना में किया। इसमें वास्तुनिर्माताओं की मदद से एक विवेकी वर्ग समिति के साथ था। उनके सहयोग और जयंत नारलीकर के हस्ताक्षर से वास्तुशास्त्र का वैज्ञानिक घोषणापत्र प्रकाशित किया गया। इस विषय के ढकोसलों को स्पष्ट करनेवाले कई सारे लेख समिति ने लिखे। डॉ. प्रदीप पाटील की 'भ्रामक वास्तुशास्त्र', अरविंद पाखले जी की 'मोमबत्ती के उजाले में सूरज की खोज' आदि रचनाएँ प्रकाशित की गईं। इस विषय की शास्त्रीय जानकारी देनेवाली मराठी की ये अपवाद किताबें हैं। अधिकतर जिलों में 'वास्तुशास्त्र और वैज्ञानिक दृष्टि' पर भाषण, चर्चा-सत्र, विचार-गोष्ठियाँ सम्पन्न हुईं, जिससे लोग वस्तुस्थिति से अवगत हुए। इससे भ्रामक वास्तुशास्त्र की घुड़दौड़ पर निश्चित रूप में रोक लगी। साथ ही वास्तुशास्त्र के अनुसार, अपशगुनी रही वास्तु में रहने की चुनौती को भी समिति ने सरेआम स्वीकार किया था।

4. ब्राह्मणी पुरोहितशाही के वर्चस्व को उतार फेंकने के उद्देश्य से महात्मा फुले जी ने सत्यशोधक विवाह-पद्धति की शुरुआत की थी। इसकी विशेषता यह थी कि इसमें पुरोहित की आवश्यकता नहीं होती। मंगलाष्टक आधुनिक विचारों के रहते हैं। महात्मा फुले द्वारा लिखित मंगलाष्टक ही कहने की सख्ती नहीं रहती। विशेष बात यह कि इनमें से एक मंगलाष्टक कन्या, एक मंगलाष्टक लड़का और एक उपस्थित कहते हैं। चावल की जगह फूलों की पँखुड़ियाँ उड़ाने की कल्पना महात्मा फुले जी की थी।

इस सत्यशोधक विवाह पद्धति की बुनियाद को न हिलाकर उसमें कालानुरूप बदलाव कर इस प्रकार के विवाह कराने की समिति ने शुरुआत की। 15 वर्ष पूर्व इस प्रकार अमावस के दिन का पहला विवाह नेवाशे के समिति के कार्यकर्ता डॉ. मच्छिंद्र वाघ के बेटे का सम्पन्न हुआ। उसमें मराठी अभिनेता निळूभाऊ फुले के साथ दलित नेता प्रकाश आम्बेडकर उपस्थित थे। इसके बाद महाराष्ट्र के कई जिलों में समिति द्वारा इस प्रकार के विवाह सम्पन्न कराए गए जिनकी संख्या 160 से अधिक रही हैं। समिति के कई कार्यकर्ताओं ने इस प्रकार के विवाह कर 'जैसी कथनी वैसी करनी' का अहसास कराया है।

विवाह की पद्धति में समिति ने कुछ बदलाव किए। मंच पर महात्मा फुले और सावित्री बाई फुले की प्रतिमा रखी जाती है। वर-वधु के साथ इस प्रकार के अलग विवाह को स्वीकृति देनेवाले उनके माता-पिता का फूलों से सम्मान किया जाता है। बाद में वर-वधू का परिचय दिया जाता है। इसके बाद मान्यवरों के समर्थन के संक्षिप्त भाषण होते हैं। वर-वधू शपथ लेकर, एक दूसरे के गले में माला डालकर विवाहबद्ध होते हैं।

कुछ जगहों पर मंगलाष्टक कहे जाते हैं, आस्थापूर्वक फूलों की पँखुड़ियाँ उछाली जाती हैं। इसके साथ और एक महत्त्वपूर्ण विशेषता यह है कि इस प्रकार की शादियाँ कम-से-कम खर्चे में सम्पन्न कराने का समिति की कोशिश रहती है। साथ ही शादी का बचा हुआ पैसा वर-वधू के नाम से दीर्घकालीन मियादी जमा राशि के रूप में (फिक्स डिपॉजिट) संयुक्त रूप से रखने का भी प्रयास करती है। समिति इन्हें सत्यशोधक बचत विवाह बनाने का प्रयास करती है।

5. कुंडलिनी जगाने का दावा करनेवालों के मुताबिक, हर व्यक्ति के शरीर में कुंडलिनी रहती है। उसे योगसाधना से जाग्रत् किया जाता है। उसके पीठ में रहनेवाले छह चक्रों से गुजरने और तारण के ब्रह्मरंध्र से बाहर निकलने पर व्यक्ति को ब्रह्मज्ञान की प्राप्ति होती है।

इसका व्यापक प्रचार निर्मला माता करती हैं। उनकी धारणानुसार, उन्होंने सहजयोग नाम की साधना खोज निकाली है, जिसमें केवल दस मिनट में कुंडलिनी जाग्रत् करने का प्रशिक्षण दिया जाता है। इससे अक्षय आनंद और स्वास्थ्य की प्राप्ति

होती है। निर्मला माता के इस दावे का समिति ने पुणे तथा सतारा के कार्यक्रमों में जोरदार विरोध किया। इसके बाद अंगापुर (तहसील—सतारा) में प्रदर्शन करनेवाले मेरे और अन्य कार्यकर्ताओं पर निर्मल माता के कथित भक्तों ने हमला किया। वहाँ मार-पीट हुई और 'उलटा चोर कोतवाल को डाँटे' की तर्ज पर सतारा के न्यायालय में हमारे खिलाफ मुकदमा दर्ज हुआ। यह मुकदमा आठ साल तक चला। कार्यकर्ताओं ने इतने दिन तक व्यर्थ के चक्कर लगाए। इनमें से कुछ कार्यकर्ता तो नौकरी करनेवाले थे। सारे बाइज्जत बरी हुए। इसके बाद उन्होंने हाईकोर्ट में अपील की जिसका कोई लाभ न हुआ। इतनी पीड़ा देने पर भी उनका मन नहीं भरा तब इस विषय पर लिखे मेरे एक लेख से निर्मला माताजी की बदनामी होने का नाहक तहलका मचाकर दिल्ली की अदालत में मेरे ऊपर मानहानि का मुकदमा दर्ज किया गया। यह मुकदमा भी सात-साठ वर्ष तक चला। इसके बाद 2005 में बड़े पैमाने पर विज्ञापनबाजी कर सतारा में निर्मल माता के कार्यक्रम की घोषणा की गई। इसके विरोध में समिति द्वारा किए गए अभिनव सत्याग्रह के कारण निर्मल माता का आना रुक गया।

6. यज्ञ वैदिक ब्राह्मण धर्म का सबसे बड़ा कर्मकांड है। महाराष्ट्र में यज्ञ संस्कृति को पुनर्जीवित करने तथा फैलाने का सोचा-समझा प्रयास चल रहा है। इसके एक अंग के बतौर गंगाखेड, जि. परभणी में पूरे सालभर चलनेवाले यज्ञ का प्रारम्भ हुआ। उसका केवल महाराष्ट्र अंधश्रद्धा निर्मूलन समिति ने विरोध किया। इससे संबंधित जो यज्ञ विरोधी सम्मेलन बुलाई थी, उसमें डॉ. श्रीराम लागू, आ. ह. सालुंखे जैसे दिग्गज बड़ी लगन से आए थे। गाँव के विरोध के बावजूद सम्मेलन सम्पन्न हुई। आ. ह. सालुंखे की यज्ञ विषयक एक छोटी किताब छपवाकर उसका वितरण किया गया। सतारा में श्रीराम यज्ञ हुआ, जिसके विरोध में समिति के कार्यकर्ताओं ने धरना के साथ प्रदर्शन किए। साथ ही अपनी गिरफ्तारी दी। कोल्हापुर में इस यज्ञ के विरोध में बड़ा जन आंदोलन खड़ा हुआ, जिसमें समिति का सहयोग महत्त्वपूर्ण था। बार्शी के यज्ञ कार्यक्रम में भी इसी प्रकार विरोध जताया गया। जहाँ-जहाँ जोर-शोर से यज्ञ जैसा कर्मकांड किया जाता है, वहाँ-वहाँ समिति के कार्यकर्ता प्रबोधन के साथ संघर्ष के जरिए जितना संभव हो, उतना विरोध करते हैं।

7. हर बारह वर्ष बाद महाराष्ट्र के नासिक में सिंहस्थ मेले का आयोजन किया जाता है। इसमें मेले के बारे में संत तुकाराम महाराज की निम्नलिखित पंक्तियाँ मशहूर है—

आली आली पर्वणी,
न्हाव्या भटा झाली धनी।
वरवर बोडी डोई दाढी
अंतरी पापाच्या कोंडी॥

अर्थात् सिंहस्थ पर्व हर बारह वर्ष के बाद आता है। उसका लाभ सिफनाई और ब्राह्मणों को पहुँचता है। दाढ़ी-बाल उतारकर, स्नान कर अंतरात्मा का पाप थोड़े धोया जाता है? मतलब कर्मकांड मिथ्या है।

बारह वर्ष बाद आनेवाली पूर्णिमा के मुहूर्त पर स्नान करने हेतु श्रद्धालुओं की भीड़ उमड़ती है। इस मुहूर्त के लिए भारत भर से साधुओं के हजारों झुंड आते हैं। इसकी व्यवस्था में 2003 में 448 करोड़ रुपए खर्च हुए थे। सरकार दावा करती है कि बड़ी मात्रा में श्रद्धालु आते हैं, उनकी सुविधा के लिए, स्थायी ढाँचे के विकास के लिए पैसे खर्च करने में क्या हर्ज है?

समिति किसी भी मुहूर्त पर पाप से मुक्ति पाने के लिए स्नान करने का विरोध करती है। लेकिन किसी को यदि यह आवश्यक लगता है, तो देश के संविधान ने उसे यह अधिकार दिया है। हालाँकि नागरिकों के कर की रकम मुहूर्त स्नान करने आनेवाले लोगों की सुख-सुविधा में लगाने की अपेक्षा यह रकम शिक्षा, विकास और स्वास्थ्य लाभ के क्षेत्र पर खर्च होनी चाहिए। इसके साथ ही इस प्रकार के सिंहस्थ मेले और इनका सारा वातावरण अंधविश्वास को बढ़ावा देनेवाला होता है, ऐसा समिति का मानना है। 1991 के सिंहस्थ मेले के समय ही समिति की स्थापना हुई थी, फिर भी समिति ने इसका विरोध किया। 2003 में सिंहस्थ मेले का विरोध करनेवाला महाराष्ट्र का एकमात्र संगठन था—महाराष्ट्र अंधश्रद्धा निर्मूलन समिति। नासिक में समान विचार वाले संगठनों की समिति का निर्माण कर इस संबंध में विरोध जताने का प्रयास किया गया। वह उतना सफल भले न रहा हो, फिर भी 'एकला चलो रे' के विश्वास से संघर्ष जारी रखा गया। इस विषय पर पुस्तिका निकालकर नासिक में ही उसका विमोचन किया गया। सिंहस्थ मेले से संबंधित संत तुकाराम के विचार और श्रेष्ठ कवि कुसुमाग्रज की 'सिंहस्थ' कविता के विविध रंगों के बड़े-बड़े करीबन पाँच हजार पोस्टर छपवाकर महाराष्ट्र में वितरित किए गए। सिंहस्थ मेले का डंका बजाने में ही जब सारे प्रसार माध्यम धन्य हो रहे थे, उस समय समिति ने नासिक में जाकर इसका दूसरा पक्ष आकाशवाणी के साथ स्थानीय केबल पर साक्षात्कार के द्वारा रखा। इस प्रकार का कार्य अन्य किसी भी संगठन ने नहीं किया।

8. पिंडदान का कार्य भी भिक्षुक पेशे की पेट भरने की साजिश है। इस पर कई लोगों द्वारा कई तरह से लिखा गया है। समिति ने भी लेखन से इस संबंध में प्रबोधन किया है। लेकिन इसके आगे जाकर समिति की एक शाखा ने छह फीट का एक पुतला गाँव के चौराहे पर लटकाया और दसवें दिन उसका पिंडदान किया। दूसरे एक कार्यकर्ता ने अपने जन्मदिन पर अपनी पत्नी और बच्चों के सामने अपने चटपटे खाद्यपदार्थ का पिंड रखा। पिंडदान के पीछे की कल्पना यह है कि मृत व्यक्ति की आत्मा दसवें दिन शमशान में पिंड के पास आती है। वह कौवे को ही नजर आती

है। आत्मा के आनंदित रहने पर ही कौआ पिंड को छूता है। स्वादिष्ट भोजन के आदी कौओं को आत्मा का दिखाई देना या न देने का क्या संबंध? वह पिंड पर टूट पड़ता है। इस स्वरूप के पिंडदान का परीक्षण करने का कार्यक्रम लोगों को कुछ भड़कीला सा लग सकता है, लेकिन इसमें लोगों की रूढ़ तथा हास्यास्पद, गलत धार्मिक कल्पनाओं को धक्का देने का सामर्थ्य है। इसी कारण आगे एक स्थान पर इस प्रकार के कार्यक्रम की घोषणा करते ही अपने-आपको धर्मरक्षक कहलानेवालों ने इसके विरोध में नाहक आवाज उठाई। इससे ब्राह्मणी कर्मकांड को टक्कर देनेवाले इन उपक्रमों की क्षमता का पता चलता है।

9. समिति पर आरोप लगाए जाते हैं कि यह ब्राह्मण या साधु-संन्यासी का विरोध नहीं करती। यह आरोप असल में हास्यास्पद है। अंधविश्वास श्रद्धा के क्षेत्र का कालाबाजार है और यह कालाबाजारी सभी धर्मों में चलती है। इसमें शोषण है, इसलिए इसका विरोध किया जाता है। इस शोषण का प्रमुख कारण ब्राहम्णवादी विचार है। यह विचार केवल ब्राह्मण जाति से ही संबंधित नहीं है। जन्म, जात, श्रेष्ठत्व, लाभ के कुछ क्षेत्रों पर आजीवन अधिकार, कर्मविपाक का सिद्धांत, किस्मत, नियति आदि की कल्पना जैसी कई बातों का समावेश ब्राह्मण्य में होता है। किसी भी धर्म या जाति का समझकर समिति ने किसी भी साधु-संन्यासी का विरोध नहीं किया। विरोध किया उनकी अवैज्ञानिक प्रस्तुति तथा शोषण की पद्धति का। अभी जिसकी तूती बोलती है, ऐसा बड़ा नाम है—आसाराम बापू। उन्होंने 'यौवन सुरक्षा' नाम की एक किताब लिखी। काम जीवन से संबंधित अत्यंत अवैज्ञानिक जानकारी उसमें दी गई थी। इस जानकारी से युवाओं को यौवन की सुरक्षा करने में मदद मिलने के बदले उनके दिग्भ्रमित होने की आशंका थी। इस प्रस्तुति का मुँहतोड़ जवाब देनेवाली किताब, इस क्षेत्र के सुप्रसिद्ध विशेषज्ञ से लिखवाकर समिति ने उसे प्रकाशित किया। इसके लिए समिति को धमकियाँ झेलनी पड़ीं।

इसी प्रकार के और एक बड़े आदमी हैं। समिति ने इनके विरोध में अपने वार्षिक विशेषांक में बड़े विस्तार से एक आवरण-कथा प्रकाशित की और उनकी सच्चाई को लोगों के सामने रखा। सिंहस्थ मेले का नेतृत्व करनेवाला और काशी धर्मपीठ से अपने लिए धर्माचार्य की उपाधि लेकर उसकी डींग हाँकने वाला नरेंद्र महाराज जन्म से ब्राह्मण नहीं है, लेकिन ब्राह्मणवादी ढकोसले का नामचीन उदाहरण है। नरेंद्र महाराज के खिलाफ पिछले आठ सालों में समिति ने जितने आंदोलन किए, उतना किसी एक अन्य किसी संगठन ने नहीं किया। नरेंद्र महाराज के नाणीज मठ में जाकर, उनसे चर्चा कर उन्हें चमत्कार के अपने दावे वापस लेने के लिए विवश करना, इस प्रसंग का वीडियो पूरे महाराष्ट्र में दिखाना, जनप्रबोधन की रैलियाँ निकलना, धरना देना, प्रदर्शन करना जैसे कई तरीकों से समिति ने नरेंद्र महाराज का असली रूप जनता के सामने हमेशा दिखाया है।

10. ब्राह्मणी अंधविश्वास का ढाँचा जिस आधार पर खड़ा रहता है, उनमें उसका एक महत्त्वपूर्ण घटक है—आत्मा और परमात्मा। इस काल्पनिक आधार पर अपना साम्राज्य खड़ा करनेवाला संगठन है—प्रजापिता ब्रह्माकुमारी पंथ। उनका सत्य-स्वरूप जानने के लिए समिति के प्रतिनिधियों ने उनके मुख्य कार्यालय माउंट आबू जाकर जाँच की और उसकी सामाजिक रिपोर्ट वार्षिक विशेषांक में प्रकाशित की।

इस तरह का लेखन अन्य किसी भी संगठन द्वारा नहीं किया गया है। प्रजापिता ब्रह्माकुमारी के कार्यक्रम में शामिल हुए इस्लामपुर के कुछ लोगों को धोखा खाने का अहसास हुआ। शिकायत दर्ज करने से वे डर रहे थे। अंधश्रद्धा निर्मूलन समिति ने डटकर उनका साथ दिया। पुलिस में शिकायत दर्ज हुई। प्रजापिता ब्रह्माकुमारी के विरोध में गाँव में बड़ी सभा हुई जिसमें दाभोलकर जी का प्रमुख भाषण हुआ।

11. हिंदुत्ववादी शक्तियाँ बहुजन का मुखौटा पहनने का प्रयत्न करती हैं। वर्ण, जाति भूलने की बिलकुल ऊपरी बातें की जाती हैं, लेकिन प्रत्यक्ष रूप में उनकी दृष्टि में हिंदू धर्म यानी सनातन वैदिक ब्राह्मणी धर्म ही रहता है। स्वाभाविक रूप से धर्म संकल्पना की चिकित्सा करनेवाली अंधश्रद्धा निर्मूलन समिति उनके लिए बाधा बनी हुई है। इसीलिए अंधश्रद्धा निर्मूलन समिति के कार्यक्रम में ये हंगामा करते हैं। इनमें कभी 'पतित पावन' संगठन के स्वयंसेवक रहते थे, कभी 'नरेंद्र महाराज' के बैच लगानेवाले शिष्य तो कभी सनातन साधक भी। अंधश्रद्धा निर्मूलन समिति की सभा में हंगामा करना ही उनका लक्ष्य रहता है। कार्यक्रम के समय बीच में ही उठकर जोर-जोर से बोलना, नारेबाजी करना तथा हंगामा करना जैसे काम धर्म-कर्तव्य समझकर ये लोग पूरा करते हैं।

अंधश्रद्धा निर्मूलन समिति सत्याग्रही संकल्प से कार्य करनेवाला संगठन है। इस कारण इस प्रकार की हड़बड़ी से न डगमगाते हुए जवाबी हमला न करते हुए, बड़ी दृढ़ता से समिति इस परिस्थिति का सामना करते हुए अपनी सभाओं का आयोजन करती है। ये लोग अन्य किसी भी संगठन के विरोध में अकारण बवंडर नहीं मचाते क्योंकि समिति जानती है कि उसका विवेकी विचार सनातनी ब्राह्मणी विचारों की जड़ तक पहुँचेगी। केवल हंगामा करने तक ही ये लोग नहीं रुकते बल्कि कुछ समय तो मारकाट करने पर भी उतारू हो जाते हैं। डॉ. श्रीराम लागू और डॉ. नरेंद्र दाभोलकर के औरंगाबाद के 'विवेक जागरण : वाद-संवाद' कार्यक्रम में डॉ. लागू से धक्का-मुक्की की गई और दाभोलकर पर सीधे हमला हुआ। पुणे में नरेंद्र महाराज के विरोध में प्रबोधन के पर्चे चिपकानेवाले अंनिस के कार्यकर्ताओं को सरेराह फिल्मी स्टाइल में दौड़ाया गया और शरीर के कपड़े फाड़कर बुरी तरह से पीटा गया। संयोग से तीन घंटे के बाद पुलिस के आने से कार्यकर्ता बच पाए। सबसे घृणास्पद बात यह है कि महाराज के जिन भक्तों ने कार्यकर्ताओं से मारकाट की, महाराज ने 'धर्मवीर' कहकर उनका सत्कार किया।

सनातन भारतीय संस्कृति का 'दैनिक सनातन प्रभात' तो अंधश्रद्धा निर्मूलन समिति के बारे में बिलकुल द्वेषपूर्वक तथा हिंसक प्रवृत्ति से प्रचार करता है। 'अधार्मिक का बर्ताव करनेवाले राजा को पागल कुत्ते जैसे मारने की धर्मशास्त्र की सजा उचित समय पर धर्मद्रोही अंनिस को भी मिलेगी' जैसा स्पष्ट शीर्षक देकर 'हमेशा धर्म विरोधी कार्य कर धर्म ह्रास करनेवाली अंनिस को भी एक दिन ईश्वरीय योजना से इस सजा को भुगतना पड़ेगा' की धमकी हमेशा दी जाती है।

सनातन ब्राह्मणी प्रवृत्ति के विरोध में प्रत्यक्ष मैदान में उतरे काम की कीमत चुकाने के लिए अंनिस हमेशा आनंद से तैयार है।

12. सनातन संस्था द्वारा अंधश्रद्धा निर्मूलन समिति के कार्यक्रमों पर दाखिल मुकदमों की संख्या दर्जन से अधिक है। मानहानि की क्षतिपूर्ति की कुल रकम 14 करोड़ रुपए है।

उपर्युक्त सभी बातें इसलिए बताई गई हैं कि ब्राह्मणी हितसंबंध जिस व्यवस्था से बनाए जाते हैं और जिससे अंधविश्वास और शोषण बढ़ता है, उसके विरोध में सीधे उतरकर विरोध करनेवाला अंनिस जैसा दूसरा संगठन नहीं।

'जाति' इस देश का एक विशुद्ध अंधविश्वास है। एक आदमी इतना पवित्र कि उसके पैर का पानी तीर्थ बन जाता है, और दूसरा इतना अपवित्र कि उसकी छाया भी अपवित्र हो जाती है। यह कल्पना केवल अंधविश्वास ही हो सकती है। लेकिन जाति-व्यवस्था इससे भी अधिक गंभीर बात है, क्योंकि वह एक क्रूर शोषण व्यवस्था है। समिति हर स्तर पर जाति-व्यवस्था का विरोध करती है।

डॉ. बाबासाहेब आम्बेडकर जी ने जाति प्रथा निर्मूलन के तीन सूत्र बताए थे। उनमें से एक सूत्र था—अंतरजातीय विवाह; दूसरा, धर्मग्रंथों की समीक्षा और तीसरा था—शोषित जातियों को आर्थिक दृष्टि से उन्नत बनाना। इनमें से पहले दो कार्यक्रमों में समिति का सीधा सहयोग रहता है।

समिति का केंद्र आंतरजातीय विवाह करनेवालों को आधारस्थल लगता है। समिति की ओर से 1 जनवरी अर्थात् नववर्ष का दिन 'आंतरजातीय विवाह स्वागत दिवस' के रूप में मनाया जाता है। आंतरजातीय विवाह करने वाले दंपती को आदरपूर्वक बुलाकर उन्हें सम्मानित किया जाता है। उनके अनुभव दूसरों को सुनने का अवसर प्रदान किया जाता है।

धर्मग्रंथ के अप्रासंगिक कर्मकांड, व्रत तथा उपवास की समीक्षा समिति हमेशा करती है। जिन्हें केवल जाति के आधार पर शिक्षा का अधिकार और सम्पत्ति प्राप्त करने के लिए नकारा गया, उनके लिए आरक्षित जगह, खेती के साथ अन्य राष्ट्रीय सम्पत्ति में हिस्सा देने की बात न्यायसंगत तथा आवश्यक है, ऐसा समिति को लगता है। इसके चलते समिति जाति-व्यवस्था को केवल अंधविश्वास कहकर नकारती नहीं बल्कि अमानवीय शोषण करनेवाली देश की एक दुष्ट व्यवस्था कहकर उसे

जड़ से उखाड़ने की इच्छा रखती है। महाराष्ट्र अंधश्रद्धा निर्मूलन समिति एक मात्र संगठन है जिसने शिक्षा क्षेत्र का सामाजिक न्याय और धर्मनिरपेक्षता की सनद प्रकाशित की है।

समिति के ये विचार और उसके अनुसार किए गए कार्यों को स्पष्ट करने के बाद समिति पर ब्राह्मणी कर्मकांड, साधु-बुवा की विचारप्रणाली का विरोध न करने का आरोप लगाना पल भर के लिए भी उचित नहीं है। जो इस प्रकार का आरोप लगाते हैं, वे ये सब कुछ जानते हैं। कुछ समय ये लोग किसी घटना या साधु-बुवा की ओर उँगली दिखाकर कहते हैं, 'अब बोलो, इनके विरोध में क्यों नहीं आवाज उठाई ?' यह बात सच होती है कि उस विशेष बात पर संगठन द्वारा संघर्ष नहीं किया जाता। स्वयंसेवी पद्धति से अपने घर का खाना खाकर प्रतिकूल परिस्थिति को झेलकर संघर्ष करनेवाले कार्यकर्ता इच्छा रहते हुए भी हर क्षण हरेक कार्य नहीं कर पाते। इस प्रश्न की व्यापकता को देख वह कभी संभव भी नहीं होगा। लेकिन टेढ़ा सवाल पूछनेवालों से हम नम्रता से इतना ही कहेंगे, 'हम अपनी शक्ति को दाँव पर लगाकर संघर्ष कर रहे हैं, फिर भी सफल नहीं हो रहे हैं। हमारी मदद करना संभव नहीं हुआ, तो आप स्वतंत्र रूप से सीधे काम में लगें। क्योंकि अंधश्रद्धा निर्मूलन समिति की असल रुचि अंधविश्वास के नाम पर तैयार की गई मानसिक गुलामी का मुकाबला करने में ही है। इस कार्य के लिए जितने भी हाथ आगे आएँगे, उन सभी से हाथ मिलाने के लिए समिति उत्सुक हैं।'

यह सब आता है कहाँ से?

'आप भाग्यवान हैं। महाराष्ट्र में आपके संगठन का बहुत ही अच्छा चल रहा है।' महाराष्ट्र के सामाजिक आंदोलनों से लम्बे समय तक संबंध रखनेवाले एक वरिष्ठ व्यक्ति ने एक भेंट में मुझसे कहा।

मैंने जिज्ञासा से पूछा, 'यानी क्या?'

'तुम्हारे संगठन में गुटबाजी नजर नहीं आती', 'जाति की समस्या से जूझते नजर नहीं आते', 'काम बहुत से चलते रहते हैं, पर आर्थिक दिक्कतों से हैरान होते कभी नहीं देखा', 'अनुशासन की कमी नहीं', 'प्रसिद्धि बढ़िया मिल रही हैं', 'संगठन का नाम हो रहा है', आदि-आदि।

निश्चित ही मुझे अच्छा लगा, लेकिन यह कुछ हद तक ही सच है। महाराष्ट्र अंधश्रद्धा निर्मूलन समिति का नाम अब 'अंनिस' के रूप में महाराष्ट्र में प्रचलित हो चुका है। एक मुकदमे में न्यायाधिपति के मुख से मैंने यह शब्द सुना जिससे अंनिस के सभी ओर फैलने का अहसास हुआ। संगठन का इतिहास केवल 20 वर्षों का है। संगठन युवा हो रहा है। ऐसे समय उपर्युक्त उपलब्धियाँ जिस मात्रा में सही होंगी, उसी मात्रा में आश्वस्त करनेवाली भी हैं। मेरी निजी अनुभूति यह है कि अनजान जगह, अनजान व्यक्ति से मेरा तथा संगठन का नाम बताने पर 70 प्रतिशत लोगों के चेहरे पर एक पहचान नजर आती है। यह पहचान उनके विचार विश्व में 'अंनिस' शब्द के दर्ज होने की निशानी है। अंनिस को बदनाम करने के बहुत सारे प्रयास शत्रुओं के साथ-साथ मित्रों द्वारा भी किए गए। किसी ने इस संगठन के धर्मविरोधी होने का ढिंढोरा पीटा तो किसी ने ईसाई मिशनरियों से पैसे लेकर, हिंदू धर्म विरोधी कार्रवाई करने की झूठी शिकायत की। किसी को इसमें ब्राह्मणी साजिश नजर आई। इससे बुद्धिभेद के प्रयास हुए। फिर भी इसका परिणाम पहले उल्लिखित किसी भी बात पर नहीं हुआ। संगठन में गुटबाजी नहीं हुई, झगड़ा होना तो बहूत दूर की बात। किसी ने जाति तथा क्षेत्रीय अस्मिता के मुद्दों को नहीं उछाला। चंदा और विज्ञापन देनेवालों ने कभी कंजूसी नहीं दिखाई। संगठन में अनुशासन बना रहा। संगठन के संचार माध्यमों में रहे स्थान पर आँच न आई तथा संगठन के बारे में लोगों की सदिच्छाएँ कम न हुईं।

कई बार मुझे यह सब पहेली नजर आती है। इस सभी बातों में संगठन के प्रयत्न करने की बात सच है लेकिन संगठन ने सुनियोजित प्रशिक्षण, नियोजनबद्ध अनुशासित कैडर की रचना तथा कुछ विशेष प्रलोभन दिखाए बिना यह संभव हुआ, यह सच है।

फिर भी ऊपरी तौर पर देखने से इसके कुछ कारण नजर आते हैं, जो उचित भी है। डॉ. बाबासाहेब आम्बेडकर और गाडगेबाबा की मृत्यु के पश्चात् और किर्लोस्कर पत्रिका की धड़धड़ाती तोप ठंडी पड़ने पर महाराष्ट्र में तकरीबन 30 वर्ष तक समीक्षा तो दूर, अंधविश्वास विरोधी संघर्ष के बारे में सन्नाटा था। आधुनिकता, विज्ञान प्रसार के साथ शिक्षा-प्रसार से यह संभव होने की भोली आशा भी रही होगी। लेकिन यह सच है कि व्यवहार में इस संदर्भ में कुछ भी नहीं चल रहा था। ऐसी रिक्त स्थिति में अंनिस की ओर से संगठित रूप से यह काम 1989 में शुरू हुआ और इसका स्वागत भी हुआ। इस प्रकार के कार्य बहुधा 5-7 वर्षों में थम जाते हैं। लेकिन अपनी दृढ़ता तथा लगन से अंनिस इस संबंध में अपवाद बनी रही। अलग-अलग उपक्रमों से अंनिस ने अपने कार्य की सीमा बढ़ाई। संगठनात्मक विस्तार भी किया। लोक-संपर्क के साथ प्रबोधन की भूमिका कायम की। मुझे लगता है कि अंनिस को हमेशा ही अच्छी प्रसिद्धि मिली। निरंतर दो दशक तक इस प्रकार की अनुकूलता महाराष्ट्र के सामाजिक जीवन में एकाध संगठन को ही मिली होगी।

लेकिन संगठन को प्रसिद्धि की लालसा नहीं है। ईमानदार कार्यकर्ताओं के चयन में संगठन माहिर है। समिति को मिली प्रसिद्धि के लिए समिति द्वारा कभी भी, किसी को भी, किसी भी प्रकार के अनुचित प्रलोभन देने की बात मुझे याद नहीं है। यह बात बिलकुल कट्टरता से सभी ने अपनाई है, फिर भी अंनिस के कार्यक्रम हमेशा सुर्खियों में रहते हैं। इसका महत्त्वपूर्ण कारण श्रद्धा, अंधविश्वास जैसी बातें, सभी स्तर, सभी उम्र, सभी जाति-धर्म के साथ सभी स्त्री-पुरुषों के मन में हमेशा कमोबेश मात्रा में चर्चा में रही हैं। इस विषय की खबरों के प्रति समाचार-पत्रों का लगाव रहना स्वाभाविक है। इसके साथ अंनिस के सारे उपक्रम सृजनशील तथा समाचार की दृष्टि से मूल्यवान थे। 'खोज भूत की, बोध मन का', 'सर्पयात्रा, जादूगरी निर्मूलन की ठेंठ चढ़ाई (मुहिम)', 'चमत्कार सत्यशोधन मुहिम (अभियान)', 'बुवां (बाबा)' का पर्दाफाश जैसी बातें निश्चित ही जिज्ञासा बढ़ाने वाली साबित होती हैं, हुई हैं। इस सभी के साथ एक खतरा भी था। अंनिस का कार्य संवेदनशील क्षेत्र का है। शनि-शिंगणापुर की घटना में एक बार इसकी चोट मेरे साथ संगठन ने खाई है। लेकिन संगठन की ईमानदार भूमिका संयम की है, जिस पर संचार माध्यमों का भरोसा है। इसी कारण कानून बनाते समय समिति के विरोध में बहुत हंगामा मचाने का प्रयास हुआ, फिर भी संचार माध्यम संगठन के विरोध में नहीं गया।

अब थोड़े अन्य मुद्दों की चर्चा करेंगे। संगठन में गुटबाजी नहीं है, जाति के नाम पर किसी भी प्रकार का विचार नहीं किया जाता, अनुशासन है, आर्थिक तनाव नहीं जैसी अच्छी टिप्पणियाँ सुनकर मुझे प्रसिद्ध साहित्यकार विजय तेंडुलकर की एक किताब की याद आती है। यह मेरी पसंदीदा किताब है जिसका नाम है—'यह सब कहाँ से आता है?' सच पूछो तो, मुझे तो इन प्रश्नों के विश्लेषनात्मक जवाब मालूम नहीं।

अनुशासन की बात लें तो, समिति के संगठनात्मक शिविर होते हैं, जिसमें कार्यकर्ताओं को आचरण के बारे में सिखाया जाता है। कार्यकर्ता संगठन के पुराने कार्यकर्ता का आचरण देखकर भी सीखते हैं। वह आपस में चर्चा भी करते होंगे लेकिन समिति का संगठनात्मक ढाँचा अधिकतर विस्तृत और कुछ हद तक बिखरा हुआ है। ऐसे संगठन को हमेशा ही अनुशासन की समस्या का खतरा रहता है। समिति को ऐसा धोखा कभी भी नहीं हुआ।

समिति के सभी राज्यस्तरीय कार्यक्रम बिलकुल अनुशासन और समय पर पूरे होते हैं। ऐसे कार्यक्रमों में अधिकतर आकस्मिक समस्याएँ पैदा होती हैं। कभी नाश्ता नहीं मिलता, कभी खाना पूरा नहीं पड़ता, कभी ऊँघनेवाले भाषण होते हैं तो कभी कार्यक्रमों की भरमार से शारीरिक तथा मानसिक थकान आती है। ऐसे समय अनुशासन की कसौटी नजर आती है और इस बारे में संगठन कसौटी पर खरा उतरा है।

एक प्रसंग उल्लेखनीय है। शनि-शिंगणापुर में महिलाओं को प्रवेश देने के लिए 11 जून को सत्याग्रह किया गया था। इसके पहले तीन दिन हमने जिलाधीश कार्यालय के आगे अनशन किया था। जिला पुलिस प्रमुख हमेशा धमकी दे रहे थे कि 11 जून के सत्याग्रह आंदोलन से हट जाओ। उनका कहना था कि नगर संवेदनशील जिला है। महाराष्ट्र से आनेवाले समिति के सत्याग्रहियों के बर्ताव की जिम्मेदारी कौन लेगा? इस कारण सत्याग्रह दूर रहेगा और कुछ ऊट-पटाँग विपरीत हो सकता है। इसे ध्यान में लेकर सत्याग्रह से हटने का आग्रह वे कर रहे थे।

समिति ने इसे ठुकरा दिया। सत्याग्रह बड़े पैमाने पर तथा अत्यंत अनुशासन में हुआ। सत्याग्रही लोगों ने पुलिस को सत्याग्रह की प्रणाली के अनुसार सम्पूर्ण सहयोग दिया। गिरफ्तारी के बाद मुक्त होकर सभी शांति से घर गए। किसी ने भी अपने-आप शनि-शिंगणापुर जाने की बदमाशी नहीं की। इस सभी से तत्कालीन जिला पुलिस प्रमुख प्रभावित हुए।

जेल से छुटकर मैं जब पूना आया, तब उनका फोन आया कि आजकल संगठन में इस प्रकार के अनुशासन को अपनाने का आश्वासन कोई नहीं देता, और दिया तो भी आपके संगठन के लोगों ने जिस ईमानदारी से इसे निभाया, वैसे कोई नहीं निभाता, अर्थात् संगठन का यह अनुशासन प्रतिदिन के कार्य में तथा संगठनात्मक

कार्य में नजर नहीं आता। शाखाओं की हमेशा बैठकें नहीं होती हैं। संगठनात्मक बातें ठीक से अपनाई नहीं जातीं। इस अर्थ में संगठन के अनुशासन का बाह्य स्वरूप बड़ी प्रबलता से प्रत्यक्ष रूप में आने की आवश्यकता महसूस होती है।

किसी भी संगठन के लिए आर्थिक आधार आवश्यक होता है, लेकिन अंनिस जैसे प्रवाह के विपरीत कार्य करनेवाले आंदोलन को वह मिलना कठिन होता है। यशवंतराव चव्हाण प्रतिष्ठान, मुम्बई द्वारा एक विशेष उपक्रम के लिए लम्बे समय तक मदद दी गई, फिर भी अंनिस को मुख्यत: दीपावली विशेषांक के विज्ञापन तथा चंदे से ही मदद मिलती रही। ऐसे अस्थायी स्रोत पर निर्भर रहकर कई वर्षों तक आंदोलन चलाना कठिन होता है। किसी भी बात के नियोजन में उसका आर्थिक पहलू समस्या बनकर खड़ा रहता है।

इस संबंध में दो बातें ध्यान देने लायक हैं। एक तो अंनिस के पास तकरीबन पूर्णकालीन कार्यकर्ता ही नहीं हैं। अधिकतर कार्यकर्ता अपना परिवार और व्यवसाय देखकर तीसरे दर्जे की प्रधानता से समिति का कार्य करते हैं और...अंनिस की शाखा चलाने के लिए किसी को भी, किसी भी प्रकार की मदद केंद्रीय कार्यालय से नहीं दी जाती। 'अपने पैसों से इंतजाम करें और खर्च करें' की नीति का अमल होता है। राज्य कार्यकारिणी की बैठक साल में तीन बार होती है। बिलकुल अनुशासन से सारे सदस्य आते हैं, अपवादस्वरूप उनमें से कोई यात्रा-भत्ता नहीं लेते। संगठन का स्वतंत्र रूप से कोई केंद्रीय कार्यालय नहीं है। वहाँ की कुल व्यवस्था के लिए स्थायी रूप में क्लर्क, चपरासी तथा जगह भी नहीं। (इसके चलते दिक्कतें आती हैं, फिर भी सर्वसाधारण कार्य ठीक तरह से चलता है।) इस प्रकार की संगठन-प्रणाली इसका एक अंग रहा।

दूसरा महत्त्वपूर्ण अंग यानी समिति को कार्य के लिए आवश्यक पैसा हर वर्ष चंदा तथा विज्ञापन से निश्चित रूप में उपलब्ध होता है। यह बात 'लोग आंदोलन को चाहते हैं', इसकी निशानी है, ऐसा मुझे लगता है। महाराष्ट्र के कोने-कोने से आनेवाली इस आर्थिक मदद से मैं अचंभित हो जाता हूँ।

आजकल महाराष्ट्र के अधिकतर सामाजिक आंदोलन जाति के आधार पर खड़े होते हैं, चाहे वे अलग होने की बात करें। जो वैसे नहीं हैं, वे भी कई बार उनकी इच्छा रहे या न रहे, एकजातीय बने नजर आते हैं। फिर ये संगठन अपने-अपने संगठन में सोच-समझकर जातीय संतुलन बनाने का प्रयास करते हैं। इस बारे में अंधश्रद्धा निर्मूलन समिति वास्तव में ईर्ष्या करने योग्य है। समिति की शाखाओं में बड़ी मात्रा में सभी जातियों का प्रतिबिंब सदस्य के रूप में अपने आप अंकित हुआ है, लेकिन संगठन ने संगठन चलाते समय कभी भी जाति के आधार का विचार तक नहीं किया है। समिति की शाखाएँ, जिला तथा राज्य कार्यकारिणी के चुनाव में गलती से भी किसी कार्यकर्ता की जाति के बारे में विचार नहीं हुआ। हम यह नहीं

करते क्योंकि हम सही मायने में जाति-धर्म से आगे निकल गए हैं, ऐसा समिति को लगता है और इस स्वरूप के संगठन के निर्माण में मर्यादित मात्रा में सफलता मिली, इसका समिति को अभिमान है। सबसे महत्त्वपूर्ण बात यानी जाति का विचार न करते हुए समिति के सभी स्तर के पदाधिकारियों में सभी जाति के लोग नजर आते हैं, क्योंकि संगठन की बुनियाद में ही यह व्यापकत्व है।

संगठन में मतभिन्नता के साथ वैयक्तिक प्रेम और ईर्ष्या, दुश्मनी, स्पर्धा-जैसे मानवी दुर्गुण का होना स्वाभाविक है। जहाँ मनुष्य हैं, वहाँ यह सब तो रहेगा ही, लेकिन इससे अपने कार्य तथा अपनी शाखाओं को जिले में चले रहे आपस की कटुता का ग्रहण न लगे, इसकी समझदारी तथा औचित्य दिखाने की आवश्यकता रहती है। समिति में यह बात राज्यस्तर पर करीब-करीब सफल हुई है। किसी भी संगठन के राज्य कार्यवाहक को जो कार्य करने पड़ते हैं, उसमें शाखा-प्रशाखाओं में पैदा हुए मतभेदों की अग्नि बुझाने के लिए फायर ब्रिगेड का भी काम करना पड़ता है। बहुधा मेरे ऊपर यह नौबत नहीं आई। इसका महत्त्व इस प्रकार की जिम्मेदारी निभानेवाले अन्य संगठन के पदाधिकारी समझ सकेंगे और वे मुझसे ईर्ष्या भी करेंगे।

समिति के कार्य और उसकी विशेषताओं का जिक्र करना आवश्यक है। समिति का कार्य मूलत: वैचारिक क्षेत्र का है। इस क्षेत्र के लोग अपने विचारों का आग्रह तीव्र रखते हैं। उसमें भी कार्यकर्ता बनने पर वे अधिक कटु बनते हैं। ऐसे समय निर्णय-प्रक्रिया कठिन हो जाती है। सभी का समाधान करना संभव नहीं रहता। मतदान से बहुमत सिद्ध होता है लेकिन मतभेद पैदा न होने का खयाल रखना पड़ता है। ऐसा न होने पर संगठन चलाना मानसिक तनाव का हिस्सा बन जाता है, बन सकता है। महाराष्ट्र अंधश्रद्धा निर्मूलन समिति के राज्य कार्यकारिणी की बैठकें नियमानुसार हर चार महीने बाद सम्पन्न होती हैं। पिछले बीस वर्षों में ऐसी साठ बैठकें हुई हैं। चर्चा, वाद-विवाद हुए, मतभिन्नता प्रकट हुई पर बीस वर्षों में एकमात्र अपवाद के अलावा समिति के सारे निर्णय बहुमत से नहीं बल्कि एकमत से हुए। जो अल्पमत में थे, उन्होंने कभी मत-विभाजन की माँग नहीं की, फिर बैठक से वाक आउट करना तो बहुत दूर की बात रही। सारे निर्णय सर्वसम्मत्ति से लिये गए। यह प्रक्रिया संगठन की बड़ी ताकत रही है।

समिति की असली कसौटी का क्षेत्र कुछ और है। कोई भी विचार प्रस्तुत करनेवाला मनुष्य उसका आचरण कैसा करता है, इसे समाज बारीकी से देखता है। अन्य कई मामलों में यह आसान होता है। मैं मांसाहार तथा मद्य का सेवन नहीं करता, यह कहना और उसके अनुरूप बर्ताव करना आसान होता है। आसपास के लोग अलग जीवनशैली कहकर उसे स्वीकृति दे देते हैं। लेकिन मैं सत्यनारायण की पूजा नहीं करता, शादी मुहूर्त पर नहीं करूँगा, कुंडली नहीं देखूँगा, उपवास नहीं रखूँगा जैसी बातें परिवार के अधिकतर लोगों को गलत तथा कम से कम अड़ियल-सी

लगती हैं। पूजा तथा विधि-जैसी बातें जोड़ीदार के साथ की जाती हैं। इस प्रकार जोड़ीदार को हमेशा दुखी करना पड़ता है। इससे सांसारिक विसंवाद पनपता है। इनके सिवाय समाज में सभी ओर धार्मिक रूढ़ि, परम्परा, कर्मकांड जैसी बातें लोक-रीति के रूप में स्वीकृत रहती हैं। उन्हें हर सीढ़ी पर नकार देना यानी लोगों की नाराजगी मोल लेने जैसा है। इस मानसिक तनाव से हर समय सामना करनेवाले कई लोग ज्यादा विश्वास न रहने पर भी 'कर्मकांड कर डालने में ही भलाई है' का उपाय अपना लेते हैं। लेकिन यह सुविधा आंदोलन के कार्यकर्ताओं के लिए नहीं रहती। रूढ़ि, कर्मकांड, परम्परा, उपवास, व्रत वैकल्य जैसी मामलों में उनके आचरण पर समाज की पैनी नजर रहती है।

महाराष्ट्र में समिति के शाखाओं की संख्या लगभग दो सौ है। कार्यकर्ता हजारों में हैं फिर भी समिति के कार्यकर्ता ढोंगी हैं, कथनी और करनी में अंतर है, इस प्रकार के आरोप कभी भी नहीं लगे। 'कथनी और करनी की सुसंगति' समिति की बहुत बड़ी ताकत है।

संगठन में सब कुछ अलबेला है, बढ़िया चल रहा है, सटीक अनुशासन है, आर्थिक तनाव नहीं, जातीय विचार दूर रखा है, गुटबाजी बिलकुल नहीं, प्रसिद्धि उचित तथा बढ़िया मिल रही है, ऐसा लुभावना चित्र निर्माण करने का यह प्रयत्न बिलकुल नहीं। किसी के मन में इस प्रकार की भावना उत्पन्न हुई हो, कृपया वे उसे दूर करें। सही मायने में यह लेखन अनुभव की यथार्थता के आधार पर किया गया प्रकट चिंतन है और इस चिंतन में मेरे सामने खड़ा रहा मुख्य प्रश्न है—कोई विशेष प्रयास न करने पर भी समिति को ये बातें मर्यादित अर्थ से ही क्यों न हों, कैसे साध्य हुईं? इसका उत्तर मुझे नहीं मिल रहा है। विचार करने पर इतना ही लगता है कि हर व्यक्ति में स्वाभाविक विवेक वृत्ति तथा संवेदनशीलता मौजूद रहती है। स्वयं को पसंद आनेवाले काम से जुड़ने का लगाव रहता है। अंनिस के बारे में और एक बात घटित हुई होगी। अंधविश्वास निर्मूलन का विचार लोकप्रिय न होकर विवादास्पद विषय है। परिवारजन, रिश्तेदार, मित्रों के साथ रहनेवाले संबंध इस विचार को अपनाने के बाद कई बार तनाव के कारण बनते हैं। व्यक्ति अपनी प्रेरणा का स्मरण कर विचार के ऊपर की निष्ठा अखंड रखती है, लेकिन अंदर से वह अकेला महसूस करता है। अंनिस ऐसे अकेले लोगों का बना हुआ दल है। इसी कारण इस दल को जीवित तथा सशक्त रखना उस दल के हर एक की आंतरिक आवश्यकता है। इससे अनुशासन अपने-आप आता है। खर्च, जाति, गुटबाजी जैसे विचार अपने-आप दूर हो जाते हैं। व्यक्ति के रूप में अपने अंदर रहनेवाली कमजोरियाँ संगठन के हिस्से में न आएँ, इसलिए व्यक्ति ईमानदारी से प्रयास करता है। अर्थात् यह हुई मेरी राय। पाठकों को क्या लगता है? ये सब आता कहाँ से है? जानने के लिए मैं भी आप जैसा बेताब हूँ।

❑❑❑